Aus Freude am Lesen

btb

Buch

Sie war umschwärmter Mittelpunkt der Schwabinger
Bohème, berühmt für ihren unbändigen Freiheitsdrang und
ihr freizügiges Liebesleben: Franziska zu Reventlow
(1871 – 1918), die »wilde Gräfin«, wie Zeitgenossen sie
nannten. Sie entstammte einem alten Adelsgeschlecht, brach
jedoch früh mit dem für sie unerträglichen Elternhaus.
1895 kam sie zum Studium der Malerei nach München und
schloss sich der Schwabinger Künstlerszene an, zu der auch
der Dichter Rainer Maria Rilke zählte. Wilde Jahre begannen – mit ausgelassenen Festen, durchzechten Nächten und
immer neuen Affären. Ihren Sohn Rolf, der 1897 geboren
wurde, zog sie allein auf – den Namen seines Vaters gab sie
nie preis. Doch die euphorischen Momente ihres freien
Lebens wurden immer wieder überschattet von finanziellen
Sorgen, vom ständigen Ringen um künstlerische Anerkennung, von den Belastungen als allein erziehende Mutter und
einer erblich bedingten Krankheit. Im Herbst 1909 verließ
Franziska zu Reventlow München und zog nach Ascona, wo
sie die letzten Jahre ihres Lebens mit Schreiben verbrachte
und im Alter von 47 Jahren starb.
»Die kleinste Fessel drückt mich unerträglich« ist die erste
Romanbiographie über Franziska zu Reventlow. Das
faszinierende und feinfühlige Porträt einer Frau, die zum
Leitbild weiblicher Unabhängigkeit geworden ist.

Autorin

Franziska Sperr studierte Politikwissenschaften und
Philosophie, arbeitet heute als freie Autorin, Journalistin
und Übersetzerin. Sie lebt am Starnberger See.

Franziska Sperr bei btb
Stumm vor Glück (73609)

Franziska Sperr

Die kleinste Fessel drückt mich unerträglich

Das Leben der
Franziska zu Reventlow

btb

Von der Autorin durchgesehene und überarbeitete Fassung.

FSC
Mixed Sources
Product group from well-managed
forests and other controlled sources

Cert no. GFA-COC-1223
www.fsc.org
© 1996 Forest Stewardship Council

Verlagsgruppe Random House FSC-DEU-0100
Das FSC-zertifizierte Papier *Munken Print* für Taschenbücher aus
dem btb Verlag liefert Arctic Paper Munkedals AB, Schweden.

3. Auflage
Genehmigte Taschenbuchausgabe Dezember 2003 btb Verlag
Copyright © 1995, 2003 by Wilhelm Goldmann Verlag,
in der Verlagsgruppe Random House GmbH, München
Umschlaggestaltung: Design Team München
Umschlagfoto: SV Bilderdienst
Satz: Buch-Werkstatt GmbH, Bad Aibling
SR · Herstellung: BB
Printed in Germany
ISBN 978-3-442-73152-7

www.btb-verlag.de

»Von dieser außerordentlichen Frau, dem innerlich freiesten und natürlichsten Menschen, dem ich begegnet bin, gleichmäßig ausgezeichnet von höchstem weiblichem Charme, gepflegtester geistiger Kultur, kritischer Klugheit, anmutigstem Humor und vollkommenster Vorurteilslosigkeit, wird in anderen Zusammenhängen mehr zu sagen sein.«

ERICH MÜHSAM

1. KAPITEL

Sie muss sich am Treppengeländer festhalten. Unter ihren Schritten geben die Stufen nach, sie bleibt stehen, hält das Telegramm fest in der Hand. Immer wieder liest sie den knappen Text. »Papa liegt im Sterben Catty.« Mit tauben Fingern bindet sie den Gürtel ihres Morgenmantels und merkt erst jetzt, dass sie barfuß ist. Sie geht zurück in ihr Zimmer, zurück ins warme Bett. Ihre Augen suchen den Riss an der Wand, bleiben daran hängen. Ihr Kopf ist leer, nur ein greller, spitzer Schmerz, der sich von der rechten Schläfe zur linken bohrt. Keine Tränen, kein Lamento. Eine tiefe, kalte Traurigkeit.

Seit dem letzten großen Zerwürfnis, seit dem endgültigen Bruch, hatte sie durch ihre Geschwister nur noch vereinzelt etwas über die Eltern erfahren. Ein Gebot steinernen Schweigens war von allen eingehalten worden. Selbst ihr jüngerer Bruder Catty, der ihr noch immer nah war, hatte schließlich begreifen müssen, dass sie sich unwiderruflich losgesagt hatte, dass sie mit ihren Eltern, ihrem Zuhause, ihrer Herkunft nichts mehr zu tun haben wollte. Wie viel Kraft hatte sie das gekostet, dieser Kampf all die Jahre! Und wie froh war sie, dass sie stark und hart geblieben war.

Aber jetzt kommt die traurige Nachricht als ein dumpfer Schlag. Und das Schlimme daran ist, dass sie kein Recht mehr hat zur Trauer. Ein Kind, das sich, kaum volljährig, von seinen Eltern in Zwist und Zorn für immer und in alle Ewigkeit trennt, sich von Stand und Familie lossagt, hat auch das Recht auf Trauer verspielt, wenn der Vater im Sterben liegt.

Am frühen Nachmittag saß Franziska zu Reventlow im Zug nach Lübeck. Ihr dumpfer Kopf konnte nichts anderes denken, als dass sie ihn ein letztes Mal lebend sehen, noch einige versöhnliche Worte mit ihm sprechen wollte. Obwohl sie fror, hatte sie die Jacke ausgezogen und an den Haken gehängt. Stolz, fast trotzig trug sie ihr altes schwarzes Kleid, das an den Ellenbogen dünngewetzt, an der Schulter verschlissen war. Schon ahnte sie, wie Mama ihr mit frostiger Miene die schwarze Stola reichen würde, um den schändlichen Aufzug zu bedecken.

Das Abteil war leer, sie war allein. Sie starrte zum Fenster hinaus, sah aber nicht die lieblichen sommerlichen Wiesen, die freundliche Schafherde, das junge Roggenfeld im sanften Wind. Was sie sah, war dunkel und bedrohlich, baute sich als düsterer, grauer Koloss vor ihr auf: das elterliche Schloss in Husum. Mit seinen ausladenden Seitenflügeln und dem viereckigen, gedrungenen Turm, von dessen Plattform aus man bei klarer Sicht weit über das Heideland bis hin zum Meer sehen konnte, stand es als Furcht einflößendes Ungetüm zwischen den hohen Ulmen.

Der Steintisch unten im Garten. Im Sommer war dort die Kommandozentrale der Mutter, von hier aus dirigierte sie den großen Gutshaushalt. Täglich besprach sie mit Agnes, was zu tun sei, welches der sechs Kinder welche Aufgaben zu übernehmen habe, was den Dienstboten anzuweisen sei. Agnes war Franziskas einzige Schwester und die Älteste in der Geschwisterreihe, außerdem Mutters rechte Hand und ihre engste Vertraute. So lange hatte sie die Schwester nicht mehr gesehen, und dennoch war ihr deren ruhiges, freundliches Wesen selten so vertraut wie jetzt. Arme Agnes, dachte Franziska, und staunte, wie viel Verständnis sie plötzlich für die Schwester hatte, wie groß das Mitleid war, das sie empfand. Nie hatte Agnes gewagt, sich gegen etwas aufzulehnen, ihr eigenes Leben zu leben. Womöglich war ihr nicht einmal der Gedanke dazu gekommen. Agnes hatte klaglos die Rolle angenommen, die Mutter für sie vorgesehen hatte.

Franziska erinnerte sich an Augenblicke, in denen die Wogen

in ihr gar so fürchterlich tobten und sie alles um sich herum,
und zuallererst sich selbst, in Frage stellte. In solchen Momenten beneidete sie die Schwester um deren festen Platz im Leben
und die klaren, erreichbaren, wenn auch in ihren Augen läppi-
schen Ziele. Agnes beriet mit der Mutter den Speiseplan für die
nächsten Tage, schälte Obst zum Einkochen, besserte Wäsche
aus, rieb mit weichen Lappen das silberne Teeservice blank, bevor Gäste kamen. Franziska konnte nicht begreifen, dass die
Schwester vom Leben nicht mehr erwartete, als Mutters Erster
Offizier zu sein, in der Vorratskammer zu wirtschaften und die
Dienstboten mit kleinen Aufgaben zu betrauen. War im Haushalt alles getan, durfte Agnes für Vater Schreibarbeiten erledigen oder ihn bei seinen Rundgängen auf dem Gut begleiten, um
gemeinsam mit ihm zu hoffen und zu bangen, dass das Heu von
den Strandwiesen vor dem nächsten Regen eingefahren wurde,
oder mit ihm über den Gärtner schimpfen, der die Hecken nicht
akkurat beschnitten hatte. Wie verzweifelt musste Agnes jetzt
sein, wenn sie an Papas Bett saß, ihm die Hand streichelte, liebevoll und ruhig auf ihn einredete und auf seinen Tod wartete.

Franziskas Gedanken verweilten in Husum, im elterlichen
Schloss, in dem stillen, weiten Park, an den Plätzen ihrer Kindheit. Sie hatte Mühe, sich die Familie in Lübeck vorzustellen,
denn das Schloss war längst verkauft, man hatte eine Wohnung
in der Stadt bezogen. Wie von einem Magneten wurden ihre Erinnerungen immer wieder zurück nach Husum gezogen, zu den
Mühlen, den Marschen, der weiten Landschaft, dem Wind und
dem Meer. Sie musste an die einsame Graskoppel hinter dem
Garten denken und an den Nachmittag, als das Dienstmädchen
mit dem Knecht in der Wiese lag und sie das erste Mal spürte,
wie es sich anfühlen musste, frei und glücklich zu sein. Etwa
fünf Jahre alt war sie da gewesen. Endlich konnten sie und Catty einmal genau das tun, wozu sie Lust hatten, ohne ermahnt
oder verhört zu werden. Mit dem Bruder um die Wette rennen,
auf Bäume klettern, mit Stöcken gegen die Stämme schlagen,
sich im Unterholz auf die weichen Moosteppiche knien. Niemand weit und breit, der sie bremste, zügelte, mit schmalen

9

Lippen aufforderte, sich doch wie ein Mädchen zu benehmen und das weiße Kleid mit der albernen roten Seidenschärpe zu schonen. Das Dienstmädchen und der Knecht waren beschäftigt und kugelten glückselig im Gras. Oft dachte Franziska an diesen Nachmittag zurück, an dem sie sich zum ersten Mal bewusst war, wie wunderbar ein Leben frei von allen Fesseln sein konnte. Später gingen sie, alle vier, zurück zum Schloss, in stiller Übereinkunft, dass keiner den anderen verriet.

Franziska hatte sich immer sehnlich gewünscht, ein Junge zu sein. Genau wie ihre Brüder wollte sie von der Mutter verwöhnt und mit Achtung behandelt werden, Hosen tragen und herumtoben dürfen. Schon sehr früh litt sie darunter, dass das mütterliche Lob stets an die Brüder gerichtet war. Bereits im Alter von sechs fühlte sie sich oft, als sei sie mit dem linken, jedenfalls mit dem verkehrten Bein zuerst auf die Welt gekommen. Ständig machte ihr die Mutter Vorhaltungen, jammerte und klagte: Es ist doch ein Kreuz mit dem Kind! Aber je mehr Franziska der häuslichen Disziplin unterworfen war, desto lodernder brannte ihre Sehnsucht nach Freiheit. Von Tag zu Tag, von Woche zu Woche wurden die Zügel, in die sie eingespannt war, kürzer, die vielen Verbote und Maßregelungen erschienen ihr bald unerträglich. Wie sehr litt sie unter den Zwängen ihrer Erziehung, wenn sie sich mit den Schreib- und Leseheften abplagte, während die Mutter ihr mit eiserner Miene und vorwurfsvoller Ungeduld über die Schulter blickte, ihr beim Stricken des Strumpfes, der nie ein Ende nehmen wollte, mit dem abgeknickten Zeigefinger in den Rücken stieß, damit sie gerade saß! Solche Qualen mussten die Brüder nie erleiden. Der drei Jahre jüngere Karl, in der Familie Catty genannt, wurde von allen vergöttert und immer liebevoll behandelt. Mit dem zwei Jahre älteren Bruder Ernst haderte Franziska, weil er sich ständig als Erzieher aufspielte und sie schalt, wenn sie ihren eigenen Kopf durchzusetzen versuchte. Willenloses Werkzeug sollte sie ihm sein, stets zu seinen Diensten. Und dann hatte er ganz plötzlich genug von ihr, ertrug ihre Anwesenheit nicht mehr, wies ihr arrogant die Tür. Das waren Momente, in denen sie das Gefühl hatte, nichts wert zu sein. Es ärgerte sie, dass Ernst so tat, als stünde er mit Ludwig auf einer Altersstufe. Ludwig war der Größte, gute sieben Jahre älter als Franziska, freundlich und hilfsbereit, mit seinen kleineren Geschwistern gab er sich jedoch kaum ab.

Und dann Theodor. Mit zärtlichen Gedanken dachte Franziska an ihren Bruder Theodor, der mit fünfzehn Jahren an einer unheilbaren Krankheit starb. Lange hatte er gekämpft, lag krank, schwach und durchsichtig in seinem Bett, bei offenem Fenster, damit er die Vogelarten an ihrem Gesang erkannte. Naturforscher hatte er werden wollen. Dass er nie wieder gesund werden würde, war ihm bewusst, er hatte sich schon als Kind aufs Sterben vorbereitet, weise und geduldig wie ein krankes Tier. Als Franziska jetzt in ihrem Abteil an ihn dachte und den Vögeln am hohen Sommerhimmel hinterher blickte, war sie ganz plötzlich wieder da, die triste Stimmung, das Entsetzen über die Ausweglosigkeit, die Verzweiflung der Familie, die auf dem ganzen Haus lastete. Die Erwachsenen wussten, dass Theodor sterben würde. Die Mutter hatte dunkle Ringe unter den Augen, war bleich und unansprechbar. Das einzig Gute daran war: Niemand kümmerte sich in dieser Zeit um Franziskas Unterricht, ihre Erziehung zur höheren Tochter. Aber freuen konnte sie sich über dieses Stückchen Freiheit nicht, denn die Atmosphäre im Haus war vom nahen Tod des Bruders durchdrungen. Sie erinnerte sich noch genau, wie sie Ludwig auf der obersten Stufe des Treppenhauses sitzend fand, zusammengekauert und von heftigem Schluchzen geschüttelt. Es ging ihr nah, dass der ruhige, stets beherrschte Ludwig so schrecklich schluchzen musste. »Was ist los?«, hatte sie damals gefragt, obgleich sie die Antwort gar nicht abzuwarten brauchte. »Theodor ist tot!«, brach es aus Ludwig heraus, und sie hielten einander in den Armen und weinten. Später gingen sie mit Agnes hinauf in Theodors Zimmer. Er lag auf seinem Bett mit gefalteten Händen. Es war ganz still um ihn, und sein Gesicht war blass und glatt. Zum ersten Mal sahen die Geschwister die Erwachsenen hemmungslos weinen und für einen Moment die Contenance verlieren. Lange wagte es keiner im Schloss, Theo-

11

dors Namen auszusprechen. Die Eltern kamen nie über den Tod des Sohnes hinweg. Nachdem die Tränen der ersten tobenden Verzweiflung getrocknet waren, blieb die Mutter bitter und unnahbar, der Vater stand oft lange am Fenster. Abends saßen sie stumm am Kamin und sahen in die Flammen.

Franziska lehnte sich aus dem Fenster ihres Abteils. Der Zug fuhr jetzt sehr langsam eine lange Steigung hinauf. Sie schloss die Augen und atmete gegen den Fahrtwind. Nein, Papa durfte noch nicht sterben! Sie wollte ihm unbedingt noch etwas sagen. Sie mussten noch über so vieles reden, was bisher nicht besprochen werden konnte. Nein, Papa, lieber, großer, strenger Papa, warte auf mich! Ganz fest nahm sie sich vor, ihren Stolz, ihre Widerborstigkeit zu überwinden, wenn sie ihn nur noch einmal sprechen konnte. Schneller, Zug, fahr schneller, fahr schnell weiter, sagte sie vor sich hin. Ich muss mich beeilen, muss sofort nach Hause.

Nach Hause? Zwei Jahre war sie nicht mehr bei den Eltern gewesen, jetzt sprach sie es leise immer wieder vor sich hin: Nach Hause. Kaum bewegte sie dabei die Lippen. Es klang fremd, obwohl sie sich Mühe gab, das Wort warm klingen zu lassen, mit Leben zu erfüllen. Nein, Wärme und Lebhaftigkeit waren nicht das, was sie mit ihrem Zuhause verband. Sie sah ihre Mutter vor sich, die große, stattliche Frau mit der Rute in der Hand, deren Augen so eiskalt, so erbarmungslos blicken konnten. Wenn sie bestraft wurde, musste Franziska die Rute selbst herbeiholen. Und bestraft wurde sie oft, ihre Vergehen waren zahlreich. Zum Beispiel, als sie mit Catty fortgelaufen war, immer der Musik nach, die von der großen Wiese herüberklang. Auf der »Freiheit« – der Name der Festwiese klang ihr schon damals wie ein Versprechen – war Schützenfest, und der Geruch von Gebratenem, die Musik, das Gelächter, die bunten Leinwandzelte ließen sie alle elterlichen Verbote vergessen. Obwohl es ihr streng untersagt war, sich jenseits des Walls, der das Schloss umgab, aufzuhalten, hatte sie ihren kleineren Bruder an die Hand genommen und war zur Festwiese hinübergelaufen. Dort, mitten im wilden Treiben, musste sie sein, die Freiheit, endlich würde sie einen Zipfel davon erwischen! In dem Moment zählte nur dieses eine Gefühl für sie. Und dann trafen sie jemanden, einen Freund der Familie, der kaufte ihnen Lebkuchen und Zuckerstangen, ließ sie Karussell fahren und zeigte ihnen die Seiltänzer, die in der Luft ihre Saltos machten, und die langbeinigen Riesen, die auf Stelzen herumstolzierten. Schon damals hatte Franziska die Gabe, in Momenten des Glücks alles zu vergessen, sich dem Glück ohne Rücksicht auf ein Vorher oder Nachher hinzugeben. Als sie dann abends zur Strafe die Rute zu spüren bekam, biss sie sich auf die Unterlippe, bis das Blut kam, nur um nicht zu schreien. Alles hätte sie stumm ertragen, nur um der Mutter den Triumph nicht zu gönnen. Rache – das kam ihr jetzt wieder ganz deutlich in den Sinn – war damals ihr einziger Gedanke gewesen, Reue empfand sie nicht.

In kindlichen Phantasien hatte sie Fluchtpläne geschmiedet, in denen sie sich mit den Mächten der Hölle verband. Jetzt, da sie darüber nachsann, kam ihr der Verdacht, dass Papa damals von ihrem großen Geheimnis gewusst haben musste. War er es gewesen, der den Briefumschlag vom Kaminsims genommen hatte? Eines der Dienstmädchen hatte ihr vom Teufel erzählt, dass, wenn man sich ihm mit Haut und Haar verschrieb, man alles von ihm haben könne. Der Teufel erschien Franziska gerade recht, um sie aus der Enge, den Reglementierungen ihres Kinderlebens zu befreien. Eines Nachts, als alle schliefen, schlich sie in Vaters Büro, holte sich einen Bogen seines feinen, weißen Briefpapiers und schrieb in ihrer schönsten Schrift einen Vertrag nieder. Sie wollte sich dem Teufel verschreiben, wenn er ihr helfen würde, dem Gefängnis ihres Elternhauses zu entfliehen und zu den Zigeunern oder fahrenden Zirkusleuten zu kommen. Sie steckte den Vertrag in ein Kuvert und legte es auf das Kaminsims. Als sie am nächsten Abend nachsah, war der Brief verschwunden. Unheimlich war ihr zu Mute, und auch wohlig. Sie war in der Hand des Teufels, mit ihm stand sie ab jetzt in engem Kontakt, schloss fast täglich kleine Abkommen und versicherte sich seines Beistands. Abends im Bett sah sie ihn neben sich sitzen, und dann unterhielt sie sich mit ihm. Und weil der Teufel auf ihrer Seite stand, wurde sie noch aufmüpfiger und bockiger als bisher, leistete sich immer dreistere Frechheiten. Die Strafen wurden dementsprechend härter. Die Gouvernante, die mit ihr nachmittags arbeitete, sie die französische Sprache lehren und mit ihr mathematische Aufgaben lösen sollte, war am Ende ihrer erzieherischen Weisheit und beklagte sich bei der Mutter. Und die griff zur Rute. Der Teufel aber gab sich nicht zu erkennen, kam nicht des Nachts mit wehendem Umhang und Feuerschweif, um sie zu holen, sie an die Hand zu nehmen und in die Freiheit zu führen. Stattdessen wurde ihre Situation eher noch auswegloser: Sie lernte miserabel, war fahrig und unkonzentriert und zu alledem noch respektlos und rebellisch. Also wurde sie bestraft. Nicht nur mit Hausarrest, Strafaufgaben, Rutenhieben, sondern – und das war am schlimmsten – mit Mamas Verachtung und Kälte. Catty hingegen lernte gut, war sonnig, freundlich und offen und wurde mit Wohlwollen und Zärtlichkeit überschüttet. Franziska sehnte sich danach, vom Teufel in die Freiheit geführt zu werden, aber noch mehr sehnte sie sich nach Mamas Zuneigung.

Franziska öffnete ihre Reisetasche, holte das kleine chinesische Handspiegelchen hervor und ordnete die vom Fahrtwind zerzausten Haare. Irgendwann hatte sie sich vom Teufel abgewandt und ihm, enttäuscht von seiner Tatenlosigkeit, den Rücken gekehrt und sich sodann mit derselben Inbrunst vorgenommen, nun Gott zu huldigen. Sie wollte jetzt tugendhaft und christlich leben und ihren Eltern und Lehrern eine Freude sein, aber auch damit hatte sie keine spürbaren Erfolge beim Buhlen um die Gunst der Mutter. Allen guten Vorsätzen kam immer wieder ihre fatale Lust an kleinen und größeren Streichen und Boshaftigkeiten in die Quere. Es faszinierte sie, Verbote zu missachten, sich dem Willen der Mutter zu widersetzen, den kleineren Bruder zu gemeinsamen Missetaten anzustiften. Mama blieb bei alledem abweisend, verschlossen, steinern. Sie wirkte unerreichbar, weder Franziskas schüchterne Annäherungsversuche noch ihre ständigen Provokationen schienen sie wirklich zu berühren. Und wenn Franziska dann im Wohnzimmer über ihrer Flickwäsche sitzen musste, die Mutter ihr gegenüber in dem dunkelgrünen englischen Ledersessel, dann war ihr, als ob sie sich in einem Glaskasten befände, und die Mutter sie von außen mit kühlem, zoologischem Interesse beobachtete. Mamas ruhelose, steingraue Augen bohrten sich in alles hinein, verfolgten jede ihrer Bewegungen, ließen keine Gnade walten.

Ob nicht auch die Mutter unter diesem Verhältnis gelitten hatte? Franziska sah das Gesicht ihrer Mutter vor sich: die Falten tief eingegraben, der Mund ein Strich, die erschöpften Augen. Ganz nah hielt sie den Handspiegel vors Gesicht, suchte nach Spuren, verräterischen Ähnlichkeiten, Anzeichen für eine beginnende Verhärtung ihrer Züge, untersuchte Lippen- und Kinnpartie, testete ihr schönstes Lächeln. Dann, abrupt, steckte sie den Spiegel zurück ins Etui.

Als Franziska zehn Jahre alt war, wurde eine neue Gouvernante eingestellt. Deren feuchtkalter Händedruck stieß die Kinder vom ersten Tag an ab. Es war klar, dass diese Frau ihre Aufgabe ernst nehmen würde, dass sie die Eltern nicht enttäuschen wollte. Sie hatte einen braunen Vorderzahn, der im ansonsten blässlichen Gesicht gut zur Geltung kam. Das schwarze, glatte Haar trug sie straff zum Knoten frisiert. Ihren aufdringlichen, besitzergreifenden Blick hatte Franziska nie vergessen können. »Sie will uns an die Seele«, sagte sie zu Catty und beschloss, ihre Seele gut zu verschanzen und alles dafür zu tun, der Dame das Leben im Schloss zur Hölle zu machen. »Woher hat das Kind nur diese unzähmbare Wildheit?«, beklagte sich das Fräulein einmal bei der alten Köchin, als Franziska mit blutigen Knien, einer Wunde am Kopf und zerrissener Bluse nach Hause kam. »Ihre Zerstörungswut kennt keine Grenzen. Hoffentlich kommt sie irgendwann einmal zur Besinnung!« Vier Jahre lang dauerte der Kampf der Kinder gegen die Gouvernante. Dann wurde sie krank und musste kündigen. Die Kinder fühlten sich, als hätten sie einen Sieg errungen, Franziska triumphierte. An der Atmosphäre im Haus änderte sich jedoch nichts.

Nicht der Teufel hatte geholfen, sondern Gott! Davon war Franziska damals überzeugt. Sie fühlte sich frei und leicht. In ihrem Zimmer baute sie einen kleinen Altar auf und kniete nachts, wenn alle schliefen, nieder, dankte ihrem gütigen Gott voller Inbrunst. Dabei öffnete sie das Fenster und ließ sich vom kühlen Atem des Mondes die nackten Arme streicheln. Sie liebte diese einsamen nächtlichen Gottesdienste. Sie flüsterte alle Gebete, die sie gelernt hatte, und blickte hinauf zu den Sternen in der Hoffnung, dass Er sich vielleicht doch einmal zu erkennen gäbe, denn jetzt war sie Gott ganz nah, das fühlte sie. Er musste ihr Flehen erhört haben, denn die Gouvernante war vertrieben, Franziska war erlöst! Die Freude dauerte allerdings nur kurze Zeit. Die Mutter kümmerte sich nun selbst intensiver um Franziskas Erziehung zur höheren Tochter. Stundenlang musste sie im Wohnzimmer über ihrem Nähzeug sitzen, Mama im englischen Sessel gegenüber, frostig schweigend.

Dann aber die Tanzstunde. Alle Mädchen, die aus gutem Hause kamen und vierzehn Jahre alt waren, gingen, unter Aufsicht ihrer Mütter, zur Tanzstunde. So wurde das in den gewissen Kreisen gehandhabt, auch in Husum. Für Franziska war diese Etappe des Erziehungsprogramms ein Hoffnungsschimmer. Wie sie der ersten Stunde entgegenfieberte, als sie das bordeauxrote Tanzkleid anprobierte! Es war Jahre zuvor für Agnes angefertigt worden, nun sollte es Franziska tragen. Es hatte Druckknöpfe an den Unterarmen und einen schwingenden Rock. An einigen Stellen war es schon geflickt, der Saum ein wenig zu lang, an Taille und Dekolleté warf es Falten, denn Agnes kam nach der Mutter und hatte bereits mit vierzehn eine stattliche Figur. Trotzdem, ein Geschenk des Himmels! Wie wunderbar knisterte der Seidenstoff, als sie das Kleid über den Kopf zog! Die Mutter ermahnte sie, immer darauf zu achten, dass Hände und Fingernägel sauber und gepflegt waren und sie stets ein reines weißes Taschentuch bei sich trug. Franziska wurde angehalten, nicht ungebührlich laut zu sprechen und keinesfalls mit weit offenem Mund und undamenhaft berstend zu lachen. Sie lernte, wie man einen Knicks andeutete und älteren Damen die Hand küsste, und sie lernte, dass es sich geziemte, zart zu erröten und die Augen niederzuschlagen, und nicht kess und offenherzig zu antworten, wenn ein junger Herr das Wort an sie richtete. Die anfängliche Beklemmung beim Betreten des Tanzsaales verschwand schnell, wenn der Tanzmeister, der leicht schwankte und nach Cognac roch, mit seiner Geige in der Mitte des Parketts stand und alle um ihn herumwirbelten. Das waren Glücksmomente, in denen Franziska vergessen konnte, wie schwer ihr das Leben zu Hause gemacht wurde. Außer Tanzen lernte sie hier noch etwas, nämlich dass es außerhalb der Mauern des Familienschlosses noch ein anderes Leben gab, ein Leben, das geheimnisvoll, aufregend und viel versprechend war.

Und dann kamen diese wunderschönen Wochen. Die Eltern mussten für einige Zeit verreisen und betrauten die tüchtige Agnes mit der Oberaufsicht über Personal und Kinder. Liebe, liebe Agnes! Sie war so sanft und gutmütig, unendlich ruhig und duldsam! Und Franziska nutzte jede Gelegenheit, in die Stadt zu gehen, sich herumzutreiben, nachmittags, manchmal bis es dunkel wurde, mit den Älteren aus dem Gymnasium in der Konditorei zu sitzen. Catty nahm sie auf ihren Touren immer mit. Sie wollte die ersten Gehversuche in der Freiheit, die Sehnsucht nach diesem wonnigen Ausgelassensein mit ihm teilen. Hand in Hand liefen sie durch die Straßen von Husum, dachten sich allerlei Unfug aus, störten Ruhe und Ordnung der braven Kleinstadtbürger. Franziska zog die ängstliche Bewunderung der anderen Mädchen ihres Alters auf sich, was sie nur noch mehr dazu anstachelte, sich als *enfant terrible* hervorzutun. Bald war sie wegen ihrer Wildheit und ihrer frechen und ungestümen Auftritte in der kleinen Stadt allseits bekannt. Was ihrem Ruf am meisten schadete, war, dass sie sich nicht nur mit ihrem Bruder, sondern auch mit anderen Jungen herumtrieb.

Ein rothaariger Primaner hatte es ihr angetan, und sie tat alles, um seine Aufmerksamkeit zu erregen. Ihm wollte sie ganz besonders imponieren, selbst dann, wenn er weit und breit nicht zu sehen war. Traf sie ihn jedoch zufällig einmal auf der Straße, so war sie wie vom Schlage gerührt. Das Blut schoss ihr in den Kopf, die Beine zitterten, und sie wagte nicht, ihn anzusehen. Er kannte sie vom Sehen, denn er ging auf dasselbe Gymnasium wie Catty. Grüßte er sie höflich, dann schnürte sich ihr die Kehle zu, der Kopf wurde taub, und sie konnte den Gruß nicht erwidern. Nachts lag sie lange wach und malte sich aus, wie er sie aus dem Schloss entführte. Auf einem silbernen Pferd springt er über die hohe Mauer, fliegt an ihrem offenen Fenster vorbei und ruft ihr zu:»Komm, wir haben keine Zeit zu verlieren!« Ohne zu zögern springt sie zu ihm auf den ungesattelten Pferderücken, umfasst ihn von hinten, und sie reiten davon.

Einige Wochen später kehrten die Eltern von ihrer Reise zurück. Mama hatte inzwischen erfahren, was in der kleinen Stadt keinem verborgen geblieben war: Die beiden Jüngsten aus dem gräflichen Schloss waren während der Abwesenheit der Eltern aus dem Ruder gelaufen und drohten sittlich zu verwahrlosen. Alle möglichen Strafmaßnahmen wurden ergriffen, Franziska wurde ständig überwacht, oftmals sperrte man sie stundenlang in ihr Zimmer ein. Aber sie rebellierte, hatte beschlossen, sich von nun an nichts mehr gefallen zu lassen. Sie widersprach, brüllte die Eltern an, spuckte sogar einmal der Mutter ins Gesicht. Das idyllische Familienleben der Reventlows gab es nicht einmal mehr zum Schein: Es herrschte Krieg – jedenfalls zwischen Franziska und ihren Eltern. Ganz besonders Mutter und Tochter begegneten sich mit quälendem Hass, versöhnliche Worte waren nicht mehr möglich.

So versunken war Franziska in ihre Erinnerungen, dass sie gar nicht merkte, wie der Schaffner das Abteil betrat. Gleich zwei Mal musste er nach ihrem Billett fragen. Sie schreckte auf, kramte unter den misstrauischen Blicken des Beamten lange in ihrer Reisetasche, bis ihr einfiel, dass sie die Fahrkarte in die Jackentasche gesteckt hatte. Die Erinnerungen an früher, an zu Hause, hatten sie aufgewühlt. Zwei Jahre war sie nun nicht mehr zu Hause gewesen, und konnte sich doch nicht erklären, warum sie nicht mit größerer Gelassenheit an ihre Mutter denken konnte. Aber wenn sie die wimpernlosen grauen Augen vor sich sah, den eiskalten, erbarmungslosen Blick, dann hatte sie immer noch das Gefühl, dass sich ihr Magen in einen schweren Stein verwandelte. Der Hass saß tief, hatte sie noch immer fest im Griff, die Wunden waren noch lange nicht verheilt. Auch wenn sie sich vornähme, einen gnädigen, die scharfen Konturen verwischenden Schleier über alles zu legen, es würde ihr nicht gelingen, zu verzeihen. Zu genau fühlte sie noch, wie ihr zumute war, wenn sie tagelang in ihrem Zimmer auf dem Bett lag und nur daran dachte, wie sie dem allen entrinnen könnte. Oder wie sie einmal mit dem Kopf so lange gegen die Wand geschlagen hatte, bis schließlich der Schmerz für einen Augenblick ihre Wut und das Gefühl der Ohnmacht betäubte.

Eines schönen Sonntagmorgens, als sie zum Frühstück herunterkam, lag der Brief auf dem Tisch. Mama seufzte tief und sagte: »Endlich! Du bist angenommen! An Ostern kommst du in die Pension nach Altenburg!« Dumpf und gleichgültig nahm Franziska diese Neuigkeit auf, die die Mutter so befreit hatte aufseufzen lassen. Schon häufig war von diesem Mädchenpensionat für höhere Töchter im Thüringischen gesprochen worden, aber Franziska hatte nie so recht daran geglaubt, dass die Eltern sie tatsächlich dorthin schicken würden. Eines aber war ihr sofort klar: Sie hatte keine Chance, sich dagegen zur Wehr zu setzen, wenn es so käme. Für ihre Ohnmacht rächte sie sich damit, dass sie in den Wochen vor ihrer Abreise den Eltern und Dienstboten das Leben besonders schwer machte. Sie war verschlossen und abweisend, antwortete nicht, wenn das Wort an sie gerichtet wurde, schloss sich tagelang in ihr Zimmer ein.

Aber so sehr sie alle anderen abwies, den jüngeren Bruder Catty überschüttete sie mit Zuneigung und Zärtlichkeit. Sie verbrachten soviel Zeit zusammen, wie sie nur konnten, saßen wortkarg auf dem dunkelroten Teppich in seinem Zimmer und beweinten die nahe Trennung. »Ich werde es nicht ertragen, zwei Jahre ohne dich zu sein, die Zeit wird niemals vorübergehen«, sagte sie und küsste ihn auf die Stirn. »Wir werden uns jeden Tag schreiben«, versprach er hilflos. Eigentlich wollte er noch sehr viel mehr sagen, fand aber nicht die rechten Worte. Stattdessen strich er ihr behutsam die tränennassen Haarsträhnen aus dem Gesicht.

Das Bild ihrer Abreise nach Altenburg hatte sich Franziska tief ins Herz eingebrannt: die Mutter, wie immer im schwarzen Kostüm und mit grauen Wollstrümpfen, neben ihr der Vater in moosgrüner Pelerine, Reithose, schwarz glänzenden Stiefeln. Die Eltern standen am heruntergelassenen Abteilfenster auf dem Perron und verabschiedeten sich. Agnes, Ludwig und Catty standen neben ihnen. Franziska und Catty versteinert. Sie weinten vor den anderen nicht, das hätte ihr Stolz nicht zugelassen. Aber Franziska spürte, wie Catty mit den Tränen kämpfte, mit fest aufeinandergepressten Lippen. Papa ebenfalls stumm. Sie spürte, dass auch er traurig war. Schließlich stieg Mama ein und setzte sich neben sie. Endlose Diskussionen hatte es gegeben, in denen Franziska darum bat, allein reisen zu dürfen. Aber die Mutter hatte entschieden, ihre Tochter persönlich abzuliefern. Jetzt schien sie beschwingt, geradezu ausgelassen. Sie redete viel, legte sogar einmal den Arm um die Schultern der ungeliebten Tochter, winkte den Zurückbleibenden fröhlich zu, triumphierend, von einer Last befreit.

Die Luft im Abteil war stickig, als Franziska, versunken in das Bild damals am Perron, die Tür öffnete. Auf dem Gang standen zwei ältere Herren und unterhielten sich leise. Sie zogen an ihren dicken Zigarren, die Gesichter hinter den dichten Rauchschwaden kaum erkennbar. Franziska liebte den Geruch von schweren Zigarren. Sie atmete tief, bis hinunter in die Lungenspitzen inhalierte sie genießerisch die Rauchschwaden. Sie war dankbar, dass die Männer keine Notiz von ihr nahmen und heftig paffend ihr Gespräch fortsetzten. Warum bin ich, wie ich bin?, dachte sie und drückte ihre Stirn ans kühle Fensterglas.

Der lange dunkle Flur. Am Ende das warme, gelbe Licht, das durch den Türspalt schien. Sie ging auf Zehenspitzen, denn der Läufer im Flur war hart, und das Barfußgehen tat weh, sie fror in ihrem Nachthemd. Sie hörte Zeitungsrascheln, das Knistern des Kaminfeuers. Ganz vorsichtig zog sie die schwere Flügeltür zu Papas Arbeitszimmer etwas weiter auf und schlüpfte hindurch. Es brannte nur das Licht der Stehlampe, der große Schreibtisch, auf dem sich meist die Akten stapelten, die der Landrat mit nach Hause nahm, lag im Dunkeln des großen Raumes. Einen Augenblick betrachtete sie ihren Vater: Mit dem Rücken zu ihr saß er auf dem Diwan, tief über die Zeitung gebeugt, in der linken Hand, zwischen Zeigefinger und Daumen, einen dicken Zigarrenstummel.

»Ich kann nicht schlafen, Papa.« Ganz vorsichtig ging sie zu ihm. Das Parkett war glatt und warm. Er legte die Zeitung aus der Hand, zog an der Zigarre und lud sie mit einer sparsamen Handbewegung ein, sich neben ihn zu setzen. Ziemlich lange saßen sie so da, stumm nebeneinander – Papa hatte den Arm um ihre Schultern gelegt –, und sahen ins Feuer. Nur das Ächzen und Pfeifen des feuchten, frischen Holzes in den Flammen durchbrach ab und zu die Stille. Und das Geräusch, mit dem er den Zigarrenrauch durch seinen gespitzten Mund ausblies. Oder war es ein unterdrücktes Seufzen, das er durch diesen kleinen, tonlosen Pfiff, mit dem er den Rauch ausstieß, kaschieren wollte? Wie lange sie schweigend so gesessen hatten, wusste Franziska nicht mehr. Auch konnte sie sich nicht mehr erinnern, ob sie neun oder zehn Jahre alt war und ob Papa sie schließlich ins Bett geschickt hatte. Aber Papas Nähe, die Wärme, die Stille und der Duft der Zigarre hatten sich tief eingebrannt in ihre Erinnerung.

Nie wieder hatte sie so neben ihm gesessen! Er gehörte ihr ganz allein an diesem Abend. Wenn sie jetzt darüber nachdachte, kam es ihr so vor, als hätte sie eine große Chance leichtfertig vertan, als hätte sie durch einen winzigen Schritt auf ihren Vater zu das bekommen können, was ihr bei der Mutter versagt geblieben war. Sie spürte plötzlich ein heftiges, schmerzhaftes

21

Verlangen, ihren Vater fest an sich zu drücken, sich ihm zu öffnen und anzuvertrauen. Jetzt, da es womöglich zu spät war! Er wird, so dachte sie jetzt, da sie die Kornfelder draußen vorbeigleiten sah, nur das eine Bild von seiner jüngsten Tochter mit in den Tod nehmen: wild, aufmüpfig, frech. Vielleicht hatte er ja geahnt, dass sie eine zärtliche, nachdenkliche Seite hatte, aber bis auf diesen einen unwirklichen Augenblick nachts in seinem Arbeitszimmer hatte er ihr nie das Gefühl gegeben, dass er diese Seite an ihr wahrnahm. Auch er hatte die Gelegenheit verpasst, ihr zu zeigen, dass er sie liebte, sie als Menschen ernst nahm, so wie sie war. Niemals hätte er sie Mama gegenüber in Schutz genommen. So war es gekommen, dass Franziska ihre Eltern immer nur als steinerne Einheit wahrgenommen hatte, als jene Instanz, die für alles Unglück, jedes einzelne Missgeschick in ihrem Kinderleben verantwortlich war. Jetzt, mit dem Abstand von zwei Jahren, in denen sie die Eltern nicht mehr gesehen hatte, fragte sie sich zum ersten Mal, warum sie ihrem Vater niemals von ihren inneren Nöten erzählt hatte.

Vielleicht hätte er sie verstanden, vielleicht war er sogar, ohne dass sie es wusste, ihr heimlicher, stummer Komplize. Vielleicht buhlte auch er um Mamas Anerkennung, vielleicht fühlte auch er sich nicht geliebt. Warum war ihr sogar nach dieser Nacht, in der sie so lange bei ihm gesessen und deutlich gespürt hatte, dass man sich auch ohne Worte verstehen kann, der Weg zu ihm dennoch versperrt geblieben? Er war immer so weit entfernt gewesen: Gutsbesitzer, Landrat, Familienoberhaupt, von früh bis spät beschäftigt, diszipliniert, korrekt, pünktlich. Alles, wofür er die Verantwortung trug, funktionierte, musste funktionieren, wie bei einer gut geölten Maschine, kein Ausscheren, keine Verzögerungen. Und wenn etwas schief ging, gab es kein Pardon! Für die anderen nicht und für ihn selbst auch nicht. Sein Tag war strikt eingeteilt, die Stunden, die er im Landratsamt zu Husum anwesend war, standen fest, da gab es keine Ausnahmen.

Doch. Es gab eine Ausnahme, nämlich an dem Vormittag, als Papa mit Catty, Agnes und Ludwig am Perron stand, und sie mit

Mama im Zug nach Altenburg saß. Franziska erinnerte sich noch gut, wie er seiner Sekretärin Bescheid sagen ließ, er würde sich um eine halbe Stunde verspäten. Eine große Ausnahme war es, dass er die Unannehmlichkeit, nicht pünktlich im Büro zu sein, auf sich nahm, nur um sie zur Bahn zu begleiten. Vielleicht war dies ein Zeichen seiner Zärtlichkeit, und sie hatte es nicht verstanden, noch nicht verstehen können.

Ach, wenn der Zug doch Flügel hätte! Noch drei Stunden Bahnfahrt lagen vor ihr, drei lange, peinigende Stunden Unsicherheit, in denen sie nicht wusste, ob sie mit Papa noch sprechen können würde. Ob er ihr vielleicht stilles Einverständnis zuzwinkerte, wenn er zu schwach war, um zu sprechen? Könnte sie doch nur ihre Ungeduld zügeln, ihre Erwartung drosseln!

»Fanny Comtesse zu Reventlow kann hereinkommen.« Die schneidende Stimme hallte durch den endlosen Gang. Die Mutter war längst wieder zurück nach Husum gereist, als Franziska im »Freiadeligen Magdalenenstift«, der bekannten Erziehungsanstalt für adelige junge Mädchen, zum ersten Mal ins Direktorat bestellt wurde. Im Zimmer der Pröpstin roch es nach Bohnerwachs und reifen Äpfeln. Franziska schloss die Tür hinter sich und machte auf dem Weg zum Schreibtisch, hinter dem die alte Dame saß, die drei vorgeschriebenen Knickse: den ersten gleich an der Tür, den zweiten etwa auf halbem Weg in der Mitte des Zimmers und den dritten ungefähr einen halben Meter vor dem Ziel, dem großen, blank polierten Eichentisch.

»Man hört schlimme Dinge über dich. So kurz bist du erst hier und hast bereits Verdruss mit deinen Mitschülerinnen! Ich habe gehört, du hast deine Banknachbarin ins Gesicht geschlagen!« Die Pröpstin blickte die ganze Zeit nicht auf, als hätte sie den Vorwurf von dem weißen Blatt Papier, das vor ihr auf der ansonsten leeren Tischoberfläche lag, abgelesen. Sie saß kerzengerade, die bleichen Hände auf der Tischplatte ineinandergelegt. Wenn sie sprach, bewegten sich nur die Lippen. Ihr kleiner Kopf mit den streng zurückgekämmten grauen Haaren, der mageren, spitzen Nase, dem schmalen, violett schimmernden Mund und dem energischen Kinn wirkte, als sei er dem hoch geknöpften weißen Kragen ihres dunkelblauen Kleides aufgesteckt worden. Wie der Stöpsel auf einer dunkelblauen Glaskaraffe. Später wird Franziska die Pröpstin so zeichnen: als birnenförmigen Flakon mit einem sauertöpfischen Stöpselgesicht.

»Ich werde deinen Eltern darüber Bericht erstatten müssen!« Die Pröpstin nahm ihren Stift und notierte etwas auf das leere Blatt, das vor ihr lag. »Vielleicht kannst du mir sagen, warum du so etwas tun musstest.«

»Ich lasse es mir nicht gefallen, wenn man mich ärgert!«

Franziska wunderte sich über den festen, lauten Ton, mit dem sie den Satz sprach.

»Du wirst lernen müssen, dich zu mäßigen! Wenn du glaubst, dass dir Unrecht widerfährt, so kannst du mich um ein Gespräch bitten. Ihr seid doch keine Gassenjungen!«

Der Kopf der Pröpstin steckte jetzt etwas schräg auf dem Kragen, aber sie saß noch immer kerzengerade auf der vorderen Kante des Stuhles. »Deine Mutter hat mir von deinem renitenten Benehmen erzählt, und ich stehe bei deinen Eltern im Wort, eine sittsame und anständige junge Dame aus dir zu machen. Wenn man allerdings mit Milde und Nachsicht bei dir nichts erreichen kann, so stehen uns auch andere Mittel zur Verfügung.« Mit einer schlaffen Handbewegung wies sie in Richtung Tür. Matt flüsternd, als hätte diese Drohung sie ihre letzte Kraft gekostet, fügte sie hinzu: »Du kannst jetzt gehen.«

Einige Tage später, beim Mittagessen im großen Speisesaal, wurde wie jede Woche die Post ausgeteilt. Die Tischaufsicht, die immer am Kopfende saß, rief die Namen der Zöglinge auf, für die ein Brief bereitlag. Die Mädchen mussten um den Tisch herumgehen und sich nach Empfangnahme ihrer Post mit einem Knicks bei der Aufseherin bedanken. Mit dem Brief in der Hand gingen die Mädchen dann zufrieden und erwartungsvoll an ihren Platz zurück. Sobald die Austeilzeremonie beendet war, musste man sich erheben, das Dankgebet sprechen und sich während drei Schweigeminuten »innerlich sammeln«.

Franziska nahm ihren Brief mit einem spöttischen Lächeln in Empfang, deutete ihren Knicks nur so weit an, wie nötig war, um nicht gerügt oder bestraft zu werden, und steckte den Brief in die Tasche ihres Kittels. Erst am nächsten Vormittag, während der Biologiestunde, las sie Mutters Brief. Der Inhalt überraschte sie nicht: »Mein liebes Kind – die Frau Pröpstin hat uns wieder geschrieben, dass Du sehr eigensinnig bist und Dich mit den anderen Mädchen schlecht verträgst. Ich habe die Frau Pröpstin gebeten, Dich in strenge Zucht zu nehmen, und wir verlangen von Dir, dass Du Dir jetzt endlich Mühe gibst, anders zu werden. Mehr will ich heute nicht sagen, ich bete täglich zu Gott, er möge Deinen Sinn ändern.

Die Geschwister lassen grüßen, Deine Mutter.«

Franziskas Augen flogen hastig über die Zeilen. Sie las, was sie bereits erwartet hatte. Dann begann sie, das Papier so leise wie möglich unter ihrem Pult zu zerknüllen. Eigentlich wollte sie Mutters Worte zerknüllen, aber plötzlich hielt sie inne, sah, dass die Rückseite des Briefbogens unbeschrieben war, streifte ihn wieder glatt. Sie nahm sich ein Buch auf die Knie, legte das faltige Papier darauf und begann zu zeichnen: Ein dickes Schwein, das unverkennbar die Züge der Biologielehrerin trug, deutete mit einem Zeigestab auf eine Tafel, auf der stand: »Beim Schwein, beim Schwein, ist selbst das Großhirn klein.«

Gleich machte die Zeichnung die Runde, wurde unter den Pulten weitergereicht, hier und da noch um ein despektierliches Detail ergänzt. Die Lehrerin bemerkte nichts – oder tat zumindest so. Franziska schien bester Stimmung. Schließlich hatte sie von ihrer Mutter nichts anderes erwartet als wieder einen Brief voller Vorwürfe und Ermahnungen. Und doch war sie auch enttäuscht. Immer noch. Sie konnte die Hoffnung nicht aufgeben, eines Tages doch noch ein Liebeszeichen von ihrer Mutter zu erhalten. Um ihre Enttäuschung zu überspielen, setzte sie sich vor den Klassenkameradinnen in Szene. Durch Witzeleien und kleine Eskapaden holte sie sich jene Anerkennung, die sie von ihrer Mutter vergebens erhoffte.

Mein geliebter Catty,

vor zwei Tagen hat es einen mordsmäßigen Skandal gegeben – fast hätte man Editha und mich relegiert! Die Pröpstin wird an alle Eltern schreiben, und wir haben schon Wetten abgeschlossen, wer den ärgsten Brief von zu Hause kriegt. Also: Letzten Sonntag war unsere Aufseherin krank. Wir machten brav das Licht aus, standen aber nachts wieder auf. Rosa blies die Mundharmonika, Meta holte ihre Gitarre, und wir anderen sangen und tanzten dazu und hatten einen Riesenspaß. Hinter unserem Schlafsaal ist eine Tür, und wir waren schon lange neugierig, wohin sie wohl führt. Also gingen wir nachsehen: Editha mit der Nachtlampe voran, wir anderen alle hinterher. Ich erfand gruselige Geschichten von früheren Stiftskindern, die im Kerker vergessen worden waren und auf deren Skelette und eingetrocknete Blutflecken wir jetzt gefasst sein mussten. Da wurde manchen so bange, dass sie zurück in ihre Betten gingen.

Die Stufen, die zum Speicher unterm Dach führten, waren morsch und knarrten und krachten. Dort oben schien der Mond so hell durch die Spinnweben hindurch, dass wir ihm unbedingt dafür danken wollten! Editha und ich stiegen auf Leitern in den Turm hinauf und schlüpften durch die Dachluke auf das Kapellendach nach draußen. Auf dem Dachfirst knieten wir nieder, reckten dem Mond die Arme entgegen und dankten ihm für seinen Glanz und seine Güte. Dabei mussten wir so lachen, dass wir beinahe heruntergefallen wären. Die anderen dummen Gänse haben das am nächsten Tag, als sie ausgefragt wurden, verraten.

Später dann stellten wir die Nachtlampe auf den Boden im Speicher und tanzten und hopsten, bis unten im Schlafsaal die Balken krachten und die Lampen an der Decke schaukelten. Die anderen Schlafsäle besuchten wir dann auch noch, sangen »Stille Nacht, heilige Nacht« und warfen ihnen Stiefel in die Betten. Die haben uns dann auch angezeigt – so eine Gemeinheit! Die Pröpstin kam in die Klasse, grün vor Zorn, und zitterte am ganzen Körper. »Die Sünde ist unter

26

euch wie ein fressender Eiter«, sagte sie. So ein Satz muss einem erst einmal einfallen – ich konnte mich nicht beherrschen und explodierte vor Lachen. Da ging sie natürlich auf mich los: Ich sei die Anstifterin, wie ein Geschwür würde ich die ganze Klasse vergiften, ich hätte die anderen verleitet, im Nachthemd (O Gott!!) auf den Korridor zu gehen, und das wäre unsittsam et cetera.

Ist der schöne Fritz noch auf Deiner Schule? Meine Flamme hier heißt Editha. Sie ist das hübscheste Mädchen, das ich je gesehen habe, hat lange schwarze Haare und ist – Gott sei Dank – nicht so brav wie die anderen. Ich schwärme sehr für sie und habe schon viele Gedichte auf sie gemacht.

Ach, Catty, es ist so schrecklich hier, schlimmer kann es nicht einmal im Zuchthaus sein. Bei den Promenaden mussen wir artig in Reih und Glied gehen und vor jedem Hofwagen knicksen. Kannst Du Dir vorstellen, wie ich leide? Die Pröpstin hat es auf mich abgesehen. Genau wie Mama beobachtet sie mich ständig, wittert immer gleich Unheil!

Mein geliebter Bruder, ich weiß nicht, wie lange ich es hier noch aushalten soll. Das Einzige, was mich noch am Leben erhält, ist, dass wir uns bald wiedersehen. Die Eltern werden mich verdammen!

Übrigens zeichne ich jetzt sehr viel. Ich lege Dir die »Pröpstin als Flakon« bei. Aber lass es nicht herumliegen, ich flehe Dich an!

Deine Fanny

Die Busenfreundinnen. Franziska nutzte bald jede freie Minute, um in Edithas Nähe zu sein. Und die Pröpstin wurde nervös. Es verunsicherte sie, dass sie über diese Freundschaft keine Kontrolle hatte. Es war ihr unheimlich, dass sich da etwas hinter ihrem Rücken tat und sie nicht genau wusste, was. Außerdem fürchtete sie, dass sich die beiden Mädchen in ihrer »Verderbtheit« noch gegenseitig aufstachelten, sich gemeinsam zu moralisch zweifelhaften Gedanken und Taten hinreißen ließen.

Auch der Konfirmandenunterricht schien auf die beiden keinen mäßigenden Einfluss auszuüben. Ständig steckten sie die Köpfe zusammen, flüsterten hinter vorgehaltener Hand, lachten aufreizend oder warfen sich kleine Briefchen zu. Für Franziska war Editha sowohl Komplizin als auch Objekt ihrer verwirrten Sehnsüchte. Bei ihr fand sie Abenteuer und Aufregung, aber auch Geborgenheit und Anerkennung. Jeden Tag schrieb sie Gedichte, in denen sie voller Hingabe Edithas Schönheit, ihr langes, glattes, dunkles Haar, die schwarzen, schweren Augen, die anmutigen Hände und die zierlichen Füße besang. Editha, die Beste und Schönste, Editha, die Unvergleichliche!

Anfang Februar hatte Editha Geburtstag. Tagelang überlegte Franziska, ob sie der Freundin die eigenen Gedichte, in schönster Druckschrift und gebunden, überreichen sollte. Schließlich aber fand sie die Verse doch nicht würdig und beschloss, eine gerade neu erschienene, umfangreiche Gedichtsammlung besorgen zu lassen. Das Geld, das sie dazu brauchte, musste sie sich leihen, denn ihr Taschengeld war einbehalten worden – zur Abbuße der gravierendsten Missetaten. Es war allerdings strengstens untersagt, Geld zu leihen und Dinge zu kaufen, die nicht von der Vorsteherin genehmigt waren. Franziska aber verstand es, eine der Neuen, die unterwürfig, willig und in ihrer Bewunderung ahnungslos war, zu überreden, ihr das Geld zu leihen und die prekäre Besorgung für sie zu erledigen.

Als Franziska morgens vor der ersten Schulstunde ihre Bücher und Hefte zusammensuchte, legten sich plötzlich von hinten zwei Hände um sie. Sie drehte sich um, und da stand Editha in ihrer ganzen Pracht: die Brombeeraugen, das matt schimmernde Gesicht aus Alabaster, das duftende Haar. »Das war lieb von dir, Fanny, ich habe mich sehr gefreut!« Editha flüsterte die Worte, dann umarmte sie die Freundin stumm und drückte ihr einen festen Kuss auf den Mund. Franziska durchfuhr es wie Feuer, mit dem ganzen Körper fühlte sie diesen Kuss auf ihren Lippen. Sie war glücklich – so glücklich, dass den ganzen Tag über ein melancholischer Glanz auf ihr lag.

Die Geschichte ging für die beiden Elevinnen schlecht aus.

Die Mädchen wurden erwischt, als sie während der Schulstunden im Schlafsaal mit Kleidern und Schuhen auf den Betten lagen – auch das war strengstens verboten – und sich gegenseitig aus der Gedichtsammlung vorlasen. So vertieft waren sie, dass sie nicht einmal bemerkten, wie die Mademoiselle – so wurden die Lehrerinnen genannt – hereinkam. Zwei junge Mädchen, in Kleidern und Schuhen auf dem frisch bezogenen Bett, die Köpfe in ein Buch gesteckt – der Mademoiselle verschlug es den Atem, sie fand keine Worte. Mit einem Ruck drehte sie sich um, alles, was man hörte, war ein Röcheln und Schnappen und Schnauben wie aus den Nüstern eines Streitrosses. Sie hackte mit den Absätzen fest ins Parkett und ging mit energischem Schritt zum Direktorat, um die Pröpstin zu benachrichtigen.

Die Sonne stand schon tief, der lange, schwarze Schatten der Lokomotive hielt Tempo auf der Böschung neben den Gleisen. Die Sonnenblumen in dem kleinen Garten am Bahnwärterhäuschen hatten die Köpfe schon wieder gen Osten gerichtet, bereiteten sich auf den nächsten Sonnenaufgang vor. Das Licht wurde kälter, die Konturen des Schattens auf der Böschung waren jetzt ganz scharf. Franziska hustete, krümmte sich, ein trockener, kurzer Stich zwischen den Schulterblättern. Sie holte ihre Jacke aus dem Abteil. »Wer wird mich abholen?«, dachte sie. »Wird Mama selbst zum Bahnhof kommen?« Aber schnell schüttelte sie alle Gedanken an ihre Ankunft in Lübeck wieder ab. Sie hatte ein undeutliches, warnendes Gefühl, dass es nicht gut war, sich ihre Ankunft zu genau vorzustellen.

»Mit dir, Fanny zu Reventlow, werde ich von nun an nicht mehr unter vier Augen reden, denn du verdienst diese Rücksichtnahme nicht mehr.«
Franziska verstand die Worte der Pröpstin damals nicht gleich. Rücksichtnahme? Erst als sie vor der ganzen Klasse nach vorn ans Lehrerpult zitiert wurde, sie alle Augen auf ihrem Rücken spürte und es mit einem Mal ganz still war, da begriff sie, was die Pröpstin damit gemeint hatte. Sie stand am

Pranger und wurde mit Worten öffentlich ausgepeitscht. Gegen Zucht und Ordnung habe sie sich aufgelehnt, die Mitschülerinnen verführt, sich über die Regeln hinweggesetzt und selbst vor dem gemeinsten Betrug nicht Halt gemacht. Und das als Konfirmandin!

Die Pröpstin konnte Franziska nicht in die Augen sehen. Unruhig wanderte ihr Blick umher, blieb schließlich in der linken oberen Ecke des Klassenzimmers hängen. Was nur konnte sie jetzt, da die Waffen doch so ungleich verteilt waren, noch verunsichern? Franziska hätte gern ihre eigene Mimik überprüft. Sie gab sich Mühe, ausdruckslos und neutral zu wirken, aber sie spürte sehr wohl, dass sie ihre Gesichtszüge nicht unter Kontrolle hatte. Möglich, dass da wieder dieses »spöttische Lächeln« auf ihrem Gesicht lag, kann sein, dass dies der Grund für die Irritation der Pröpstin war. »Ich bin nicht mehr willens, die Verantwortung für dich zu übernehmen«, fuhr die Pröpstin fort. »Alles, was ich dir noch zu sagen habe, ist: Halt ein auf der abschüssigen Bahn! Geh in dich, ehe es zu spät ist!«

Während sie sprach, stand die Pröpstin ganz gerade und völlig reglos hinter dem Katheder – als hätte sie den Zeigestab aus dem Biologieunterricht verschluckt. Sie brüllte nicht, nein, im Gegenteil, sie sprach sehr leise, holte kaum Luft zwischen den Sätzen. Die bleichen Hände hatte sie ineinander gelegt, die kraftlosen Schultern zogen nach unten. Eine jämmerliche Gestalt! Dieser Gedanke drängte sich Franziska auf, löste für einen Moment ihre Beklommenheit. Vielleicht, dachte sie, hat meine Feindin mehr Angst vor mir als ich vor ihr! »Von nun an«, sagte die Pröpstin, »habt ihr Franziska als ehrlos zu betrachten, und ich warne jede, die noch mit ihr verkehrt.«

In der Klasse war es jetzt ganz still. In diesem Moment hätte keiner gewagt, auch nur das mindeste Geräusch zu verursachen. Die Worte der Pröpstin dröhnten in Franziskas Kopf. Sie schwankte zwischen dumpfer Angst und heller Empörung. Sollte sie von jetzt an leben wie eine Leprakranke: aussätzig, ängstlich gemieden, einsam? Franziska hatte die Hände in den Schürzenlatz gesteckt und sah der Pröpstin gerade in die Augen. Wie früher, wenn sie von der Mutter Schläge bekam, war auch jetzt ihr Stolz so mächtig, dass er ihr die Kraft verlieh, sich furchtlos zu zeigen. Innerlich bebte sie, verletzt, verwundet, am Boden zerstört, aber zu ihrem eigenen Schutz gab sie sich spöttisch. Zynisch, allem und allen überlegen. Die von der Pröpstin feierlich vorgetragenen Schuldsprüche schienen an ihr abzuperlen wie die Wassertropfen am Gefieder der Enten. Sie zuckte nicht einmal mit dem Augenlid, als sich die Pröpstin mit steifem Oberkörper nun ihr wieder zuwandte: »Deine Eltern sind von dem Vorfall unterrichtet. Bis Ostern kannst du noch bleiben, weil ich ihnen die Schande nicht antun will, dich vor der Konfirmation nach Hause zurückzuschicken.«

Wie betäubt, mit eingefrorenen Gesichtszügen und stolz gerecktem Hals, ging Franziska an den anderen vorbei, hinaus auf den Flur, die Treppe hinauf. Vor dem großen Glasschrank, in dem die ausgestopften Tiere darauf warteten, für den Biologieunterricht herausgenommen und vorgezeigt zu werden, blieb sie stehen. Erschöpft drückte sie die heiße Stirn an das kühle Glasfenster. Aber auch jetzt versuchte sie mit aller Macht, die Tränen zurückzuhalten. Nicht einmal vor sich selbst wollte sie sich ihre Schwäche eingestehen. Sie taumelte, hielt sich mit beiden Händen an dem Schaukasten fest, kämpfte gegen die Blutleere im Kopf. Für einen Augenblick wünschte sie sich, in eine weiche, befreiende Ohnmacht zu versinken und nie wieder zu erwachen! Durch den Tränenschleier vor ihren Augen sah sie, wie ihr die freundliche braune Sumpfeule aus dem Schaukasten mit schweren Lidern zuzwinkerte: Bleib stark, Fanny! Verlier dich nicht!

Am Montagmorgen wollte sie sich frische Wäsche holen. Da sah sie die Wirtschafterin, wie sie gerade noch die leeren Fächer in ihrem Schrank auswischte.

»Was soll das? Wo sind meine Sachen?«

»Ich habe die Anordnung, alles auszuräumen! Ihr Schrank ist jetzt oben an der Treppe – Sie wissen doch selbst, warum!«

Franziska zog verächtlich die Mundwinkel nach unten und lachte grell. »Desto besser, dann muss ich nicht mehr so weit laufen!«, sagte sie. Obwohl sie sich hundeelend fühlte, machte sie ein hochmütiges Gesicht und ging mit kerzengeradem Rücken davon. Später, als Franziska das Stift bereits verlassen hatte, fand man auf der Innenseite der Schranktür mit roter Kreide und in Riesenlettern geschrieben: »Ich habe nie das Knie gebogen – den stolzen Nacken nie gebeugt.«

Von nun an war Franziska in Acht und Bann! Und sie war einsam. Keine ihrer Mitschülerinnen wagte es, auch nur ein Wort mit ihr zu wechseln, ihr im Vorübergehen mit einer Geste Mut zu machen oder ihr in einem unbeobachteten Moment freundschaftlich den Arm um die Schultern zu legen. Am schlimmsten aber war, dass auch Editha sich dem Diktat der Pröpstin beugte. Sie, die noch zwei Tage zuvor mit ihr jeden Schritt gemeinsam gegangen war, jedes Gefühl mit ihr teilte, sah nun durch sie hindurch oder drehte sich von ihr weg. Selbst wenn Franziska bei günstiger Gelegenheit ein kleines, heimliches Zeichen wagte, tat Editha, als hätte sie es nicht bemerkt.

In ihrer Verzweiflung kehrte Franziska immer mehr die Furchtlose, Unbelehrbare heraus. Sie dachte überhaupt nicht daran, klein beizugeben und Buße zu tun. Im Gegenteil: Bei jeder neuen Variante ihres aufsässigen Benehmens überbot sie sich selbst. Im Schlafsaal gab es jetzt jeden Tag einen »Skandal«. Wenn Franziska sich Wasser holte, balancierte sie die Waschschüssel auf dem Kopf und behauptete, sie könnte kein Blech anfassen. Beim Zähneputzen gurgelte sie Kirchenlieder und behauptete, der liebe Gott habe sie damit beauftragt, damit seine Botschaft auch in die Waschsäle getragen würde. Die anderen Mädchen amüsierten sich, konnten das Lachen nicht unterdrücken, so sehr sie sich auch Mühe gaben. Und jedes Mal lief die Mademoiselle zur Pröpstin, um Meldung zu machen. Einmal ging Franziska selbst zur Pröpstin. »Ich möchte mich anzeigen, denn ich habe gestern in der Stunde gelacht, und die Mademoiselle hat leichtsinnigerweise vergessen, Ihnen darüber zu berichten!«

Da war sie dann plötzlich mit der Pröpstin allein im Zimmer gewesen. Unter vier Augen. Sie war nicht gerufen worden, sie war einfach hineingegangen. Wieder schlug ihr der ekelhafte, fauligmodrige Apfelgeruch entgegen.

»Ich habe dir doch deutlich gesagt, dass ich nicht mehr unter vier Augen mit dir spreche, also verlasse sofort mein Zimmer!« Die Stimme der Pröpstin zitterte. Und dann rief sie nach der Mademoiselle, als müsse sie um Schutz und Beistand bitten, als befürchtete sie, der Konfrontation nicht gewachsen zu sein.

Allein zum Pfarrer hatte Franziska Vertrauen. In langen, freundlichen Gesprächen beruhigte er sie, sagte ihr, dass er sie verstehe und wisse, dass sie kein schlechter Mensch sei, nur übermütig und unausgeglichen. Er sprach so sanft, dass ihr die Tränen in die Augen schossen. »Nein, Fanny, vor mir brauchen Sie keine Angst zu haben, ich glaube zu wissen, wie es in Ihrem Innern aussieht. Aber ich bitte Sie inständig, lassen Sie den schlimmen Widerspruchsgeist und allen kindlichen Trotz fahren! Machen Sie es sich und den anderen nicht so schwer!« Während er sprach, lief er auf und ab. Sein rechter Schuh machte bei jedem Schritt ein Geräusch, das wie ein schwaches Seufzen klang, was seinen Worten einen flehenden Unterton verlieh.

Vor der Einsegnung, so war es Sitte, mussten sich alle Konfirmandinnen versöhnen, sofern sie miteinander in Streit lagen. Frei von Zorn, Eifersüchteleien, Hass und Missgunst sollten sie zum ersten Abendmahl gehen. Auch mit der Pröpstin – so verlangten es die Statuten – durften die Schülerinnen sich aussöhnen. Einzeln wurden sie in ihr Zimmer gerufen und absolvierten die drei vorgeschriebenen Knickse. Mit Hilfe einer im Religionsunterricht auswendig gelernten Formel baten sie um Verzeihung für alle kleineren und größeren Vergehen, die sie der Pröpstin möglicherweise angetan hatten. Die Pröpstin nahm die Entschuldigung der bußfertigen Elevinnen mit süßsaurem Lächeln entgegen, wisperte etwas von »Verzeihung« und »Vergebung« und drückte jedem Mädchen mit ihren blassbläulich schimmernden Strichlippen einen grabeskalten Kuss auf die Stirn. Auch Franziska wurde hereingerufen.

»Nun, hast du mir nichts zu sagen, wenigstens jetzt?«

»Nein.«

Franziska sagte nur dieses eine Wort. Klar und bestimmt, mit einem eher sachlichen als trotzigen Gesichtsausdruck. Kurz darauf trat sie – ungeküsst – wieder auf den Flur hinaus. An die Worte, die die Pröpstin beim Hinausgehen zischend gegen ihren Rücken gespuckt hatte, konnte sie sich nur noch vage erinnern. Es war ein besonderer, ganz privater Fluch, eine persönliche Verdammung, die bis über Franziskas Tod hinaus gehen sollte. Den vornehm krummen, aristokratisch langen Zeigefinger, mit dem ihr die Tür gewiesen wurde, hatte sie noch lange vor Augen.

Am Tag vor ihrer Abreise traf Franziska Editha auf dem leeren Flur im ersten Stock. Sie ließ sie nicht ausweichen, drängte sie in eine Fensternische.

»Ich hätte nie gedacht, dass du so feige bist!« Die ganze aufgestaute Wut und Enttäuschung brach auf einmal aus Franziska heraus. Editha wich erschrocken zurück.

»Ich … ich …«, stammelte sie. »Die Pröpstin verlangte von mir, dass ich den Verkehr mit dir abbreche.«

Aus den Brombeeraugen quollen dicke Tränen. Plötzlich lagen sie sich in den Armen, rieben die geröteten, tränennassen Wangen aneinander.

»Es ist mir so schrecklich schwer gefallen, aber du hast ja immer getan, als sei dir alles gleichgültig!« Lange standen die beiden Mädchen eng umschlungen und flüsterten miteinander wie zwei Verliebte.

»Zum Abschied habe ich noch eine Bitte«, sagte Franziska und strich Editha die Haare aus der Stirn, »schenk mir eine Locke.«

Sie selbst durfte die Haarsträhne abschneiden. Später wickelte sie ein rosa Samtbändchen darum und legte sie in das japanische Lackdöschen zu den anderen Editha-Reliquien, kleine Kassiber, ein handgeschriebenes Gedicht, ein rosa Spitzentaschentuch und ein goldenes Amulett, heimlich abgeschnittene Fransen von Edithas Wollstola, gepresste Schlüsselblumen, die sie gemeinsam auf einem Spaziergang gepflückt hatten.

Franziska, die Uneinsichtige, Verstockte, die Draufgängerin.

So sah die Pröpstin sie, so sahen sie auch ihre Mitschülerinnen. Aber es gab auch die andere Franziska, eine verwundbare, leidenschaftliche, romantisch selbstbezogene. Vielleicht kannte nur Editha sie so, allenfalls noch ihr Bruder Catty.

Die Osterglocken läuteten. Die Konfirmandinnen trugen weiße Kleider mit langen Schärpen, als sie die steilen Stufen zur Kapelle hinuntergingen – sie tauchten aus der warmen, seidigen Frühlingssonne hinein in die kühle, feuchte Luft der Kapelle. Franziska hatte den Eindruck, der Pfarrer habe noch nie so schön, so klug, so fromm gesprochen. Sie war der feierlichen Stunde ganz hingegeben, das Drama von Opfertod und Auferstehung, das der Pfarrer beschwor, ließ sie wieder einmal den Entschluss fassen, sich nun zu ändern, ihr Leben von Grund auf neu zu beginnen. Vom langen Kampf gegen die Welt und gegen sich selbst war sie matt und erschöpft. Nun gaben ihr die Worte des Pastors Kraft und Zuversicht. Dazu fiel die Frühlingssonne durch das hohe Kirchenfenster und tauchte die Figur des Gekreuzigten in gleißendes, verheißungsvolles Licht. Zwei Tage nach ihrer Konfirmation fuhr sie mit der Bahn zurück nach Hause. Auch damals saß sie allein im Abteil, auch damals warf die Sonne lange Schatten, auch damals eilte die Lokomotive auf der Böschung nebenher und voraus.

So sehr war Franziska in ihre Erinnerung vertieft, dass sie nicht gleich bemerkte, wie sich die Fahrt des Zuges verlangsamte. Die Wagen rumpelten über die Weichen und näherten sich träge dem Lübecker Bahnhof Es war schon fast dunkel. Der sommerliche Abend, der leichte Wind, die Luft, die ahnen ließ, dass das Meer nicht weit war. Sie knöpfte ihre Jacke zu, schulterte die Reisetasche und ergriff die Hand des Schaffners, der ihr beim Aussteigen behilflich war. Draußen auf dem Perron blieb sie stehen und schaute sich um. Einige der Reisenden, die mit ihr ausgestiegen waren, wurden abgeholt, umarmt, geküsst, untergehakt. Andere gingen zielstrebig und ohne sich umzusehen auf den Ausgang zu. Ein Gepäckträger kam mit seinem Wägelchen auf Franziska zu, schätzte kurz ab, ob hier ein Trinkgeld zu verdienen sei, drehte ab. Wieder und wieder ließ sie den Blick über den Bahnhof schweifen, reckte sich, stand auf Zehenspitzen. Ihre Augen suchten, von links nach rechts und zurück. Niemand war da, der sie erwartete. Es dauerte eine Weile, bis Franziska diese einfache Tatsache begriff.

Plötzlich, in die Stille hinein, eilige Schritte auf den Fliesen der nun fast ausgestorbenen Bahnhofshalle. Die Schritte verharrten kurz, kamen dann auf sie zu. Sie drehte sich um.

»Gottlob, dass ich Sie noch antreffe, Comtesse. Ich habe mich etwas verspätet.«

Es war der Pastor. Ein enger Freund der Familie. Er konnte noch gar nicht richtig sprechen. Er hatte kleine Schweißperlen im roten Gesicht und musste zuerst einmal verschnaufen. Hinter ihm stand Catty, bleich, dunkle Ringe unter den Augen und sichtlich verlegen.

»Catty!«

Franziska setzte die Tasche ab, breitete die Arme aus. Was als herzliche Umarmung gedacht war, wurde nur eine scheue Berührung der Wangen. Catty stand da, die Augen niedergeschlagen, und wagte nicht, sie anzusehen.

»Was ist los? Catty? Lebt Papa noch?«

Statt Catty antwortete der Pfarrer.

»Ja, Ihr Vater lebt noch, aber es steht sehr schlecht um ihn. Er wird wohl die heutige Nacht nicht überleben.«

»Ja, aber wo sind die anderen? Wo ist Mama?« Wieder war es der Pfarrer, der antwortete, während Catty nervös mit der Spitze seines Schuhs die Fugen zwischen den Bodenfliesen entlangfuhr.

»Ich bin im Auftrag Ihrer Mutter hier, um Ihnen zu sagen, dass Sie am Sterbebett Ihres Vaters nicht erwünscht sind.«

Franziska war, als hätte man ihr mit einem stumpfen Gegenstand auf den Kopf geschlagen. »Aber ich muss Papa sofort sehen, weil ich ihm etwas Wichtiges sagen möchte. Ich muss ihm sehr dringend etwas erklären, solange er noch lebt. Lassen Sie mich sofort zu ihm!« Sie bückte sich, um nach ihrer Reisetasche zu greifen.

Der Pastor fasste sie an der Schulter und stellte sich ihr in den Weg. Er schnaufte immer noch, rang nach Worten. »Franziska, ich glaube, Sie haben noch nicht verstanden! Ihre Familie möchte Sie nicht sehen! Respektieren Sie das bitte!«

»Ist das wahr, Catty?«

Catty sah sie an und nickte stumm. In seinen Augen standen Tränen.

Der Pastor atmete tief durch, erleichtert, dass er seine Mission erfüllt hatte.

»Weiß Papa, dass ich hier bin?« Franziskas Stimme bebte, sie zitterte am ganzen Körper. Ihre Frage hätte sie sich ebenso gut selbst beantworten können. Natürlich hatte die Familie ihm verschwiegen, dass sie kam. Sonst hätte er bestimmt darauf bestanden, sie zu sehen.

»Nein«, sagte der Pfarrer, »und er wird es auch niemals erfahren. Man muss jetzt jede Aufregung um ihn herum vermeiden. Deshalb verlangt Ihre Familie von Ihnen, dass Sie gleich den Nachtzug zurück nehmen.« Der Pastor verschränkte die Arme vor seinem Bauch. Die Nervosität war aus seinem Gesicht gewichen. »Es tut mir Leid, liebes Kind. Leben Sie wohl!« Er drehte sich um. »Kommen Sie!«, sagte er zu Catty.

»Catty! Du kannst doch nicht ...« Franziska flüsterte, aber es war wie ein Aufschrei. Ihr Bruder wankte, der Pastor schob ihn am Ellenbogen sacht in Richtung Ausgang. Er drehte sich noch einmal um. Sein Gesicht war kreideweiß, auf den Wangen glänzten Tränenspuren. »Ich wollte das nicht ... wir müssen jetzt schnell los ... zu Papa! Verzeih ...!«

Franziska sah den beiden nach. In der Halle war es jetzt ganz dunkel. Vor ihren Augen flimmerten gelbe Zacken, glühende Punkte. Sie suchte nach einem Geländer, einer Wand, um sich anzulehnen. Und dann weinte sie, laut und hemmungslos.

2. KAPITEL

Die Tasche! Franziska war blind vor Tränen hinaus auf die Straße, dem Bruder und dem Pastor hinterhergelaufen. Gerade noch hatte sie die Silhouette der beiden in der Dunkelheit verschwinden sehen. Die weiße Hand des Pastors an Cattys Schulterblatt, hastig drängend.

Sie hatte Catty noch etwas nachrufen, in ihrer Kopflosigkeit hatte sie noch einmal auf sich aufmerksam machen wollen, aber ihre Stimme war im Schluchzen erstickt. Da erst hatte sie bemerkt, dass sie ihre Reisetasche auf dem Perron zurückgelassen hatte.

Die Bahnhofshalle war menschenleer und still. Die Tasche stand noch genau an der Stelle, an der Franziska mit den beiden zusammengetroffen war, dort, wo der Pastor seinen grausamen Auftrag erfüllte. Sie bückte sich, öffnete den Bügel und suchte nach ihrem Adressbüchlein. Dann plötzlich, als wollte sie das, was gerade vorgefallen war, wegwischen, fuhr sie sich mit den Handflächen über Stirn und Wangen, atmete tief ein und stampfte trotzig mit dem Fuß auf. »Nein«, sagte sie in die Dunkelheit hinein, »ich bleibe hier, solange er noch lebt.«

Die viel zu laut gesprochenen Worte vibrierten in der nachtschwarzen, warmen Luft der Bahnhofshalle. An wen sollte sie sich wenden, hier in Lübeck, wohin ihre Familie nach dem Verkauf des Schlosses umgezogen war und wo Franziska die Schule und das Lehrerinnenseminar besucht hatte, nachdem sie das Mädchenpensionat hatte verlassen müssen? Draußen auf der Straße, unter dem fahlgelben Licht einer Laterne, hatte Franziska plötzlich eine Idee, zu wem sie gehen konnte: zu Ferdinand Schluse.

Im Schluseschen Haus war alles dunkel. Sicher war man schon zu Bett. Aber wo sonst hätte sie mitten in der Nacht unterkommen können? Wie früher, wenn sie sich zu den Treffen des Ibsenklubs hier versammelt hatten, klopfte sie mit dem schweren Messingklopfer: zweimal langsam – zweimal schnell. Das war das Geheimzeichen der Klubmitglieder gewesen. Stundenlang hatten sie hier immer beieinander gesessen, die beiden Schluse-Kinder, Catty und die anderen Klubmitglieder, und über Themen diskutiert, die im Hause Reventlow tabu waren.

Als Ferdinand Schluse im hastig übergeworfenen Morgenmantel die Tür öffnete, fiel Franziska ihm um den Hals. Ferdinand drückte sie an sich, ging einen Schritt zurück, zog sie, ohne die Umarmung zu lösen, in die Wohnung.

»Komm nur, komm rein! Du kannst hier bleiben.«

Er schien gar nicht überrascht zu sein, dass Franziska, die er viele Monate nicht gesehen hatte, so ganz plötzlich, noch dazu um diese Uhrzeit, vor seiner Tür stand. Irgendjemand musste ihn über den neuesten Stand der Dinge unterrichtet, ihm Franziskas mögliches Erscheinen angekündigt haben.

In dieser Nacht saßen sie in der Küche zusammen und redeten über alles, was Franziska bedrückte. Ferdinands Mutter, die Franziskas Stimme im Treppenhaus gehört hatte, kam dazu, machte Tee, brachte Gebäck, wollte wissen, wie es Franziska in den letzten Monaten ergangen war. Auf einmal war alles wieder wie damals, zu Zeiten des Ibsenklubs. Noch nicht einmal drei Jahre war das her, und doch kam es Franziska so vor, als läge es Jahrzehnte zurück.

In der Küche hatte sich seither nichts verändert. Es roch nach kaltem Zigarettenrauch, am Büfett fehlte noch immer der Porzellanknauf der obersten Schublade, das Schüsselchen mit dem Katzenfutter stand immer noch am selben Platz, über dem Tisch hing immer noch der alte gelbe, leicht verbeulte Lampenschirm. Franziska gab sich ganz dem Sog des Vertrauten, der

39

Geborgenheit und Nähe hin, aber zugleich fühlte sie sich auch beengt, die Atmosphäre kam ihr seltsam muffig und stickig vor. Hier, wo sie mit ihren Freunden große, ehrgeizige Pläne geschmiedet hatte, wo man sich gegenseitig aus aufregend kämpferischen, die Ruhe störenden Texten vorgelesen, die Eroberung der Welt in Gedanken vorweggenommen hatte, hier war die Zeit stehen geblieben. Das tat ihr einerseits wohl, gab ihr Sicherheit, umhüllte sie wie ein zartes Gewebe, versetzte sie aber andererseits in eine merkwürdige innere Nervosität. Stürmisch und naiv, wie sie gewesen war, hatte sie damals geglaubt, hier in dieser Küche sei die intellektuelle Avantgarde versammelt, hier werde vorausgedacht, was die Zukunft bestimmt. Aber mit dem Abstand der drei Jahre erschien ihr das alles viel weniger aufregend, fast schon provinziell. Ibsen, Bebel, Lassalle haben sie gelesen, gesellschaftskritische Utopien entworfen und leidenschaftliche Diskussionen geführt. Jetzt plötzlich wirkte das Ganze ein wenig angestaubt, voller Spinnweben: Ferdinand, seine Mutter, die häusliche Atmosphäre; freundlich und liebevoll, aber irgendwie auch eng und spießig.

»Ich hoffe, es ist dir hier nicht zu hart ...«

Ferdinand klappte die Armlehnen des Diwans im Wohnzimmer herunter, verwandelte das Sitzmöbel in ein Bett und reichte Franziska eine Wolldecke.

»Ich werde nur sehr kurz bleiben. Gleich morgen früh will ich versuchen, Papa im Krankenhaus zu besuchen. Höchstens zwei oder drei Nächte, dann mache ich mich wieder aus dem Staub ...«

»Du musst zur Ruhe kommen, dich ausruhen«, sagte Ferdinand. »Auf alle Fälle kannst du bleiben, solange du willst. Hier ist doch dein Zuhause, Fanny, hier kannst du unterkriechen.«

Unterkriechen! Franziska wollte nicht unterkriechen! Im Gegenteil, als Ferdinand die Vorhänge zuzog, spürte sie es deutlich: So viel Freundlichkeit und Anteilnahme nahmen ihr die Luft zum Atmen. Für einen kurzen Moment hatte sie das Gefühl, sie müsse jetzt gleich fortgehen, sich dieser bedrängenden Fürsorge entziehen.

»Ach, du guter Ferdinand«, sagte sie in einem Ton, der bei aller Herzlichkeit doch Distanz herstellte, »ich bin nicht mehr die, die damals bei Nacht und Nebel aufgebrochen ist. Ich habe so viel erlebt; andere Orte, andere Menschen. Ich möchte ganz anders leben, ein Leben ohne Tabus, das sich ganz um die Kunst dreht, in dem nur der Schöpfergeist wichtig ist. Und du fragst, ob ich auf dem Diwan schlafen kann, weil er vielleicht zu hart ist?«

Der Satz war ihr etwas pathetisch geraten, was wohl auch damit zusammenhing, dass sie nicht genau wusste, wie sie sich in dieser Situation Ferdinand gegenüber verhalten sollte. Ferdinand trat zu ihr und strich ihr liebevoll übers Haar.

»Immer auf der Suche nach dem Extremen«, sagte er und hielt sie am Kinn fest mit Daumen und Zeigefinger. Franziska ließ es geschehen, weil sie wusste, dass er verstanden hatte und nicht auf größerer Nähe bestehen würde. »Lass mich jetzt allein, bitte!«

Sie gab ihm einen eiligen Kuss auf die Wange, der so energisch, so eindeutig war, dass Ferdinand auch die leiseste Hoffnung, dass alles wieder so werden könnte wie damals, in der Sekunde aufgab.

Schlafen konnte Franziska nicht. Das Sofa war tatsächlich hart, aber das war nicht der Grund. Sie drehte sich hin und her, versuchte sich zu zwingen, an nichts zu denken. Aber in ihrem Kopf drängten sich die Erinnerungen. Die ganzen Jahre in Lübeck …

Catty mit seinem Freund Fehling auf dem blau-beigen Teppich zu Hause. Um sie herum Bücher, Zettel, leer getrunkene Teetassen, volle Aschenbecher. Durch Emanuel Fehling hatte Catty damals von einem norwegischen Dramatiker erfahren, Henrik Ibsen. Ibsens Theaterstücke waren so ganz anders als alles, was sie bisher kennen gelernt hatten. Die beiden jungen Männer lasen sich die Stücke mit verteilten Rollen gegenseitig vor. Das nahmen sie furchtbar ernst, schwelgten in Zitaten, probierten Posen aus, warfen sich die neu erworbenen Vokabeln wie Spielbälle zu. Als »Erweckte« fühlten sie sich damals, als Außenseiter in einer stumpfen, bürgerlichen Welt von gestern. Ideen und Theorien, Pläne einer idealen Gesellschaft machten sich in ihren Köpfen breit, sie sprachen kaum mehr von etwas anderem. Kaum dass Franziska aus dem Altenburger Pensionat nach Hause zurückgekehrt war, hatte Catty sie mit seinem neu erworbenen Wissen bestürmt. Er sprach von einer neuen Zeit, die nun anbrechen würde und die es mit Schöpfergeist zu gestalten gälte. Mit schicksalhaftem Tremolo in der Stimme versuchte er dabei ein bedeutendes Gesicht zu machen, so dass sich Franziska Mühe geben musste, nicht laut loszulachen. Die hochtrabende Ausdrucksweise schien ihr aus dem Mund ihres kleinen Catty allzu komisch. Aber Catty – daran musste sie sich erst gewöhnen – war auf einmal zum Manne gereift: mit zartem Flaum auf der Oberlippe und breiten Schultern; rebellisch, selbstbewusst, sentimental und unkontrolliert pathetisch.

Catty belieferte sie damals mit allen modernen und »antibürgerlichen« Schriften. Das Wort »antibürgerlich« war ihnen zum Zauberwort geworden. Mit heißen Wangen, meistens nachts, wenn sie vor den neugierig forschenden Augen der Mutter sicher war, las Franziska über Lassalles Leben, Bebels »Die Frau und der Sozialismus«, alles von Maupassant und Zola, dann die Russen, Dostejewskij, Tolstoi und Turgenjew, auch Hamsun und Strindberg. Und natürlich die Theaterstücke von Ibsen. »Peer Gynt« und »Die Wildente« waren die ersten, »Die Gespenster«, »Nora. Ein Puppenheim« und »Die Frau am Meer« folgten. Oft las sie bis zum frühen Morgen, bis auf der Straße die Milchwagen klapperten und die Vögel zögernd ihre ersten Töne probierten.

Damals, als sie zum ersten Mal in der Schluseschen Küche saß. Catty hatte sie mitgenommen, hatte den Messingklopfer, zweimal lang – zweimal kurz, auf den Löwenkopf fallen lassen und sie in die Küche geschoben, wo die anderen vom Ibsenklub schon versammelt waren. Sie sollte eine kleine Rede halten, um in den Klub aufgenommen zu werden, ein paar Worte zum Thema »Die neue Frau«. Einige, die da herumsaßen, kannte sie aus Cattys Gymnasium, andere hatte sie noch nie gesehen. Was Franziska am meisten erstaunte, war, dass sich mitten unter den jungen Leuten auch die Eltern Schluse befanden: die Mutter, eine lange Zigarettenspitze zum Munde führend, saß auf einem Stoß Zeitungen; der Vater, ein blonder, hagerer Mann, unterhielt sich mit mediterran lebhaften Gesten, die eigentlich gar nicht zu seinem Äußeren passten. Bei den Reventlows wäre eine solche Zusammenkunft – wenn überhaupt – nur bei Abwesenheit der Eltern möglich gewesen. Hier waren alle, Alt und Jung, um den Küchentisch versammelt; Zettel, Bücher, Gläser und Aschenbecher wurden hin- und hergereicht, Zigarettenqualm hing in Schwaden über den Köpfen. Für Franziska war das alles aufregend neu. Hier wurde sie ohne konventionelle Zwänge freundlich empfangen, hier gab es keine Barrieren zwischen den Generationen, und es wurden wichtige Dinge besprochen.

Franziskas kurze Rede endete mit dem Satz: »Wir wollen uns aus den vorgestanzten Schablonen unserer Erziehung befreien und die verstaubten Lebenslügen abstreifen!« Da gab es Applaus, und sie war in den Klub aufgenommen. An diesem Abend war ihr ein junger Mann mit rotblondem Haarschopf und wachen Augen aufgefallen. Es war Emanuel Fehling, der mit seiner Begeisterung für Ibsen und alles Freidenkerische schon Catty angesteckt hatte und an diesem Abend Franziska nicht aus den Augen ließ. Bereits zwei Tage später traf sie ihn wieder. Sie hatte Papa zum Büro begleitet und war auf dem Rückweg bei der Flicknäherin vorbeigegangen, um Servietten und Betttücher vom Kunststopfen abzuholen. Als sie mit dem großen Paket wieder die Straße betrat, stellte sich Fehling ihr in den Weg.

»Franziska, ich habe mir gewünscht, Sie bald wiederzusehen – und da sind Sie!«

Er nahm ihr das Wäschepaket ab, und sie gingen eine Weile nebeneinander her. Er machte ihr Komplimente über ihre Rede zur Aufnahme in den Klub, hatte sich sogar ganze Passagen im

Wortlaut gemerkt. Als sie schon fast das Reventlowsche Haus erreicht hatten, blieb Franziska stehen.

»Meine Eltern sollten uns nicht unbedingt zusammen sehen. Wann können wir uns treffen?«

»Morgen um fünf, drüben in der Marienkirche!«, antwortete Fehling und wechselte auf das gegenüberliegende Trottoir.

Zu Hause ging Franziska in ihr Zimmer, warf sich aufs Bett und malte sich aus, wie es wohl sein würde, morgen in der Kirche, wie er versuchen würde, sie zu küssen, wie sie sich nicht wehren würde. Oder wie sie hinter einer Säule verschwinden müssten, weil sie die Schritte des Kirchendieners hörten. Gerade diese Vorstellung elektrisierte sie, an nichts anderes konnte sie mehr denken, entwarf immer neue kleine Szenen, gewagte, gotteslästerliche: frivole Umarmungen am Taufbecken, heiße Küsse unter dem Kruzifix, Treueschwüre von der Kanzel herab.

Aber es kam anders. Fehling war bei diesem ersten Treffen in der Kirche sehr zurückhaltend, hatte ein paar aus einem Buch herausgerissene Seiten dabei und redete von bevorstehenden politischen Veränderungen. Keine Liebesschwüre, nicht einmal eine vorsichtige Andeutung von Verliebtheit und schon gar keine heißen Küsse. Franziska war enttäuscht. Sie ahnte noch nicht, dass ihre Erwartungen doch noch eintreffen sollten. Der Beamtensohn aus Lübeck ging langsam vor.

Jeden Tag, manchmal sogar dreimal, schrieb nun Franziska ihrem Verehrer sehnsuchtsvolle Briefe. Ihr übervolles Herz und ihr Appetit auf körperliche Nähe führten ihr beim Schreiben die Hand: »Mein Geliebter, wenn wir zusammengewesen sind, ist mein erstes Gefühl, Dir nachzustürzen, Dich noch einmal eine Minute zu sehen; das zweite die Wehmut, dass es schon wieder vorüber ist, und das dritte, siegende, das unendliche Glück, dass es alles so ist.«

Kaum war Franziska nach einem heimlichen Spaziergang nach Hause zurückgekehrt, hatte im Bad mit kaltem Wasser das heiße Gesicht gekühlt, saß sie schon wieder in ihrem Zimmer und schrieb: »Mein süßer Geliebter, ach, das Leben ist nur bei Dir, nur an Deinem Herzen – da gehöre ich hin, und die Augenblicke, wo ich daran ruhen kann, sind die einzigen wirklichen Lebensaugenblicke. Du musst mich an Deine Seele nehmen, mich ganz hinnehmen – mich zu Dir heranbilden, sonst kann ich nie aus meiner Schwachheit und Elendigkeit heraus.«

Franziska lebte nur noch für die Begegnungen mit Fehling, wartete ungeduldig darauf, dass sie eines Tages alles, auch die letzte Erfüllung ihrer Liebe, erfahren würde. Aber Fehling war ängstlich, nicht so wissbegierig wie sie, zögerte, hielt sie hin. Und wenn sie davon sprach, dass die wahre Liebe großzügig gelebt werden müsse, wie es in den Büchern stand, die sie zusammen gelesen hatten, und niemals in einer eintönigen Ehe vermodern sollte, dann verstummte er, war auf einmal gar nicht mehr der kühne Umstürzler, als der er sich gern gab. Obwohl sie sich in jeder freien Minute sahen, obwohl sie sich stürmisch umarmten und einander romantische, hoffnungsvolle Briefe schrieben, kam es in ihrer Liebe niemals zu jener Vereinigung, nach der sich Franziska so sehnte.

Bei gutem Wetter wartete Fehling draußen vor der Stadt am Mühlwasser. Sie saßen in einem alten, morschen Boot unter den kahlen Weidenzweigen, hielten sich umschlungen und schwiegen. Oder sie lagen in einer Waldlichtung und blickten in den schimmernden Himmel hinauf und redeten über das Leben. Meistens war Catty dabei. Er war in alles eingeweiht und gab Acht, dass die beiden nicht ertappt wurden. Hatten sie ein Rendezvous in der Kirche, so war er es, der in der letzten Reihe am Portal saß und aufpasste, ob der Kirchendiener kam. Catty transportierte auch die Liebesbriefe, wichtige Kassiber, getrocknete, gepresste Blumen und andere kleine Geschenke. Er war Vertrauter, manchmal auch Berater seiner älteren Schwester, eine Rolle, die er mit Hingabe ausfüllte.

Aber Franziska war zu ungeduldig, sie wollte mehr, konnte nicht warten. Sie verliebte sich in Ferdinand Schluse. Der war forscher, freier, verglichen mit Fehling ein richtiger Draufgänger. Der küsste sie gleich bei der ersten Gelegenheit, in der Kirche, unter dem tosenden Brausen der Orgel. Da waren sofort alle Treuegelübde, die Fehling ihr abverlangt hatte, alle ehrlich gemeinten Versprechen für die Zukunft, vergessen. Ein sinnliches Verlangen überrollte sie, als er seinen Unterleib ganz fest gegen ihren Schoß presste, als seine Finger nach Pfaden suchten, die bisher noch keiner bei ihr gesucht hatte. Am liebsten hätte sie sich ihm auf der Stelle, gleich hier im Dom, hingegeben.

Einmal besuchte sie Ferdinand Schluse ganz früh am Morgen. Er lag noch im Bett, und sie setzte sich zu ihm. Langsam zog er sie immer dichter an sich, löste ihr das Haar, tastete nach den Knöpfen an ihrem Kleid und öffnete sie. Sanft berührte er ihre Brüste, die Knospen schlossen sich, wurden spitz und fest. Plötzlich entwand sie sich der Umarmung.

»Nein! Nicht weiter!«

»Was ist? Was hast du?« Er richtete sich auf, ließ seine Hand auf ihrer entblößten Schulter liegen. Sie saß jetzt ganz gerade, in ihren Augen funkelte Entschlossenheit.

»Das Schlimmste wäre ein Kind, Ferdinand! Ein Kind wäre eine Katastrophe!« Sie knöpfte ihr Kleid zu und sprach davon, dass alle ihre Pläne, ihre Malerei, die ersehnte Freiheit, alles, wofür sie leben wollte, durch eine Schwangerschaft zerstört werden würde. Nichts schien übrig zu sein von der Neugier und Abenteuerlust, auf einmal war sie ganz nüchtern, bewahrte einen klaren Kopf. Und als Ferdinand Schluse sie nun erst recht bedrängte, ihr lächerliche Treueversprechen abverlangte, sogar auf baldige Verlobung bestand, da wurde ihr Freiheitsdrang so ungestüm, dass sie ihn von einem Tag auf den anderen verließ, obwohl sie wusste, dass sie selbst unter der Trennung womöglich noch mehr leiden würde als er.

Vielleicht war es kein Zufall, dass eine Mitschülerin am Lehrerinnenseminar, das Franziska inzwischen besuchte, ihr gerade jetzt ein Buch zusteckte, das den Titel trug »Also sprach Zarathustra!«. Das Buch war für Franziska eine Offenbarung. Gott ist tot, las sie da. Alle Gebote der Moral, das ständige »du sollst« und »du sollst nicht«, das die Menschen seit Jahrtausenden an ihrer Entfaltung hindere, alle feige Rücksichtnahme, alle lähmenden Gewissensbisse gelte es über Bord zu werfen und ganz nach dem eigenen »ich will« zu leben. Gierig verschlang sie die Botschaft vom Übermenschen, der den ganzen Jenseits- und Moralballast abgeworfen und sich nur dem einen Ziel hingab, sich selbst ohne Rücksicht auf Gut und Böse auszuleben. Alles sah Franziska nun durch die Augen des Propheten Zarathustra, sie war betört von Nietzsches tönender Wortgewalt.

»Was ich bei Nietzsche so aufregend finde«, sagte sie einmal zu Catty, »ist, dass er das Tier über den Menschen stellt. So will ich auch einmal leben: rauschhaft und ohne Fesseln! Dieses ständige Denken ans Jenseits verdirbt einem doch bloß die Lust am Diesseits. Man läuft schon in frühen Jahren mit einem Buckel herum, weil einen dauernd das schlechte Gewissen drückt!«

Nachts streifte sie manchmal ruhelos durch die dunklen Straßen, weil die mäandernden Phantasien, ihre tobenden Gedanken sie nicht schlafen ließen. War es Wirklichkeit oder war es ein Traumgesicht, der fremde Mann, der plötzlich aus der Dunkelheit auftauchte? Groß, mit wehendem Mantel und flackerndem Blick, beugt er sich zu ihr herunter und flüstert: »Komm mit mir, bei mir ist der Rausch, nach dem du verlangst! Ich will dich alle Geheimnisse und Wunder lehren, die dir noch verborgen sind.«

Sie folgt ihm, geht ihm nach durch die verlassenen Straßen. »Mein Zarathustra«, nennt sie ihn, oder »mein Verführer«. Nacht für Nacht kommt er zu ihr, spricht ihr vom Rausch, von der Macht der Begierde, gewaltig, bedrohlich, aber zugleich sanft, zärtlich.

Als Franziska am nächsten Morgen auf dem harten Diwan im Wohnzimmer der Schluses erwachte, hatte sie das Gefühl, ihre ganze Jugendzeit in Lübeck noch einmal im Traum erlebt zu haben. Wie lange hatte sie nicht mehr an Fehling und an Zarathustra gedacht! Wie weit war sie inzwischen von dieser Lübecker Welt entfernt. Die Morgensonne zwängte sich durch den Spalt zwischen den dunkelroten Samtvorhängen. Es war früh, die Familie Schluse schlief noch, die Katze kratzte an der Tür. Franziska nahm sie hoch und sah aus dem Fenster. Alles wirkte kleiner, als sie es in Erinnerung hatte: der Vorgarten, der Gehsteig, die schmalen Bürgerhäuser gegenüber. Sie drückte die Katze an sich. Das verhaltene Schnurren an ihrem Ohr, das zarte Vibrieren des kleinen Körpers, die Wärme – all das wirkte wie ein Schutzwall gegen den Tag, der sich mit kaltem, bedrohlich weißem Sonnenlicht ankündigte.

»Ich muss zu Papa«, dachte sie und setzte die Katze ab. »Jetzt sofort!« Im Krankenhaus war man abweisend, fand allerlei Gründe, Ausflüchte, warum es unmöglich sei, dass Franziska ihren Vater sähe. »Sie wollen doch sicher nicht schuld sein, wenn Ihr Vater die Aufregung nicht verkraftet …«

»Aber ich bin seine Tochter! Sie können mir doch nicht verwehren, ihn noch ein einziges, letztes Mal lebend zu sehen!«

Die Schwester verschwand. Nach einer Minute kam der Arzt und schob Franziska am Arm ein Stück weiter den Gang entlang in Richtung Ausgang. »Sie müssen das verstehen, Gräfin, wir haben strikte Anweisung.« Er sprach hastig und leise, so dass sie ihn kaum verstehen konnte, als er ihr im Gehen noch zuflüsterte: »Kommen Sie heute Abend gegen neun! Ich werde Ihnen eine Möglichkeit verschaffen, ihn zu sehen. Aber sprechen Sie mit niemandem darüber. Und jetzt gehen Sie! Schnell!«

Als sie durch die große Halle ging, hörte sie energische Schritte auf einem der Flure. Das konnten nur die Schritte der Mutter sein! Diese schnellen, kurzen, abgehackten Töne waren unverkennbar! Franziska versteckte sich hinter einer Säule und wartete, bis die Schritte verklungen waren. Nein, mit Mama wollte sie jetzt nicht reden. Schon deshalb nicht, weil sie Angst hatte, in Tränen auszubrechen, sich nicht in der Gewalt zu haben. Mama gegenüber wollte sie keine Schwäche zugeben. Jedem Fremden auf der Straße würde sie ihre Gefühle zeigen, aber nicht ihrer Mutter!

Als sie das Krankenhaus verlassen hatte, war sie unschlüssig, wie sie die Stunden bis zum Abend verbringen sollte. Zurück in den Schoß der Familie Schluse, daran war für sie jetzt nicht zu denken. Franziska wollte allein sein mit ihren Erinnerungen. Sie ging an ihrem alten Schulhaus vorüber, dachte daran, wie glücklich sie hier ihr Zeugnis für den »hervorragenden Abschluss« entgegengenommen hatte. An jenen Tag erinnerte sie sich ganz genau schon deshalb, weil Mama ihr mit einer ungelenken Umarmung gratulierte.

Später wanderte Franziska zur Marienkirche weiter. Das große Portal knarrte noch wie früher. Im Innern der Kirche war es angenehm kühl, es roch nach dem alten Holz des Kirchengestühls. Wie oft hatte sie hier gesessen und ungeduldig auf das Knarren des Portals gewartet, wenn sie mit Fehling verabredet war! Sie ging nach vorn zum Altar, auch hier stand noch alles an seinem Platz. Selbst die sieben Wachsflecken auf dem roten Läufer waren noch da. Sie waren so angeordnet, dass sie sich in ein knieendes Kamel verwandelten, wenn man sie nur lange genug fixierte.

Als Franziska aus der Kirche kam und den Platz überquerte, fing es an zu regnen. Der Himmel blieb verschlossen, dunkle Wolken schoben sich übereinander, in der Ferne hörte man das verhaltene Murren eines Gewitters. Auf den Straßen war es plötzlich ganz still. Franziska wanderte ziellos durch den Regen und näherte sich, ohne darauf zu achten, immer mehr ihrem Elternhaus. Als sie, vom Wall kommend, in ihre alte Straße einbog, hatte sie das Gefühl, als betrete sie verbotenes Terrain. Auf dem Trottoir gegenüber ihrem Elternhaus blieb sie stehen. Es war jetzt fast dunkel, in den Fensterscheiben des oberen Stockwerks spiegelte sich der grünlich schwarze Gewitterhimmel. An der Südseite waren die Fenster angelehnt, drinnen brannte die Lampe über dem Tisch. Franziska erschrak, als sie Agnes mit der Teekanne in der Hand in die Küche gehen sah. Alles sah alltäglich, friedlich aus: das Teegeschirr auf dem Tisch, das warme Licht der Stehlampe. Einmal meinte sie gar, Ernst lachen zu hören, als sei dies ein Nachmittag wie jeder andere, als ränge Papa nicht mit dem Tode nur ein paar Schritte von hier entfernt.

Magisch angezogen von dem, was sie sah, überquerte Franziska die Straße, ging in den Vorgarten, stand jetzt ganz nah am

Fenster. An den Dornen im Rosenbeet hatte sie sich die Strümpfe zerrissen, an ihren Schuhen klebten feuchte Erdklumpen. Aber sie bemerkte es nicht. Sie konnte den Blick nicht lösen von dem Bild hinter der Fensterscheibe: die Mutter im Kreise ihrer Kinder, eines fehlte. Der Hass, der sich die ganzen Jahre über in ihr aufgestaut hatte; der Hass gegen Mama, ihre Härte, ihre Strenge, ihre Unnahbarkeit; der Hass gegen die adelige Herkunft und die verlogene Etikette; der Hass gegen die Unterwürfigkeit ihrer Schwester Agnes und deren Feigheit und Bequemlichkeit – der ganze kalte Hass stieg jetzt in ihr hoch, quoll zu einem dicken Kloß in ihrem Hals.

Für einen winzigen Moment jedoch wurde der Hass in ihr verdrängt vom Gefühl der Sehnsucht. Es war die selbstquälerische Sehnsucht nach der Geborgenheit in ihrer Familie; der Wunsch, in ihrer Mitte zu sein, wenn sie sich gegenseitig Trost zusprachen. Auf Franziskas regennassem Gesicht zerflossen die Tränen. Sie stand allein draußen, die anderen waren zusammen im Haus, konnten sich gegenseitig Schutz und Wärme geben, sich in ihrer Verzweiflung stützen. Würde Mama sie jetzt in den Arm nehmen, ins Haus holen und wärmen, sie könnte alle unversöhnlichen, gehässigen Gedanken beiseite schieben. Franziska stand im Regen und träumte und wünschte.

»Wenn Sie umkehren und sich in aufrichtiger Reue willig in alles ergeben, was zu Ihrem Heil beschlossen wird, dann wird Ihre Mutter Sie wieder als Kind aufnehmen«, hatte ihr einmal der Hauskaplan zugeflüstert, als er sich von einer Teestunde bei ihren Eltern vorzeitig verabschiedet hatte und ihr auf dem Kiesweg vor dem Haus begegnet war.

Aber sie hatte sich nicht ergeben! Sie wollte sich nicht ergeben. Und das hier war die Quittung.

Franziskas Kopf war mit einem Mal ganz klar, nichts Verschwommenes, keine Undeutlichkeit. Als hätte sie jemand gepackt und geschüttelt: Es gab keinen Weg zurück in dieses Haus. Nie wieder! Sie löste ihre Hände von den kalten, schmiedeeisernen Stäben und ging noch einmal um das Haus herum in den Garten. Oben auf dem Balkon sah sie die dunklen Umrisse

50

einer Frau. Es musste Agnes sein, oder war es Mama? »Agnes!
Agnes!« Franziska rief den Namen der Schwester flüsternd. Mit
einer kaum auszumachenden Handbewegung winkte der Schatten zu ihr herab, bevor er sich stumm ins Zimmer zurückzog
und die Fensterläden schloss.

Aus. Vorbei. Ohne sich noch einmal umzudrehen, ging Franziska über die Straße, zurück in die Stadt. Sie wischte sich die
Tränen aus dem Gesicht und zwang sich zu einem Lächeln. Es
war geschafft! Was war geschafft? So verzweifelt, wie sie war,
so tieftraurig und unglücklich, so frei und leicht fühlte sie sich
plötzlich. Als wäre sie mit großer Anstrengung an ein schwer zu
erreichendes Ziel gelangt. Es schien ihr, als sei erst jetzt der
Weg frei geworden für ihr eigenes Leben, als seien diese
schmerzhaften Minuten nötig gewesen, um die Trennung auch
in ihrem Innersten zu vollziehen.

Bei Schluses saßen wieder alle in der Küche: Ferdinand, seine
Mutter, seine Schwester. Auch Vater Schluse war dabei. Als
hätten alle nur auf Franziskas Rückkehr gewartet. Wie gierige
Vögelchen, die ihre langen Hälse zum Nest herausstrecken, kamen die Schluses ihr jetzt vor, als erwarteten sie, dass Franziska sie mit Nachrichten, kleinen Sensationen, einer maßvollen
Gruselei fütterte. Ein schäbiger, undankbarer Gedanke, aber
dennoch konnte sich Franziska nicht dagegen wehren.

»War es schlimm?«, fragte Ferdinand vorsichtig.

»Ich bin noch nicht bei Papa gewesen, der Arzt lässt mich
heute Abend zu ihm. Das hat er mir jedenfalls versprochen.«

»Das meinte ich nicht. Bist du nach Hause gegangen?«

»Nein, natürlich nicht!« Franziska hatte keine Lust, die Neugier der Schluses zu stillen, deshalb log sie: »Ich bin den ganzen
Nachmittag unten am Mühlwasser gewesen.«

Obwohl das Feuer im Ofen brannte, fror Franziska ganz erbärmlich. Sie zog ihr schwarzes Wolltuch enger um ihre Schultern. Ferdinand stellte ein kleines Likörglas vor sie hin und goss
es voll bis zum Rand mit zähem, schwarzrotem Johannisbeer-
likör.

51

»Trink, Fanny, das wärmt dich auf und bringt dich auf andere Gedanken.«

Mutter Schluse setzte sich neben sie auf die Bank und legte vorsichtig den Arm um sie.

»Warte nur ab, irgendwann wird der Tag schon kommen, wo du wieder nach Hause kannst. Du musst eben Geduld haben.«

Franziska rutschte nach vorn, entzog sich vorsichtig dem schützenden Arm auf ihrer Schulter. Sie saß jetzt kerzengerade und sagte mit fester Stimme:

»Mein Zuhause wird ganz woanders sein. Bei der Familie Reventlow war es nie und wird es auch nie sein!«

Keine Fragen, kein Nachhaken, verlegene Stille. Wie eine Kriegserklärung musste es geklungen haben, die Fanfare zum letzten Gefecht. Ein Gefecht gegen wen? Die Schluses waren immer Franziskas Verbündete gewesen! Verbündete, Komplizen, sogar gegen ihr Elternhaus. Hatte sie, was sie soeben gesagt hatte, nicht schon mehrmals hier in dieser Küche gesagt? Und doch klang es diesmal anders, rücksichtsloser, bedrohlicher. Irgendwie hatte Franziska das Gefühl, dass der Satz auch von den Schluses als Bedrohung empfunden wurde. Sie sah die betretenen, ungläubigen Gesichter vor sich. Dass sie so heftig geworden war, tat ihr Leid, aber erklären wollte sie nichts. Nichts erklären und nichts zurücknehmen.

Und dann, in die Stille hinein, klopfte es: zweimal lang – zweimal kurz. Ferdinand öffnete. Franziska hörte Stimmen im Flur, es war Catty. Die Begegnung auf dem Bahnhof gestern Abend musste ihm wie ein Stachel im Fleisch sitzen. Er wusste, dass sie ihm seine Feigheit niemals würde verzeihen können, das alte Vertrauen war für immer zerstört. Ferdinand schob ihn in die Küche.

Fast körperlich spürte sie seine Beklommenheit, als sie ihn ansah. Er konnte ihr nicht in die Augen sehen, bewegte sich wie unter einer Schicht Aspik.

»Papa ist tot!«, flüsterte er.

Franziska stand langsam auf und ging auf ihn zu. Dann gab sie sich einen Ruck, legte ihre Arme um seinen Hals und drück-

te sich an ihn. Er konnte die Tränen nicht mehr zurückhalten.
»Ich soll dir von Mama ausrichten, dass du jetzt zu ihm kannst.«

Franziska nahm die Nachricht vom Tod ihres Vaters mit einer seltsam kühlen Erleichterung auf, obwohl sie doch so sehr gehofft hatte, ihn noch lebend wiederzusehen. Alle Anspannung fiel plötzlich von ihr ab, eine innere Ruhe machte sich breit. Sie war glücklich, dass sie großzügig sein konnte in diesem Augenblick. Selbst die Botschaft ihrer Mutter konnte dieser inneren Ruhe nichts anhaben.

»Ich komme. Ich hole nur noch meinen Mantel.«

Franziska saß auf einem ungepolsterten Holzstuhl, den sie sich ans Bett gerückt hatte. Sie war allein mit dem Toten. Das hatte sie sich ausbedungen, und Catty war daraufhin gegangen. Die Bettdecke mit dem weißen Damastbezug war bis zum Kinn hinaufgezogen, als läge da nur der Kopf, ohne Rumpf. Die Decke, ganz straff und glatt, von keiner Bewegung in Unordnung gebracht. Am liebsten hätte sie jetzt einen Zeichenblock aus der Tasche gezogen und ihren toten Vater gezeichnet, so ruhig und schön, wie er da lag. Sie war erstaunt, wie glatt seine Haut war. Etwas gelblich, matt glänzend. Der Mund leicht geöffnet, das Kinn starr. Sie hatte sich davor gefürchtet, mit ihrem toten Vater allein zu sein. Jetzt war sie froh, dass sie darauf bestanden hatte. Ohne jede Scheu untersuchten ihre Augen das tote Gesicht. Sie hörte seine Stimme, dachte an seine versteckte Weichheit, die tief vergrabene Freundlichkeit. Er hatte immer alles Liebevolle verstecken, sein wahres Wesen verleugnen, Härte und Unduldsamkeit vorspiegeln müssen, um vor Mama zu bestehen.

Sie erinnerte sich an das Gespräch, als sie ihm von ihrem Entschluss erzählte, das Lehrerinnenseminar zu besuchen. Wie einmal schon, als sie als Kind nachts nicht schlafen konnte, hatte die Tür zu seinem Arbeitszimmer einen Spalt weit offen gestanden, und das rötliche Licht der großen Stehlampe an seinem Schreibtisch war auf den Flur hinausgedrungen.

»Papa, ich möchte dir etwas sagen, ich …«

Er faltete die Zeitung zusammen, erhob sich von seinem Stuhl, ging ihr entgegen.

»Wie wäre es denn, wenn meine Tochter ein Gläschen Portwein mit mir trinken würde?« Er öffnete das Glasschränkchen, in dem Liköre und Cognac aufbewahrt wurden, nahm zwei Gläser und die Portweinflasche heraus.

»Ich weiß ja, dass es keinen Sinn hat! Mama und du, ihr habt meinen Wunsch, Malerin zu werden, niemals ernst genommen. Aber, Papa, mir ist es damit sehr ernst! Ich will auf eine Malschule, nichts anderes will ich als malen!«

Ihr Vater goss ein, reichte ihr ein Glas, setzte sich neben sie auf das Sofa vor dem Kamin.

»Fanny, mein Kind, sieh mal«, sagte er und legte den Arm um sie. »Ich habe mit Mama natürlich darüber gesprochen, also … sie ist ganz und gar dagegen!«

Da war sie wieder, diese Feigheit! Entweder war er auch dagegen und wollte es ihr gegenüber nicht zugeben, oder er war nicht dagegen und konnte sich gegen Mama nicht durchsetzen. Franziska erinnerte sich, wie sehr sie sich damals über die Kraftlosigkeit, die unentschiedene Haltung geärgert hatte. Sein hilfloses Stammeln, sein Suchen nach Erklärungen zeigten ihr, dass wieder einmal Mama die Entscheidung getroffen hatte.

Franziska hatte damals sofort gespürt, dass sie auf verlorenem Posten stand. Sie ging zum offenen Angriff über, schälte sich aus Papas Umarmung, warf ihm Engstirnigkeit und Spießigkeit vor. Wahrscheinlich würde Mama nicht einmal das Lehrerinnenseminar erlauben – und in ihrem Vater hätte sie auch keinen Fürsprecher, da dürften sie sich nicht wundern, wenn sie eben selbst entschied. Aber er lächelte nur milde. »Du musst nicht immer alle Stacheln gegen deine Mutter aufstellen.«

Dabei spreizte er die Finger seiner rechten Hand zu Igelstacheln.

Franziska war noch nicht fertig: »Als ob ich dafür nicht meine Gründe hätte! Oder findest du es richtig, dass sie einfach in mein Zimmer geht, meine Schubladen durchwühlt, meine Briefe und Gedichte liest und mir dann Vorhaltungen macht? Wollt ihr mich entmündigen? Habe ich kein Recht auf ein eigenes Leben? Papa, die ständige Bevormundung macht mich krank! Ich will auf eigenen Beinen stehen – als Malerin oder als Lehrerin. Kannst nicht wenigstens du das verstehen, Papa? Ich will frei sein!«

Ja, er hatte verstanden! Franziska war sich ganz sicher, dass er verstanden hatte. Aber da war immer noch diese seltsame Ängstlichkeit, als befürchtete er bedrohliche Konsequenzen, wenn er sich preisgab; als befürchtete er, sich wegen seines Verständnisses und seiner Weichheit rechtfertigen zu müssen.

Franziska öffnete das Fenster. Vorsichtig setzte sie sich auf die Bettkante und berührte mit dem Zeigefinger das Kinn des Toten. Dann ließ sie den Finger sanft über den Nasenrücken hinauf zur Stirn streichen. Es roch nach heißer Milch, süßlich und etwas muffig, nicht einmal unangenehm. Sie beugte sich über ihren toten Vater, mit ihrer Nase kam sie seiner Nase ganz nah und fand es sonderbar, dass aus seinen Nasenlöchern kein Luftstrom kam.

Franziska konnte sich selbst nicht erklären, warum sie ausgerechnet jetzt an Zarathustras Küsse, an die schamlosen Worte denken musste, die er ihr ins Ohr geflüstert hatte. Wie konnte es nur geschehen, dass solche Gedanken, längst beiseite gelegte Erinnerungen, gerade jetzt von ihr Besitz ergriffen, da sie dem toten Vater so nah war, mit ihren Augen sein Gesicht sezierte und mit ihrer Nase dem öligen Geruch nachspürte? Wie konnte sie nur ausgerechnet jetzt diese wunderbare, schmerzhaft glückselige, brennende Gier empfinden? Nie hatte sie sich ihrem Vater offenbaren können, nie ihm diese Seite ihres Wesens gezeigt. Und doch hatte sie danach verlangt, ihm ihr Innerstes zu zeigen, unverstellt, wie sie wirklich war. Jetzt, da es möglich war, ihn zu betrachten, ohne seinen unruhig nachfragenden Augen, seinem forschenden Blick zu begegnen, war Franziska von einer traurigen Sehnsucht erfüllt, sich ihrem Vater ohne Maske zu offenbaren.

Lange, lange starrte sie auf das glatte, weiße Laken, das über ihren toten Vater gebreitet war. Plötzlich bewegte sich das leuchtende Tuch, hob und senkte sich über seiner Brust. Sie stand auf und legte behutsam die Hand auf die Stelle, wo sie seine Brust vermutete. Nichts. Kein Geräusch, keine Bewegung, nur ihr eigener Pulsschlag.

»Was uns jetzt trennt, Papa, ist das, was zwischen Leben und Tod steht, und doch war ich dir nie so nah wie jetzt.« Franziska flüsterte die Worte, beugte sich zu dem wächsernen Gesicht herab, küsste seine Stirn. »Auf Wiedersehen. Papa, ich hab dich lieb.«

Dann drehte sie sich abrupt um, nahm ihre Jacke vom Haken, die Tasche, den Schirm und ging, ohne sich noch einmal umzublicken, zur Tür hinaus.

Noch am selben Abend fuhr Franziska mit der Bahn nach Hamburg. In Lübeck hatte sie alles erledigt. Sie nahm sich fest vor, nie wieder zurückzukehren.

3. KAPITEL

Erzähl mir, wer du bist, Walter Lübke!« Sie gingen nebeneinander her, und doch musste Franziska den Satz laut rufen, denn der Wind drückte ihr die Worte zurück in den Mund. Franziska liebte die Spaziergänge am Deich, der Himmel war dort weiter als irgendwo sonst, die Wolken schoben und drängten, das Licht wechselte von Minute zu Minute. Sie hatte die Ärmel ihrer Strickjacke um die Taille herum verknotet. Walter trug einen Weidenkorb, in den er eine Flasche Wein, zwei Gläser und einen Schokoladenkuchen gepackt hatte.

»Wenn du nicht mehr kannst, machen wir Rast«, rief er zurück. Franziska spürte, dass er ihre Frage zwar verstanden hatte, aber lieber so tat, als hätte der Wind sie an seinem Ohr vorbeigetragen.

»Du bist sehr lieb zu mir, Walter. Wieso tust du das alles?«

Franziska war außer Atem. Jeder Schritt gegen den Wind kostete sie enorm viel Kraft. Sie blieb stehen und lehnte ihren Kopf an Walters Schulter. Vorsichtig, als befürchtete er, etwas zu zerbrechen, legte er den Arm um sie und wurde plötzlich ernst.

»Alles, was ich kann, will ich tun, damit du dich schnell erholst und Kraft genug hast, wieder mit dem Malen anzufangen.«

Walter stellte den Korb ab, zog den Korken aus der Weinflasche und goss gegen den Wind ein. Er hob das Glas.

»Du sollst leben, Franziska, und zwar glücklich!« Franziska spürte, wie sich die sanfte Wärme des Weins bis in ihre Fingerspitzen ausbreitete. Sie drehte sich einige Male im Kreis herum, ließ den Kopf in den Nacken fallen, genoss den Schwindel.

»Wenn du mir einen kleinen Schubs gibst, flieg ich los!«

»Bleib lieber hier, da oben gibt es weder Wein noch Schokoladenkuchen!«

»Wer weiß, wer weiß … Nun gut, dann bleib ich eben hier.«

Von Lübeck aus war Franziska zu ihrer Freundin Else Gutschow nach Hamburg gefahren. Tagelang hatte sie bei Else auf dem Sofa gelegen und versucht, den Schmerz, die Trauer, die düsteren Bilder in einem künstlichen, dumpfen Tablettenschlaf abzutöten. Sie wollte niemanden empfangen, keine Freunde, nicht einmal ihre Geschwister. Absolut niemanden. Die Fensterläden blieben tagelang verschlossen, Briefe wurden nicht gelesen, und das Essen, das Else ihr auf einem Tischchen neben das Bett stellte, blieb unberührt.

»Mir ist, als wäre mein Leben mit in Papas Grab versunken«, hatte sie einmal zu Else gesagt, und in ein paar abgerissenen Satzfetzen etwas davon gemurmelt, dass sie keine Lust und keine Kraft mehr hätte zu leben.

Als Walter Lübke dann bei einer Versammlung des Hamburger Ibsenklubs hörte, Franziska sei in der Stadt, ging er sofort zu Else Gutschow. Er hatte eine Art, sich nicht abweisen zu lassen, höflich, zurückhaltend und doch bestimmt und drängend, dass selbst die resolute Else ihn nicht daran hindern konnte, Franziska in ihrem Zimmer aufzusuchen.

»Sie muss an die Sonne, sie muss an die Luft!«

Fast mit Gewalt zog er Franziska hinaus, zwang sie zu langen Spaziergängen, brachte sie mit kleinen Späßen zum Lachen und sprach über eine Zukunft, die froh und hell werden würde. Er sagte Franziska, dass sie jung, schön und klug sei und das Zeug hätte, eine große Malerin zu werden. Über all dem Schmerz dürfe sie niemals ihr Ziel aus den Augen verlieren.

»Das Leben, das Leben … du fängst doch gerade erst damit an!«

Von sich selbst sprach Walter nicht, aber Franziska wusste, dass er sich fest vorgenommen hatte, seine eigene Zukunft mit der ihren zu verschmelzen. Und weil sie so matt war, so schwach und hilfsbedürftig in ihrer Trauer und ihrem Schmerz, lehnte sie sich nicht dagegen auf.

An einem Sonntagnachmittag fuhren sie hinaus nach Langenhorn zum Pferderennen. Es war ein heißer Tag, die Luft stand still. Das Menschengedränge auf den Tribünen, die schweißglänzenden Pferde, der lauwarme Sekt, die anfeuernden Rufe während der Rennen versetzten sie in eine seltsame Stimmung. Franziska konnte auf dem letzten freien Sitz Platz nehmen, Walter stand dicht hinter ihr. Die Nervosität der Pferde übertrug sich auf sie, als müssten sie heute noch ein Ziel erreichen, eine Erwartung erfüllen, die schon seit längerem in der Luft schwebte. Bei einem der Rennen sollte, laut Programmzettel, ein Pferd mitlaufen, das den Namen Franziska trug. Nach dem Startschuss – die Pferdegruppe hatte sich mit leichter Verzögerung in Bewegung gesetzt – beugte sich Walter zu Franziska hinab und flüsterte in ihr Ohr: »Wenn Franziska siegt, dann verloben wir uns.«

Obwohl sich Franziska vor diesem Moment, den sie seit langem hatte herannahen sehen, immer gefürchtet hatte, schienen ihr Walters Worte jetzt fast wie eine Erlösung. Den Ausgang des Pferderennens mit einer solch schicksalhaften Entscheidung zu verknüpfen, gefiel ihr. Es hatte etwas Spielerisches, Abergläubisches, es nahm der Angelegenheit den sakralen Ernst. Und doch ahnte sie, dass aus dem Spiel Ernst werden würde und dass mit dem Ernst etwas von der wunderbaren Leichtigkeit ihrer Beziehung verloren gehen könnte. Es reizte sie, das Schicksal mutwillig herauszufordern und nun alles, ihr Leben, ihr Glück auf eine Karte zu setzen. Sollte doch der Zufall, sollte doch das Pferd Franziska entscheiden, ob sie Frau Lübke wurde oder nicht. Sie trank einen Schluck aus ihrem Sektglas, das sie mit heißen Händen die ganze Zeit fest umklammert gehalten hatte.

»Es soll gelten, Walter«, sagte sie. Das klang entschlossen, heiter, und doch war ein trotziger Unterton in ihrer Stimme, als könne sie damit ihr Erschrecken über die eigenen Worte abwehren.

59

Trotz der vielen Menschen, trotz hektischer Bewegung auf den Tribünen, trotz des lauten »Hopp, hopp, hopp!« und »Lauf, lauf!«, das vor allem die Damen unter ihren ausladenden Hüten mit schriller Stimme riefen, wurde es mit einem Mal ganz still um die beiden. Sie sahen sich lange an und erwarteten mit Spannung den Ausgang der Wette. Sie warteten, welche Spur in ihr Leben gelegt werden würde.

Plötzlich ein Schrei: Der Favorit des Rennens war gestürzt! Aufgeregt wurden Ferngläser und Operngucker hin- und hergereicht. Großes Rätselraten, welches der Pferde nun die größten Chancen hatte. Walter hielt Franziskas Hand ganz fest in seiner. Ernst und stumm verfolgten die beiden das Rennen, denn das Schicksalspferd Franziska nahm jetzt eine Hürde nach der anderen, arbeitete sich nach vorn, fiel dann wieder etwas zurück, riss und zerrte plötzlich wild am Zügel, schien für einen kurzen Augenblick ausbrechen zu wollen, fing sich wieder, überwand das nächste Hindernis, setzte sich entschlossen an die Spitze – und war als Erstes im Ziel. Murmeln, Raunen, Kopfschütteln, zäh bewegte sich der Zuschauerstrom in Richtung der Wettschalter. Ein Außenseiter hatte das Rennen gemacht, und Franziska und Walter waren verlobt.

Noch oft musste Franziska später an das Pferd zurückdenken, wie es zögerte, einen Augenblick lang in Panik zu geraten schien und dann doch, als müsse es sich in einem gewagten Sprung über alle Bedenken hinwegsetzen, entschlossen das Hindernis nahm. Sie meinte, durch das Fernglas sogar seine Augen gesehen zu haben: schwarz und wimpernlos, zwei große, glänzende Glaskugeln. Noch im Sprung blickte das Pferd, so schien es ihr, ängstlich um sich, als suche es nach einem Ausweg. Franziska war ihm dankbar, denn es hatte sie von der Verantwortung befreit, ihr eine Entscheidung abgenommen, die längst getroffen war, der sie gar nicht mehr hätte entrinnen können. Etwas hatte sich gefügt, und Franziska fand eine merkwürdige Genugtuung dabei, sich in diese Fügung hineinzubetten, sich einfach fallen zu lassen.

Walter Lübke war Gerichtsassessor. Ein ernster, gescheiter, umsichtiger Mann mit hoher Stirn, spitzer Nase, mageren Wangen und warmen, dunklen Augen. Seine korrekte Kleidung und der ordentlich gezogene Scheitel zeigten an, dass er nicht mit dem Leben spielte, dass er mit Ernst und Zuverlässigkeit an die Dinge heranging, dass ihm die früh erworbene Disziplin und Zielstrebigkeit zur zweiten Natur geworden waren. Im Hamburger Ibsenklub war er immer derjenige, der die allzu enthusiastische, oft kritiklose Begeisterung für jede neue, aufrührerische Theorie bremste. Das unerwachsene Hineintaumeln in jede neue Mode war ihm verhasst; Freunde, die sich dazu hinreißen ließen, wurden von ihm scharf kritisiert. Immer empfahl er, zuerst einmal über das nachzudenken, was jenseits der Worte lag, über die realen Konsequenzen einer weltverbessernden Idee, was sie für die Menschen und ihre Rechte im bevorstehenden neuen Jahrhundert bedeutete.

Eine Stimme der Vernunft war dieser Walter Lübke, einer, der nicht über die Stränge schlug, der alles, was er tat, erklären oder begründen konnte; einer, der sein Leben fest in der Hand hatte und darauf achtete, dass es ihm nicht entglitt. Und doch war dann und wann herauszuspüren, was ihn dieser Sieg der Vernunft kostete, dass er, wenn er der leichtfertigen Emphase und der Unvernunft anderer entgegentrat, oftmals mit sich selber rang. Es wäre übertrieben zu sagen, dass in dem Gerichtsassessor Lübke ein heimlicher Anarchist schlummerte, aber es war nicht zu übersehen, dass ihn eine bestimmte Art des Übermuts, der Leichtlebigkeit und Abenteuerlust faszinierte. Bei aller Skepsis gegenüber dem Überschwang und der revolutionären Begeisterung mancher Ibsenanhänger im Hamburger Klub war er doch offensichtlich fasziniert von revolutionären Gedankenspielereien, kühnen Utopien und unkonventionellen Lebensweisen.

An Franziska liebte Walter gerade jene Eigenschaften, die sich bei ihm selbst nicht hatten entfalten können, die er, diszipliniert wie er war, auch gar nicht in sich hochkommen ließ. Es war die Unzuverlässigkeit ihres Gemüts, die ihn faszinierte, die Launenhaftigkeit und der abrupte Umschwung ihrer Stimmun-

61

gen, den sie niemals erklären oder gar rechtfertigen wollte, wahrscheinlich auch nicht konnte. Manchmal spürte er es, wenn in ihr die Gegensätze tosend miteinander kämpften und sie nichts und niemanden an sich heranließ. Dann zog er sich zurück, wartete ab, betrachtete sie und überlegte, wie er die Wogen in ihr wieder glätten konnte. Walter liebte Franziskas offenes Lachen, ihre Fröhlichkeit und ihre frechen, amüsanten Bemerkungen. Aber er liebte auch ihre Melancholie, die große Wehmut in ihren Augen, und er liebte es, wenn sie von einem Moment zum nächsten finster und abweisend wurde und es einige Mühe kostete, in ihrem Gesicht wieder die Sonne scheinen zu lassen. Er spürte, wenn sie sich in die Ecke gedrängt fühlte, wenn sie etwas, das lieb gemeint war, als listig eingefädelten Versuch, sie ihrer Freiheit zu berauben, missdeutete. Auf solche Eigenheiten nahm Walter Rücksicht, er schätzte sie merkwürdigerweise sogar, denn sie gehörten zu Franziskas Wesen, das er außergewöhnlich und wunderbar fand. Mit Franziska wollte er etwas in sein Leben holen, das er aus eigener Kraft nicht zustande bringen würde. Für ihn war sie eine Art exotische Pflanze, die er mit Hingabe pflegte, die er bestaunte und bewunderte und die ihm trotz allem immer fremd blieb.

Walter förderte Franziskas künstlerische Ambitionen so gut er konnte. Er sprach davon, ihr so bald wie möglich ein Atelier einrichten zu wollen, damit ihr großer Wunsch endlich erfüllt würde. Er würde ihr Leinwand, Farbe, Papier und Gips kaufen, ihr Geld zur Verfügung stellen, damit sie Malstunden nehmen und Modelle bezahlen konnte. Alles wollte er tun, um es ihr recht zu machen, um alles so einzurichten, dass es ihr an nichts fehlte. Aber je mehr Walter sich bemühte, je mehr er sie mit großzügigen Vorschlägen überhäufte, desto mehr wuchs in ihr das Gefühl, dass er sie mit seiner Fürsorglichkeit erstickte. Sie wollte kein Atelier in Hamburg, sie wollte nicht malende Assessorengattin in Uhlenhorst sein, vormittags an der Staffelei stehen und nachmittags mit anderen Assessorengattinnen den Tee nehmen! Künstlerisch leben und künstlerisch arbeiten gehörten zusammen, davon war sie überzeugt. Hier in Hamburg konnte

sie beides nicht haben, hier würde sie bestenfalls als Paradies-
vogel im goldenen Käfig leben. Wer es ernst meinte mit der
Kunst, der musste nach München, nach Schwabing, wo Maler,
Dichter, Schauspieler und Tänzer aus aller Welt ein gemeinsames Leben lebten, das auch ihr als vages Ideal vorschwebte: ein
Leben für die Kunst, ein Leben ohne Zwänge, ein Leben in
Sturm und Drang! Schwabing, wo die Sonne nicht unterging
und sich ein Künstler ausleben, zu voller Blüte reifen konnte!
Oft stand Franziska lange am Fenster und blickte hinunter auf
die matte, dunkle Straße und stellte sich vor, was in München
alles möglich war. Sie stellte sich ein großes Atelier vor, mit einer dunkelroten Ottomane, einem langen Zeichentisch und einer Sitzbadewanne aus Holz, an den Wänden Dutzende von
Akt- und Portraitskizzen, Farbproben, Tusche, Bleistift, Aqua-
rellfarben, Sepia, Rötel.

Aber immer noch war das Verlangen, sich an Walter anzulehnen, größer. Sie genoss es, ihn in ihrer Nähe zu haben, geliebt,
umsorgt und respektiert zu werden, sie liebte ihn für seine
Ernsthaftigkeit und sein Verständnis. Manchmal saß sie im großen Lehnstuhl auf seinem Schoß, mit dem Kopf an seiner
Brust, und schlief ganz plötzlich ein. Dann legte er sie behutsam auf das Sofa, breitete eine Wolldecke über ihr aus und ging
leise aus dem Zimmer. Dafür war sie ihm dankbar, noch nie hatte es jemand so gut mit ihr gemeint.

Mit Franziskas Gesundheit stand es trotz Walters Fürsorge
nicht zum besten. Oft hustete sie in krampfartigen Anfällen, bei
denen sie nach Luft rang, sich erheben und im Zimmer herumgehen musste, um sich wieder zu beruhigen. Sie war nervös und
dünnhäutig, rauchte trotz des Hustens mehr denn je, aß wie ein
Spatz und war blass und durchsichtig. Walter hatte den Eindruck, dass von Tag zu Tag ihr Gesicht spitzer, ihre Taille schmaler wurde.

»Du musst an die See«, sagte Walter eines Tages. »Dort
kannst du dich richtig erholen und bist trotzdem in meiner Nähe. Die salzige Luft wird deinen Husten besänftigen.«

Und dann sprach er vom Heiraten. Sie standen in Walters

Wohnung am Fenster. Draußen rüttelten die Blätter der Platanen an den Zweigen, der Wind trieb eine Papiertüte vor sich her. Franziska erschrak. Natürlich hatten sie schon öfter vom Heiraten gesprochen, schließlich waren sie verlobt! Aber diesmal wurde Walter konkreter, sprach davon, dass er eine große Etagenwohnung in Aussicht habe, in bester Lage, mit Blick auf die Binnenalster, und er sprach von angespartem Geld, mit dem er ihr ein Atelier unter dem Dach ausbauen könne. Auf einmal spürte sie wieder, wie seine planende Vorsorge sie beengte, ihr die Luft abschnürte.

»Du sagst doch immer, das ganze Leben liegt vor uns, Walter, und dass wir so viel Zeit haben. Lass mich, lass uns das Leben erst einmal kennen lernen!«

Franziska sprach durch das geschlossene Fenster in den grauen Tag hinaus, zwischen ihren Schulterblättern spürte sie seinen Blick, fühlte, wie er zurückwich. Sie wollte ihn nicht verletzen, wollte ihm nicht weh tun. Sie versuchte, das schlechte Gewissen, das er mit seinen erwartungsvollen Worten in ihr auslöste, zu bekämpfen. Warum gelang es ihm immer wieder, dass sie sich schuldig fühlte? Dabei wollte sie doch nichts anderes, als ihr eigenes Leben leben!

»Lass mir Zeit, Walter! Ich habe doch noch gar keine Gelegenheit gehabt, mich auszuprobieren! Hier in Hamburg kann ich nicht zu mir finden. Ich muss eine Zeit lang fort von hier.«

»Fort?«, fragte Walter mit belegter Stimme. »Wo willst du denn hin?«

»Nach München«, sagte Franziska. Sie sprach leise, fast als wollte sie ihn nicht erschrecken.

Nach München! Das also war es, was die ganze Zeit in ihrem Kopf herumspukte. Walter stand jetzt wieder ganz dicht hinter ihr, sah auch über ihre Schulter hinweg aus dem Fenster auf die unruhigen Platanen. Er spürte, dass er sie verlieren würde, wenn er jetzt nicht klug und vorausschauend reagierte, so wie ein Erwachsener reagiert auf ein ungeduldiges Kind.

»Aber Liebes, du weißt doch, ich würde nie von dir verlangen, deine Pläne aufzugeben! Natürlich müssen wir nicht von heute auf morgen heiraten, natürlich wollen wir nichts überstürzen. Und wenn du meinst, dass du unbedingt nach München musst, um Malerin zu werden, meinetwegen. Es soll mir recht sein ... aber erst zur Erholung an die See!«

Er versprach, ihr Geld zu geben, damit sie sich in München für eine Malschule einschreiben und ein Zimmer mieten könne. Walter sprach beherrscht, gab sich verständnisvoll, großzügig, väterlich. Er ließ sich nicht anmerken, wie enttäuscht und verletzt er war. Franziska drehte sich um, legte die Arme um seinen Hals und küsste ihn stumm. Es waren keine leidenschaftlichen Küsse, es waren Küsse der Dankbarkeit.

An der Ostsee verlebte sie einige unbeschwerte Wochen. In der ersten Zeit ruderte sie manchmal allein mit einem kleinen weißen Boot hinaus aufs Meer, legte sich auf den Plankenboden, sah in den weiten Himmel und träumte von all dem, was Walter ihr ermöglichen wollte. Oder sie zog ihre Schnürstiefel aus und ging barfuß den Strand entlang, stundenlang. Sie ließ den Sand zwischen den Zehen rieseln und dachte an München, an den Süden. Bald lernte Franziska aber auch andere Menschen kennen, einige junge Leute, die sie fast täglich auf ihr Segelboot einluden, wo es ausgelassen zuging. Sie war vergnügt, lebte unbeschwert in den Tag hinein, genoss es, von den jungen Männern auf dem Segelboot umschwärmt und hofiert zu werden, labte sich an deren Komplimenten und amüsierte sich, wenn sie Wetten abschlossen, wer wohl bei ihr das Rennen machen würde. Das Leben war ein Spiel, sie gab niemals ihren Namen preis, keiner wusste, woher sie kam und wohin sie ging, jeder mochte sie, weil sie neugierig, lustig und frech war. Alles schien nur für den Moment gemacht, nicht für die Ewigkeit!

Samstags kam Walter. Da hatte Franziska alle Hände voll zu tun, um zu vermeiden, dass sie die anderen von sich fern hielt. Dass der seriöse Walter seine Bemerkungen machen würde über die jungen Leute oder dass die Gruppe sich über ihn lustig machte, wollte sie unter allen Umständen vermeiden. Mit Walter ging sie am Strand die entgegengesetzte Richtung, abends saßen sie nicht in der Weinschenke, sondern im kleinen Speiseraum ihrer Pension, und hatten ausführliche, schöne Gespräche. An den Wochenenden mit Walter breitete sich eine heitere Ruhe in ihr aus – und sie war glücklich, dass sie sich nicht entscheiden musste zwischen der friedlichen, liebevollen Zweisamkeit mit ihm und den übermütigen Vergnügungen mit den jungen Männern. Franziska fühlte sich von Tag zu Tag besser. Sie nahm an Gewicht zu und war auch nicht mehr ganz so blass und spitz im Gesicht. Allerdings quälten sie ihre Hustenanfälle immer noch schlimm. Sie kamen ganz plötzlich, wie aus heiterem Himmel, häufig auch nachts. Dann sprang sie aus dem Bett, öffnete das Fenster, rang nach Luft, krümmte sich. Wenn sie sich wieder beruhigt hatte und einzuschlafen versuchte, musste sie an den alten Mann denken, der dann und wann in dem kleinen Badeort auftauchte. Mit seinem schwarzen Mantel war er ihr sofort aufgefallen, auch plauderte und scherzte er mit allen – jeder schien ihn zu kennen. Einmal stellte er Franziska ein volles Glas Cognac hin. Er stand hinter ihr, hatte seine knochige Hand auf ihre Schulter gelegt und wartete. Als sie es ausgetrunken hatte, wandte er sich – über ihren Kopf hinweg – zu den anderen: »Sieh an, sieh an, die Schwindsucht hat sie schon im Leib und säuft doch wie ein alter Seemann.« Dann lachte er laut und dröhnend, konnte sich gar nicht beruhigen.

An dem Tag, als Franziska in München ankam, regnete es. Walter hatte auf ihr Drängen hin zugestimmt, dass sie ohne Begleitung fuhr, und so stand sie jetzt mit ihren beiden Taschen, der Staffelei und dem aufgespannten Schirm in der Abenddämmerung auf dem schwarz glänzenden Trottoir und wartete auf eine Droschke, die sie zu der Wohnung fuhr, die Walter für sie von Hamburg aus angemietet hatte. Sie atmete tief ein: Köstliche Münchner Luft! Luft, die nach Unabhängigkeit und Freiheit schmeckte!

»Bitte fahren Sie mich zur Theresienstraße 66!« Franziska gab sich Mühe, den Satz möglichst beiläufig herauszubringen, obwohl sie so lange, so gespannt und ungeduldig darauf gewartet hatte, ihn endlich auszusprechen. Der Droschkenfahrer machte auch gar kein Aufhebens, blickte sich nicht einmal zu ihr um, sondern zog nur am Zügel, schnalzte einmal mit der Zunge, und die Pferde setzten sich in Bewegung: nach Schwabing. Franziska spürte, wie alles, jede Faser ihres Körpers, jedes Molekül ihrer Seele zu jubeln begann. Sie zuckte mit den Mundwinkeln, musste lachen, lehnte sich aus dem Droschkenfenster und hieß den Münchner Augustregen auf ihrem Gesicht willkommen. Sie war in München. Sie war da.

Am Droschkenfenster flogen die Häuserfassaden vorbei; viele kleine Ladengeschäfte, Leute auf der Straße mit Tüten und Körben. Das ist der Süden, dachte Franziska, so ist es im Süden. Obwohl es regnete, der Himmel voller schwarzer Wolken war und ein kühler Wind an den Regenschirmen zerrte, hatte Franziska den Eindruck, dass von dieser Stadt eine südliche, leichte, heitere Atmosphäre ausging. Sie hatte viel von München geträumt, gelesen und erzählt bekommen. Lange Zeit hatte sie sich ein Bild von der Stadt gemacht, und dieses Bild ließ sie sich jetzt durch die Realität nicht zerstören. Auch wenn es regnete! Hinter erleuchteten Wohnungsfenstern vermutete sie turbulente Abendgesellschaften oder unterhaltende Gesprächsrunden, vielleicht auch Dichter und Maler in schöpferischer Einsamkeit, oder einfach nur eine gut gelaunte Familie in der Küche, in der drei Generationen zu Tische saßen. Sie fand die Damen eleganter, die Herren eindrucksvoller, die Kinder vergnügter als zu Hause. Sie fand, dass es gut roch, nach Großstadt eben. Und als die Droschke in die Theresienstraße einbog und sie aus einer Schnapsschenke Musik hörte, war sie mehr denn je davon überzeugt, dass sie dieses Leben genießen würde. Hier war sie am richtigen Ort, hier würde sie endlich arbeiten – und leben.

Bis in den vierten Stock hinauf musste sie, schaffte kaum die letzten Stufen, geriet völlig außer Atem. Die Hausmeisterin trug ihr die Taschen, sie selbst schleppte sich mit der Staffelei ab. Auf dem obersten Treppenabsatz hustete sie heftig. Vor ihren Augen flimmerten Silberlichter, Glassplitter in der Brust, keine Kraft in den Beinen. Gottlob: das Treppengeländer. Als

67

sie die Wohnung – ihre Wohnung, einzig und allein ihre herrliche, wunderbare, großartige Wohnung – betrat, suchte sie schnell ein Möbel, auf das sie sich setzen konnte. Die Hausmeisterin stellte die Taschen ab und zündete die Lampe an.

»Is Eana ned guad? Mit dem Husten hättens glei weiterfahrn können nach Davos!«

Franziska saß, den Oberkörper vornüber gebeugt, auf der Bettkante, die rechte Handfläche kurz unter dem Hals. »Nein, nein … doch, doch … es geht schon, lassen Sie nur.«

Die Hausmeisterin stemmte die Hände in die rundlichen Seiten und schnüffelte nach links, nach rechts, stieß die Luft kurz hintereinander ein und aus und legte den Kopf nach hinten.

»Die Luft do herin is a net bsonders guad. Des is halt a feichts Loch. Brauchens an Doktor?«

»Aber nein, das ist nichts, ich komme schon zurecht, gehen Sie nur!«

Der Husten legte sich, Franziska wurde wieder ruhig, stand auf, öffnete das Fenster und sah lange hinunter. Es war schon fast ganz dunkel. Vom Hof herauf hörte sie Tellergeklapper und das Jammern eines Kindes.

Die Wohnung war zwar keine richtige Wohnung, sondern nur ein kleines, modriges, dunkles Zimmer, in dem die dürftigen Möbel eng zusammenstanden, aber für Franziska war das nicht wichtig. Sie rückte das Bett an die Wand, stellte die Staffelei ans Fenster, holte aus der Küche, die sie mit anderen teilte, das Wasser für ihre Waschschüssel und ging an diesem ersten Abend, an dem ihr schien, dass sie alles erreicht hatte, was sie erreichen wollte, an diesem Abend, der den Eintritt in ein neues Leben, eine neue Welt, einen neuen Kosmos für sie bedeutete, zeitig zu Bett. Obwohl sie müde und erschöpft niedersank, konnte sie lange nicht einschlafen, musste an Walters besorgten Blick beim Abschied denken, an seine hochgezogenen Augenbrauen, als er ihr sagte, wie brennend er ihre Rückkunft herbeisehnte. Hatte er bemerkt, dass Franziska ihn bei diesen Worten nicht ansah, nicht ansehen konnte? Und dann dachte sie noch an das Pferd, das gar nicht wissen konnte, was für eine tiefe Spur es mit seinen kraftvollen Sprüngen über die Hürden in ihr Leben gelegt hatte. All das ging ihr im Kopf herum. Irgendwann schlief sie ein.

Franziska fand sich ohne Schwierigkeiten in ihrem neuen Leben zurecht. Vormittags Zeichenschule, mittags Modellieren, nachmittags wieder zeichnen und dann der Abendakt – die Tage waren ausgefüllt mit aufregenden, wichtigen Dingen. Nach wenigen Wochen schon hatte sie eine beste Freundin gefunden, eine Kollegin, die ganz besonders perfekt nach der Natur zeichnen konnte, was Franziska imponierte. Sie hieß Helene von Basch, und Franziska nannte sie »das Baschl«. Die neuen Freundinnen verbrachten viel Zeit miteinander: Sie besuchten dieselben Schulen, teilten sich Modelle und Material, arbeiteten im selben Atelier, gingen mittags ins Café und abends zusammen aus. Mit dem Baschl konnte Franziska über Kunst reden und über Männer, über ihre Kindheit, vor allem aber darüber, was sie sich vom Leben erwartete und von ihrer Zeit in München. Auch über das Verlobtsein und das Heiraten sprachen die beiden, denn auch das Baschl war verlobt, sogar noch rigoroser verlobt als sie selbst, fand Franziska.

Das freie Leben! Franziska lernte schnell, sich darin zurechtzufinden. Tagsüber arbeitete sie diszipliniert, aber abends und nachts wollte sie etwas erleben und ihre Neugierde, ihre Abenteuerlust füttern. Kaum brach die Dunkelheit herein, traf sie sich mit den anderen aus ihrem Gemeinschaftsatelier – Amerikanern und Polen und einem ehemaligen preußischen Offizier –, und sie gingen gemeinsam in Schnapsschenken, in denen eine »anrüchige Gesellschaft« verkehrte: Säufer, Spieler, zwielichtige Gestalten mit den dazugehörigen Damen. Ihre Mutter wäre in Ohnmacht gefallen, hätte sie erfahren, wo Franziska sich herumtrieb. Den beiden Freundinnen aber waren die Orte, die ganz besonders unmöglich für junge, wohlerzogene Fräulein aus gutem Hause waren, gerade recht. Sie holten dann und wann ihren Skizzenblock hervor und übten sich im Portraitzeichnen. Jeder wollte gezeichnet werden, alle drängelten sich um ihren Tisch und gaben ihre Kommentare dazu ab, ob die Nase zu dick, der Mund zu groß, der Kopf zu rund sei. Lauter Kunstexperten,

die das Werk auf seine Ähnlichkeit mit dem Modell hin über-
prüften.

Einmal wurde es sogar gefährlich, als Franziska das vom Suff
zerstörte Gesicht eines Gastes allzu naturgetreu gezeichnet
hatte. Er fühlte sich beleidigt, begann laut zu krakeelen, ging
schwankend auf Franziska zu und wischte mit seinem Unterarm Stifte, Block, Gläser und Aschenbecher vom Tisch. Womöglich wäre er auch noch handgreiflich geworden, wenn nicht
der Wirt dazwischengegangen wäre.

In dieser Gesellschaft der gestrandeten Existenzen fühlte sich
Franziska wohl. Hier fand sie das Abenteuer, das sie suchte, hier
war alles überraschend, neu und aufregend. Sie hatte das Gefühl, dem wirklichen Leben auf die Spur gekommen zu sein, sie
war überzeugt, das echte Leben fände eben nicht in den Salons
und Teehäusern statt, ja nicht einmal in den Ibsenklubs von
Hamburg und Lübeck, sondern hier, in den vulgären Schenken
und Spelunken und in den Ateliers der Künstlerkollegen.

Einmal, es war schon November, draußen regnete und stürmte es, traf man sich abends im Atelier vom »Onkel«, wie sie den
Polen nannten. Franziska kam spät, die anderen hatten es sich
schon bequem gemacht, lagen auf Polstern und Kissen auf dem
Boden herum. Einer spielte auf der Gitarre, und die Russin sang
schwermütige Lieder. Weil der kleine Ofen den Raum nicht
richtig heizen konnte, rückte man enger zusammen. Es wurde
beschlossen, beim Krämer Wein zu kaufen für Glühwein, damit
man nicht gar so erbärmlich fröre. Bald rückte man noch enger
aneinander, die Russin sang noch melancholischer als zuvor. In
blauen und roten Glaskelchen kreiste der heiße Wein, im Ker-
zenlicht flackerten die Profile, glänzten die Augen. Zigarettenrauch und der Duft nach Zimt und Nelken vernebelten die Luft,
und der viele Alkohol und die eng geschmiegten Körper vernebelten Franziska den Kopf.

Hersteins Schädel lag schwer auf ihrem Schoß. Von unten
herauf sprach er zu ihr vom elementaren Künstlertum. Die
Kunst sei die einzig erstrebenswerte Lebensform, sagte er
schleppend. Je länger er sprach, desto hoffnungsloser verknote-

ten sich seine Sätze, bis er schließlich erschöpft abbrach und seufzend die Augen schloss. Franziska beugte sich zu ihm herunter und küsste ihn auf die umwölkte Stirn.

Ein paar Wochen zuvor war sie Adolf Herstein zum ersten Mal begegnet, danach waren sie immer häufiger zusammen. Er hatte eine besondere Art, die Augenbrauen hoch- und gleichzeitig über der Nasenwurzel zusammenzuziehen, was seiner Mimik etwas Hochmütiges, Unverschämtes verlieh. Mit dem schwarzen Schlapphut, dem dunklen Umhang und seiner aufrechten großen Gestalt fiel er überall auf. Er sprach laut, hatte einen sympathischen, leicht münchnerischen Tonfall und liebte es, sich als Experte in Sachen Malerei wortgewaltig in Szene zu setzen. Sein Urteil war rücksichtslos, radikal und oft ungerecht, auch das gefiel Franziska.

Als Franziska in seinem Atelier stand und ihm ihre Zeichnungen vorlegte, sagte er erst einmal lange nichts, stand nur da, zog immer wieder an seiner Nase, betrachtete die Blätter und kümmerte sich nicht darum, dass Franziska hinter ihm stand, auf ein Wort, eine Beurteilung, vielleicht sogar ein Lob wartete.

»Und …?«

Franziska war empört, dass er nichts sagte, sie einfach so stehen ließ, es blieb ihr aber nichts übrig, als weiter geduldig zu warten.

»Na ja«, sagte er endlich, »das taugt alles nichts, Franziska! Die Gräfin steht dir noch im Weg. Da ist so viel Gezügeltes, das Echte nur im Ansatz, nur zu ahnen, mal hü, mal hott. Du taumelst herum, fällst auseinander – ein Stück hierhin, ein Stück dorthin.«

»Ja, aber …«, fing sie zu stottern an und merkte gleich, dass sie drei Tage bräuchte, um ihm zu erklären, dass es gute Gründe dafür gab, dass sie so war.

»Sag nicht ›ja aber‹, in der Kunst gelten keine Erklärungen, entweder es überzeugt oder eben nicht!«

Franziska sah ihn an. Etwas bäumte sich in ihr auf, sie wollte dieses Urteil nicht einfach hinnehmen, wagte aber nicht zu widersprechen. Und darüber wunderte sie sich.

»Du musst dich ganz öffnen, Franziska! In der Kunst, da gib dich hin, da lass alles aus dir herausbrechen. Und vor allem: Hab kein Mitleid mit dir selbst!«

Als sie nach Hause ging, war sie wütend über seine Arroganz, aber auch voller Bewunderung für die Sicherheit, mit der er den Stab über sie gebrochen hatte. Eines stand fest: Herstein verstand etwas von der Kunst, hatte Autorität und Charakter. Er hatte ihren wunden Punkt sofort erkannt, er hatte offen und direkt gesagt, was er von ihren Arbeiten hielt, und ihren Stolz getroffen. Aber Franziska war davon überzeugt, dass seine verletzende Offenheit ihr helfen würde, eine wahre Künstlerin zu werden.

Und jetzt lag sein schwerer Kopf zwischen ihren Brüsten, und seine Hand ruhte auf ihrem Schenkel. Jedes Mal, wenn er aus dem Kelch getrunken hatte, hielt er ihn Franziska hin und ließ nicht zu, dass sie ihn weiterreichte, ohne zu trinken. Plötzlich ging das Licht aus, das Lied der Russin brach ab. Erst jetzt merkte Franziska, wie sehr ihr der Wein bereits zu Kopfe gestiegen war. In der Dunkelheit schaukelte der Boden unter ihr, alles schwankte, von überall her Wortfetzen, ohne Zusammenhang.

Franziska und Herstein, eingeschlossen in einer Glaskugel, schwingen hin und her, schweben durch den dunklen Raum. Sie sinken ineinander, halten sich fest, gleiten ganz langsam hinein in den Garten der Lüste. Das gebogene Glas schützt sie vor den Blättern, den Gräsern, den leuchtenden Farben der Blüten. Sie lauschen. Schmeichelnde Stimmen, leise wispernd, flüsternd, kichernd: »Komm her, du schöne Teufelin, komm her und lass dich laben!«

Faune, Feen, Elfen pochen an das dünne Glas – »kommt mit, hier wird euer Durst gestillt!« Sie locken und rufen, schwirren und treiben taumelnd vorbei. Leise, leise, sei lieb, sei zart, sei sanft! Nimm den Apfel, er hängt noch hoch am Baum! Die Faune zünden die Kerzen an, die Feen wecken die Elfen.

Der »Onkel« klopfte mit einem Brotmesser an sein Glas, um sich Gehör zu verschaffen, und alle schreckten hoch. Er stand auf dem Tisch und reckte sein Glas in die Luft. »Auf die Liebe, auf den Suff, auf die Kunst!« Er lachte dröhnend und musste sich vom Tisch wieder herunterhelfen lassen. Herstein stand auf, rieb sich die Augen, raufte sich mit theatralischer Geste das Haar und blickte herum, als sei er gerade von einer langen Reise unter die Erde zurückgekehrt.

»Genug des dionysischen Treibens!«, rief er. »Wenn das so weitergeht, kann ich morgen keinen Strich malen!«

Franziska bewegte sich nicht, blieb mit geschlossenen Augen liegen, nichts sehen, nichts hören, bleiben, wo sie war. Was sie soeben erlebt hatte, erschien ihr wie die Erfüllung ihrer Träume: das Leben selbst als Kunstwerk zu leben, Tag für Tag, Nacht für Nacht sich immer wieder neu zu finden. Darüber vergaß sie ganz und gar, was das Schicksalspferd auf der Rennbahn in Langenhorn für sie, für ihre Zukunft, entschieden hatte.

Eines Morgens bald darauf, als sie müde, aber selig aus Hersteins Atelier zurückkehrte, brachte der Postbote wieder einen Brief von Walter. Beim Anblick seiner Schrift auf dem Kuvert regte sich schlechtes Gewissen. In den letzten Wochen waren diese Briefe immer häufiger gekommen – und eigentlich stand immer dasselbe darin. Nämlich, dass sie nach Hamburg zurückkommen solle, dass er sich nicht verlobt habe, um sich dann doch ganz allein zu finden, dass er auch ein Recht habe, seine Braut hie und da zu sehen, dass er jetzt die Hochzeit für den Frühling, spätestens Sommer des nächsten Jahres festgelegt habe, dass er sie liebe und hoffe, dass er sie – und da sei ihm jedes Mittel recht – glücklich machen wolle, dass er aber auch befürchte, dass sie in München in liederliche Gesellschaft geriete, dass sie sicherlich nicht genügend auf ihre Gesundheit achte, nicht ordentlich äße und an der frischen Luft spazieren ginge …

Ach, diese Briefe! Natürlich begriff Franziska, wie sehr Walters Zeilen in Sorge und Liebe geschrieben waren, natürlich verstand sie, warum er ungeduldig wurde. Aber irgendwo hasste sie ihn auch, war er doch der Grund für dieses nagende schlechte Gewissen, das ihr die Laune und den Spaß verdarb.

Sie wollte doch frei sein, für den Moment leben, nicht an gestern, nicht an morgen denken! Sie hatte sich doch für ihre Münchner Zeit vorgenommen, ganz rücksichtslos für ihre Arbeit, ihre Malerei, zu leben, sich nicht einschränken, sich keine Vorhaltungen machen zu lassen! Hersteins Rücksichtslosigkeit imponierte ihr, von ihm konnte sie lernen, was es heißt, Künstler zu sein. Walters Briefe dagegen irritierten sie. Jedes Mal gelang es ihm aufs Neue, das schleichende schlechte Gewissen heraufzubeschwören. Und je mehr er von ihrem Egoismus sprach, dem sie endlich Grenzen setzen sollte, desto stärker wuchs in ihr der Widerstand gegen diesen Mann, gegen diese Ehe.

Franziska legte den Brief zu den anderen in eine Schachtel, packte ihren Block, die Stifte und einige fertige Skizzen in eine Tasche und ging aus dem Haus. Die Tür warf sie trotzig hinter sich zu, auch wenn der, dem dieser Trotz galt, weit weg war. Sie ging zu Herstein, den brauchte sie jetzt. Die fahle Novembersonne, der Geruch nach Ölfarbe und Terpentin, die belebende Unordnung in seinem Atelier ließen von einer Sekunde zur nächsten alle Unsicherheit, alle Bedenken verschwinden.

Herstein betrachtete flüchtig ihre neuen Skizzen, die sie ihm wortlos vorlegte. »Wozu malst du eigentlich, wenn du dabei nichts fühlst?«, sagte er.

Instinktiv zog Franziska den Kopf ein. Wieder spürte sie, wie dieser Mann Macht über sie gewann und wie sie seiner Überheblichkeit schutzlos ausgeliefert war. Wieso ließ sie sich das gefallen? Wieso ließ sie sich von diesem Mann wie ein Schulmädchen behandeln? Alles in ihr sträubte sich dagegen, sich ihm zu unterwerfen, und doch wusste sie, dass sie bereits verloren war, verloren sein wollte.

»Woher willst du wissen, was ich fühle, wenn ich zeichne?«, sagte sie bockig. »Ich weiß nur nicht, wie ich meine Gefühle aufs Papier bringen kann! Mir fehlen die Ausdrucksmittel, die Techniken. Ich fange doch erst an!«

Herstein strich ihr übers Haar, ihre Wangen waren gerötet vor Aufregung. »Schau mal«, sagte er jetzt etwas liebenswürdiger, »bei einer Zeichnung kommt es gar nicht unbedingt darauf

an, dass sie in der Form perfekt ist, es kommt vielmehr darauf
an zu spüren, dass du etwas dabei empfindest. Man muss mer-
ken, dass alles in dir brennt, wenn du zeichnest, dass es dich er-
schüttert, dass du an deine Grenzen gehst!«

Sie saß auf dem Boden, er stand vor ihr: der Meister und seine gelehrige Schülerin.

»Franziska, ich weiß, dass in dir etwas steckt, aber ich will es
nicht erahnen müssen. Zeig es mir!«

Es klopfte an der Tür. Das Modell war heute überpünktlich.
Herstein stellte Franziska eine Staffelei auf und murrte, sie solle sich, wenn sie schon hier sei, an die Arbeit machen, dabei
aber keinesfalls sprechen.

Das Modell zog sich in Windeseile aus und stellte sich auf eine umgedrehte Holzkiste, die dürftig mit einem blauen Samt-
schal verkleidet war. Herstein veränderte ihre Armstellung, mo-
dellierte eine passende Handhaltung, als bewege er die
Gliedmaßen einer Gelenkpuppe. Er drehte den Kopf des Mäd-
chens ein wenig nach rechts und verlangte nach einem längeren
Hals, indem er mit seinem Zeigefinger von unten gegen das
Kinn stieß. Dabei war sein Gesichtsausdruck mürrisch, konzentriert und wie immer arrogant, was Franziska beeindruckte.

»Geh mit deiner Staffelei etwas weiter zurück und nach
links, sonst stimmt der Winkel nicht!«

Franziska folgte seiner Anweisung und begann zu zeichnen.

Als das Modell gegangen war, begutachtete Herstein Franziskas Arbeit. »Hab ich doch gesagt, dass in dir etwas steckt …
lass es kommen, lass zu, dass es kommt!«

Franziska war stolz und glücklich. Sie öffnete das Fenster,
beugte sich weit hinaus und rief: »In mir steckt etwas, wahrscheinlich ist's Talent!« Dann drehte sie sich lachend dreimal
im Kreise, schlang die Arme um Hersteins Hals. Zusammen
verloren sie den Halt und gingen zu Boden.

»Bleib, bleib, nicht bewegen!«

Herstein lag über ihr und betrachtete ernst, mit dem kriti-
schen Blick des Künstlers, ihr Gesicht.

»Weißt du eigentlich, dass du wunderschön bist?

Herstein ließ seinen Zeigefinger über den Flaum dicht an ihrer Ohrmuschel gleiten, dann über ihren Hals, ihre Brüste, hinunter zu der Stelle, wo er ihren Bauchnabel vermutete, und weiter hinab. Seine Hände entzündeten ein Feuer, Franziska wusste nicht, ob es eine Ohnmacht war, ihr Kopf grub sich tief in die Kissen und Polster auf dem Fußboden ein. Sie versank unter seinem schweren Atem, unter dem Gewicht seines Körpers. War es Wonne oder Qual? Sie bäumte sich auf, stieß einen Schmerzensschrei aus, aber ihre Gesichtszüge erzählten vom Paradies, von Glückseligkeit und Wollust. Eine Weile lagen sie bewegungslos, sie atmeten nicht mehr, das Blut stockte, die Erde stand still.

»Ich ... ich wusste nicht, dass du noch ... noch niemals vorher ...«, sagte Herstein nach langem Schweigen.

»Du musst nicht erschrecken, es war schön...«

Franziska schmiegte sich an seinen warmen, wuchtigen Körper, wie konnte sie ihm zeigen, dass sie es war, die alles von ihm wollte. Sie fühlte sich nicht als Opferlamm, das seinem Schlächter ausgeliefert war. Seine Lust war auch ihre Lust, sein Vergnügen das ihre. Herstein war verwirrt, setzte mehrmals an zu sprechen. Schließlich stammelte er:

»Du verblüffst mich. Ich dachte, dass du schon alle Erfahrung hättest. Du bist doch verlobt, du hattest doch ...«

»Pssst! Nicht sprechen. Frag nichts, sag nichts, Alles ist gut, so wie es ist!«

Es gab Momente, in denen Franziska ganz feierlich zumute war vor lauter Glück. Als sie gegen Abend Hersteins Atelier verlassen hatte und sich auf dem Nachhauseweg befand, kam ihr alles hell, in rötliches Licht getaucht vor, obwohl über der Stadt der graue, novemberliche Nebel hing. Mit hocherhobenem Kopf ging sie – den Mantel offen, das Haar schlampig mit zwei Kämmen hochgesteckt – die Straße entlang. Man sah ihr an, dass sie stolz war. Sie war stolz, weil sie sich jetzt als Frau ernst nehmen konnte, und weil sie die letzte Hürde genommen hatte, die eine Frau zu einer Frau macht.

4. KAPITEL

Zwei Wochen später stand Walter plötzlich vor Franziskas Tür, morgens gegen zehn. Franziska lag noch im Bett, als es klopfte. Er stellte seine Reisetasche ab, sie umarmten sich lange.

»Dass du hier bist! Ich freu mich so!«

Franziskas Freude war echt. Dass Walter da war, dass er seine Arme um sie legte, als wolle er sie vor der Welt schützen, gab ihr in jenem Moment ein starkes Gefühl der Sicherheit. Das Leben konnte ihr nichts mehr anhaben, Walter ist gekommen, um alles abzuwehren, was sie beunruhigte.

»So lange habe ich dich entbehren müssen und mich jede Minute nach dir gesehnt, mir ist die Zeit jetzt doch sehr lang geworden«, sagte er.

Von den vielen Zweifeln, die er in seinen Briefen beschrieben hatte, war nun, da er Franziska im Arm hielt, keine Rede mehr. In seinem englischen Tweedjackett und dem seidenen Halstuch wirkte er gar nicht mehr wie der überkorrekte Gerichtsassessor. Seine Bewegungen waren lässig, geradezu souverän, alles an ihm strahlte Selbstsicherheit aus.

Auch Franziskas Bedenken hatten sich ganz plötzlich in Luft aufgelöst. Der Gedanke, dass der Mann, den sie lieben wollte, sie mindestens genauso liebte und bewunderte, überschwemmte sie mit Wärme und Wohlgefühl. Ihm fühlte sie sich jetzt wieder zugehörig, bei ihm war sie zu Hause. Ihr war, als liebte sie ihn mehr als je zuvor, und für einen kurzen Moment meinte sie sogar, ihn zu begehren.

Walter war angereist, um die Weihnachtstage mit Franziska

in München zu verbringen. Er hatte sich in ein kleines Hotel am Englischen Garten einquartiert. Franziska zog gleich am ersten Tag zu ihm ins Hotel. Zum ersten Mal liebten sie sich. Sie selbst hatte dazu den Anstoß gegeben, weil sie glaubte, glauben wollte, dass nur auf diese Weise ihre Liebe besiegelt sei. Oder wollte sie eine Schuld abtragen, die sie in ihrem wilden Drang nach Freiheit und Ungebundenheit auf sich geladen hatte? Wollte sie – vielleicht ohne es zu wissen – an Walter wieder gutmachen, was sie ihm mit ihrer Leidenschaft für Herstein antat? Schließlich war sie mit Walter verlobt! Es rührte ihr Herz, wie er sich nach ihrer ersten gemeinsamen Liebesnacht im Bett aufsetzte und schüchtern ihre Hand küsste. »Bald sind wir für immer zusammen.«

Dennoch konnte sich Franziska nicht gegen die Bilder wehren, die sie vor Augen hatte, und von denen sie sich nicht befreien konnte: wie sie sich mit Herstein auf dem Boden wälzt, wie er sie auf sein Bett wirft, seine Hand, die über ihre Brüste gleitet, die Arroganz und Lüsternheit, das ständig Fordernde, die ungeheure Kraft und Überlegenheit.

»Franziska, sag mir endlich, wann wir heiraten. Ich will nicht mehr länger warten, ich will, dass du ganz mein bist.«

Nicht für den kleinsten Augenblick, so schien es ihr, konnte Walter auf den Gedanken kommen, dass sie ihrem Freiheitsdrang nachgeben und ihn hintergehen könnte. Er fühlte sich fest im Sattel, ahnte nicht, dass in ihr die Abneigung wuchs gegen seine Vorstellungen von der gemeinsamen Zukunft, gegen seinen stählernen Lebensplan. Je mehr er drängte und ihr enthusiastisch von der gemeinsamen Zukunft vorschwärmte, desto stummer wurde sie. Seine Naivität rührte sie und war ihr zugleich unheimlich. Er wusste so wenig von ihr! Bei all seiner Klugheit und Erfahrung war er doch auf erschreckende Weise ahnungslos. Aber vielleicht lag darin auch seine Stärke, vielleicht war er deshalb so unbeirrbar, beharrlich, zielstrebig. Und sie? Sie schwankte hin und her zwischen ihrer Achtung für Walter und unbezwingbarem, heftigem Verlangen nach Freiheit. Sie wich ihm aus, wenn er die Sprache aufs Heiraten

78

brachte, bat ihn, noch ein wenig Zeit verstreichen zu lassen, sagte ihm gleichzeitig, was er hören wollte: Ihn, nur ihn liebe sie. Doch in ihrem Innersten kannte sie sehr wohl die Wahrheit.

Gleich nach Silvester kehrte Walter zurück nach Hamburg. Immer wieder hatte er über den Hochzeitstermin sprechen wollen, aber jedes Mal war es Franziska gelungen, das Gespräch auf ein anderes Thema zu bringen oder sich auf andere Weise aus der Affäre zu ziehen.

Nachdem sie ihn zum Zug gebracht hatte und durch die eisklare Luft am Neujahrsmorgen vom Bahnhof zurück nach Schwabing lief, war sie wie erlöst. Sie brauchte Zeit, wollte Erinnerungen und Gefühle sortieren, ihre Träume ordnen. Sie dachte an früher, als sie den Neujahrstag jedes Jahr aufs Neue mit allerlei guten und wichtigen Vorsätzen und frommen Gelübden begonnen hatte. Damals hatte sie an diesem Tag die Illusion, das neue Jahr liege schneeweiß vor ihr, ohne die störenden Flecken, die hässliche Begebenheiten hinterließen. Zum Jahresbeginn war sie frohen Mutes, ihr Kopf war klar und frisch. Sie liebte diesen ersten Tag – Bruchstelle zwischen Alt und Neu –, gab sich ganz dem Wunschtraum hin, ihr Leben von Grund auf neu ordnen, ein neuer Mensch werden zu können. Alles, was ihr an ihr selbst nicht behagte, wollte sie ablegen und neue Ziele ins Visier nehmen.

Auch an diesem Neujahrsmorgen, als sie mit glatten Sohlen auf dem festgetretenen Schnee die Luisenstraße hinunterschlitterte, die Hände tief im wärmenden Muff vergraben, war sie zuversichtlich. Die Kirchenglocken läuteten das neue Jahr ein, und Franziska dachte immer noch darüber nach, ob es ihr wohl gelingen würde, selbst über ihr Leben zu entscheiden. Sie dachte an Walter und Herstein, ging ein Stück mit dem einen, dann ein Stück mit dem anderen, fühlte sich leicht und frei, weil sie so mühelos über die beiden verfügen konnte und weil doch keiner von beiden in der Nähe war. Ob es wirklich eine Notwendigkeit gab, sich zwischen diesen beiden Männern zu entscheiden? Warum sollte sie sich nicht ihr Leben mit beiden teilen? Jeder war etwas, was der andere nicht sein konnte. Am liebsten wollte

79

Franziska beide behalten, auf keinen verzichten. Walters Fürsorglichkeit, seine zuverlässige Liebe und das Gefühl der Sicherheit, das er ihr gab, und Hersteins rücksichtslose Männlichkeit, seine herausfordernde Überlegenheit, seine unverhohlene Gier.

Aber vorerst musste sie auf beide Männer verzichten, denn auch Herstein war über Neujahr weggefahren. So war Franziska einige Tage allein und konnte sich ungestört auf ihre Arbeit konzentrieren. Sie hatte ihr letztes Geld für Farbe und Leinwand ausgegeben. Jetzt blieb ihr nichts anderes übrig, als zu malen. Von morgens früh bis zum späten Nachmittag stand sie an der Staffelei, zeichnete oder malte, korrigierte und verwarf und hatte am Ende eines langen Arbeitstages meist nichts zustande gebracht, das vor ihr selbst bestehen konnte. Wenn sie mittags hungrig wurde, legte sie sich, sobald die anderen Malschüler fort waren, auf das kleine Holzpodest, auf dem morgens noch das Modell nackt und geduldig ausgeharrt hatte, aß ein Stück trockenes Brot und schlief ein. So überbrückte sie die Mittagspause, wenn die anderen ins Wirtshaus oder ins Café gingen. Die vierzig Pfennig für eine warme Mahlzeit konnte sie sich höchstens zweimal in der Woche leisten, an den anderen Tag schlief sie sich den Hunger weg oder trank Tee beim »Onkel«.

Walter gegenüber ließ sie natürlich kein Wort über ihre finanzielle Not fallen. Sie befürchtete, er könne eine Klage zum Anlass nehmen, sie erst recht zur Rückkehr nach Hamburg zu drängen, in sein geordnetes Zuhause, wo jeden Tag warm gegessen wurde, sogar zweimal. Sie zog um, nahm ein anderes Zimmer, ein noch kleineres, in dem gerade noch Platz für das Bett war. Die Staffelei musste zusammengeklappt in der Ecke stehen bleiben. Franziska sparte, wo sie konnte: Sie ließ die Schnürstiefel nicht neu besohlen, sie trank morgens nur noch selten Kaffee, sie hüllte sich in drei übereinandergelegte Wolldecken, um die Briketts im Ofen einzusparen. Gegen Monatsende, wenn überhaupt kein Geld mehr da war, saß sie mit den anderen oft stundenlang bei einem kleinen Bier im Wirtshaus, wo es warm und gemütlich war.

Walter ahnte nichts. Eigentlich hatte er keine Vorstellung von dem Leben, das seine zukünftige Frau als Künstlerin in München führte. Der Ton in seinen Briefen wurde fordernder, die Frage, wann denn nun endlich geheiratet werden könne, stellte er immer öfter. Vielmals war er ungehalten, warf Franziska Egoismus vor, dann wieder flehte, bettelte, drängte er. Sie antwortete regelmäßig und zuverlässig, was aber den Hochzeitstermin anging, wich sie aus, vertröstete, bat um mehr Zeit für sich und ihre Malerei. Immer wieder Ausflüchte: Jetzt noch nicht, warum alles überstürzen, wir sind noch jung, unser Leben fängt doch gerade erst an. Die banalsten und abgegriffensten Ausreden waren ihr gerade recht.

Dann kam Herstein zurück. Franziska brannte darauf, ihn so schnell wie möglich wiederzusehen. Sie stürmte die Stufen zu seinem Atelier hinauf, klopfte atemlos an die Tür. Er presste sie an sich, konnte nicht abwarten, bedeckte ihr Gesicht, ihren Hals mit Küssen, knöpfte ihr Kleid auf, löste ihr Haar, kniete vor ihr nieder, vergrub seinen Kopf zwischen ihren Schenkeln. Franziska wurde von einer Sturmflut überrollt, die alle Dämme niederriss, alle Bedenken wegspülte. Sie ergab sich, Widerstand wäre aussichtslos gewesen. Sie spürte sofort, dass sie dieser Leidenschaft nicht entkommen konnte, es nicht wollte.

Franziska blieb den nächsten Tag, die nächste Nacht, die nächste Woche bei Herstein. Sie kehrte nur ab und zu in ihr Zimmer zurück, auch um nachzusehen, ob Post von Walter da sei. Mit großem Eifer ging sie an ihre Arbeit. Sie versäumte keinen Kurs in der Schule und erlebte ihre größten Glücksmomente, wenn Hersteins Urteil milde ausfiel, er gar ein winziges Detail lobte oder einen kleinen Fortschritt feststellte. Mit Haut und Haar war Franziska in seinen Bann geraten. Sie war diesem Mann vollkommen ausgeliefert.

»Lass mich! Ich muss malen!« Herstein springt aus dem Bett, streift sich mit fahrigen, aggressiven Bewegungen seinen Arbeitskittel über und tritt an die Staffelei. Es ist vier Uhr morgens, und Franziska sitzt aufrecht im Bett, die Decke bis ans Kinn hochgezogen, verfolgt sie das Schauspiel halb belustigt, halb fasziniert. Alle Kerzen, alle verfügbaren Petroleumlampen werden in der richtigen Höhe und im richtigen Abstand um die Staffelei herum aufgestellt, damit die Leinwand von allen Seiten gut beleuchtet ist. Herstein will malen, wie noch kein Mensch gemalt hat, in den unglaublichsten Farben, mit ungestümem und doch luftig leichtem Pinselstrich. Mit zügellosen Bewegungen rührt er in den Farbtöpfen, bereitet seine Palette vor und wirft sich einen Stofflappen über die Schulter, zum Abstreifen des Pinsels. Alles ist vorbereitet. Mit dem Gesichtsausdruck eines Getriebenen tritt er an die Staffelei, setzt einen Pinselstrich, tritt zwei Schritte zurück, springt nach vorn, lässt den Pinsel in unkontrollierten Wirbeln über die Leinwand tanzen, nimmt wieder Abstand, zwei Schritte nach rechts, zwei nach links, schüttelt den Kopf, reißt sich das Wischtuch von den Schultern, reibt Farbe ab, setzt erneut an. Nach einer Weile tritt er wieder ein paar Schritte zurück, starrt lange schweigend auf die Leinwand, geht weniger schwungvoll an die Staffelei zurück, bringt ein paar Korrekturen an, übermalt sie wieder, hält inne. Sein Gesicht verfinstert sich, mit einem Wutschrei schleudert er den Pinsel gegen die Wand. Dann lässt er sich erschöpft auf einen Hocker sinken und sitzt lange schweigend und in dumpfer Verzweiflung da, bis Franziska zu ihm geht, ihn tröstet und ins Bett zurückholt.

Oft, wenn Herstein lange an der Staffelei gestanden und wieder einmal das absolute Kunstwerk nicht zustande gebracht hatte, gingen sie ins Café. Dann setzte er sich ans Klavier und improvisierte selbstvergessen. Er legte den Kopf zurück und schloss die Augen, hie und da brummte er mit. Franziska sah ihm fasziniert zu, wenn seine großen Hände über die Tasten glitten und lange melancholische Tonfäden spannen, wenn plötzlich aus den Basstönen heraus ein urgewaltiges Crescendo anschwoll und sich in hauchzartem Pianissimo verlor. Wenn er dann schließlich zu spielen aufhörte, hatten sich seine Gesichtszüge geglättet. Die scharfen Falten auf der Stirn und um seinen Mund waren verschwunden, und er setzte sich wieder neben

82

Franziska aufs Sofa, lehnte erschöpft, wie ein Kind, den Kopf an ihre Schulter und buhlte um ihr Lob und ihre Bewunderung. Immer mit Erfolg.

Dann begann der Fasching. Fasching! Als Norddeutsche wusste Franziska nicht recht, was es mit dem Fasching auf sich hatte, nur so viel, dass während der Faschingszeit ein paar Tage lang alle Konventionen aufgehoben waren und ganz München sich in ein Tollhaus verwandelte. Umso überraschter war sie, als sie am Faschingssamstag ins Café Luitpold ging und dort den »Onkel« und einige andere Freunde aus der Malschule wie immer beim Bier und im Gespräch vorfand.

»Ich denk, heute ist Fasching! Warum sitzt ihr hier herum, als wäre Karfreitag?«, sagte sie zu ihnen.

»Fasching ist etwas für Spießer, die sich verkleiden müssen, um über die Stränge zu schlagen!«

Die Runde war sich einig in der Verachtung schaler Vergnügungen, wie sie die braven Bürgersleute liebten. Aber heute wollte Franziska nicht nur sitzen und reden, sie war fest entschlossen, sich zu amüsieren, auch wenn es ihren Freunden spießerhaft erscheinen mochte, dass sie sich dafür ausgerechnet die Faschingszeit ausgesucht hatte.

Wie auf Bestellung kam plötzlich eine Gruppe weiß geschminkter Pierrots ins Lokal. Als hätten sie Franziska ihre Faschingslaune angesehen, kamen sie auf sie zu, umringten sie, zogen sie in ihre Mitte.

»Eine Königin im Gewand einer Gänsemagd!«, rief einer der Pierrots. »Dagegen müssen wir etwas unternehmen!«

Und schon begannen sie, Franziska auszustaffieren: Einer kramte einen Apfel aus seiner Tasche und reichte ihn Franziska. Jetzt noch ein Zepter, ein Spazierstock mochte dafür genügen. Und ein Pierrot zog, unter dem ohnmächtigen Protest des Kellners, eine karierte Tischdecke von einem der Tische und legte sie Franziska um die Schulter. Fertig war die Königin. Die Pierrots mimten den Hofstaat, knieten nieder, senkten in Ehrfurcht ihre Häupter.

»Erhebt euch, meine Freunde!«, rief Franziska. Sie ließ sich sofort auf das Spiel ein, genoss es, im Mittelpunkt zu stehen. Keinen Gedanken verschwendete sie mehr daran, was wohl ihre Freunde dort hinten in der Ecke des Lokals von alldem halten mochten.

»Einen Thron! Wir brauchen einen Thron!«

Franziska wurde auf einen Stuhl gesetzt und darauf unter großem Jubel auf den Tisch gehoben. Den Apfel in der Rechten, den Spazierstock in der Linken, majestätisch umhüllt von der Tischdecke regierte sie. Was immer sie verlangte, sofort wurde es von ihren Hofschranzen ausgeführt.

»Champagner!«, rief Franziska, und sofort gab ein Pierrot den Auftrag an den Kellner weiter, dem nicht viel anderes übrig blieb, als die Faschingsgaudi mitzumachen.

»Wiener Würstl! Senf! Und eine Flasche Obstler für die traurigen Ritter von der Karfreitagsrunde!« Franziska deutete zum Tisch der Faschingsverweigerer.

Irgendwann konnten auch Franziskas Freunde ihre Bedenken nicht länger aufrechterhalten. Es dauerte nicht lange, und das ganze Lokal war einbezogen in das Stück von der Königin und ihren Höflingen. Und im Mittelpunkt stand Franziska.

Das Café Luitpold war längst geschlossen, auch Franziskas Freunde waren schon nach Hause gegangen, da machte der Kellner einen letzten energischen Versuch, Franziska und ihre Mannschaft zum Gehen zu bewegen. Franziska war im Arm eines Pierrots eingeschlafen, die anderen hatten es sich auf Bänken und zusammengestellten Stühlen bequem gemacht.

»Leit, gehts hoam! Jetzt is endgültig Feierabend!«, rief der Kellner und klingelte ungeduldig mit dem Schlüsselbund.

Als sie im ersten Morgengrauen draußen vor dem Lokal auf dem Bürgersteig standen, flüsterte ein Pierrot Franziska ins Ohr: »Komm mit in mein Atelier!«

Sie sah seine Bartstoppeln, die sich durch die weiße Schminke gearbeitet hatten, die zerlaufenen schwarzen Konturen unter seinen Augen, sein Atem roch nach kalten Zigarren und Bier. Im weichen Schnee rutschten sie Arm in Arm die lange,

84

stille Straße entlang. Franziska war betrunken und selig, sie fühlte sich ungebunden und schwerelos, sie drehte sich, fiel hin, der Pierrot half ihr auf und klopfte ihr den Schnee aus den Kleidern. Dann hob er sie in die Höhe und warf sie wie ein Beutestück über seine Schulter. »Der Fasching ist meine Jahreszeit! Wenn es ihn nicht schon gäbe, so hätte ich ihn erfunden!«, rief Franziska. Mit dem Kopf nach unten hing sie über der Schulter ihres weiß geschminkten Beschützers, matt und kraftlos, aber glücklich.

In seinem Atelier tranken sie Kaffee aus einer kupfernen, leise sirrenden Kaffeekanne. Franziska war in seinen schweren, seidenen Hausmantel gewickelt, ihre zuvor eiskalten Füße steckten jetzt in groben Wollsocken und begannen, wohlig zu prickeln. Die nassen Haare waren in ein zum Turban geschlungenes Handtuch gewickelt. Der freundliche Pierrot hatte sie mit allem versorgt, was sie jetzt brauchte.

Franziska musste noch oft an diesen Morgen zurückdenken. Wie sie zusammen frühstückten und stundenlang redeten, wie sie ihm mit kaltem Wasser die weiße Schminke abwusch und wie langsam, Stück für Stück, sein Gesicht zum Vorschein kam. Wie er beim Abschied wortreich die Frage aufbrachte, ob er sich trauen könne, sie zu küssen, und sie ihm schließlich die Entscheidung abnahm, ihn küsste. Alles das war schwebend leicht, unbelastet von Vorgeschichten, ohne folgenschwere Konsequenzen. Und doch wusste sie genau, dass solche Leichtigkeit niemals von Dauer sein konnte, dass diese Unbekümmertheit zwangsläufig verloren gehen musste, wenn man mehr voneinander wusste, sich gegenseitig mit Ansprüchen lähmte, jeder dem anderen seine Glückserwartungen ins Herz zu brennen versuchte.

Es kam der Frühling mit schweren Stürmen, die alles Leichte fortbliesen, und Franziska spürte, dass ihre Leidenschaft für Herstein, die so gar nichts mit der schwerelosen Faschingsromanze gemein hatte, immer mehr von ihr Besitz ergriff. Sie war zerrissen zwischen Walters liebevollen Briefen und Hersteins launenhaften, egozentrischen Ausbrüchen. Eines Abends – Herstein malte wie besessen – zog sich Franziska zeitig zurück, denn es war ihr schon den ganzen Tag über nicht wohl gewesen. Sie legte sich ins Bett, starrte auf den abgerissenen Tapetenstreifen an der Zimmerdecke, versuchte sich zu konzentrieren, damit er sich nicht kreisend in Bewegung setzte, schaffte es nicht, drehte sich mit ihm, schneller, immer schneller, sie erreichte die Toilette im Hausflur nicht mehr, fiel auf den blanken Parkettboden und blieb liegen. Die Ohnmacht hatte nur wenige Sekunden gedauert, aber sie hatte in Franziska einen Verdacht geweckt, der in den nächsten Wochen zur Gewissheit wurde.

Panik, Angst, Unruhe. Franziska war nervös, hatte Mühe, sich auf ihre Arbeit zu konzentrieren, und war oft so zerstreut, dass die alltäglichsten Handgriffe ihr zu schaffen machten. Sie rauchte viel zu viel, trotz ihrer Hustenanfälle, die hartnäckig lange andauerten. Sie aß wenig, schlief unruhig, häufig war ihr übel. Ein Gedanke hatte sich in ihrem Kopf festgebissen: Welche Zukunft hatte ihre Liebe zu Walter noch, wenn sie ein Kind von Herstein erwartete? Was würde Herstein dazu sagen, wenn sie sich ihm offenbarte? Tagelang schob sie die vielen düsteren Gedanken in ihrem Kopf hin und her. Nachts wachte sie auf. Ihr wurde abwechselnd kalt und heiß, sie rang nach Luft, setzte sich auf, wischte sich mit einem Handtuch den Schweiß aus dem Nacken und trank Wasser in gierigen, lauten Schlucken. Eines Nachts holte sie sich Papier und Federhalter und begann zu schreiben: »Lieber Walter«, dann: »Mein geliebter Walter«, dann: »Walter, meine große Liebe«, dann: »Walter, Liebster, ich muss Dir etwas sagen!« Aber sie zerriss die Seite, zerknüllte die Fetzen, warf sich zurück in die Kissen, versuchte wieder einzuschlafen. In dieser Nacht war ihr klar, dass es keinen Ausweg geben würde. Sie befand sich in einem Tunnel, in den von beiden Seiten das Wasser lief und immer höher stieg. Manchmal schrie sie im Traum auf, wenn sie neben Herstein lag. Und wenn er sie fragte, was diese Schreie zu bedeuten hatten, wich sie aus, gab vor, ihren toten Vater auf der Bettkante gesehen zu haben.

Irgendwann fasste Franziska den Entschluss, Herstein zu sagen, dass sie schwanger war. Sie war bewegt und konnte kaum sprechen. Ihre Stimme zitterte, sie vermied es, ihn anzusehen. Fast körperlich spürte sie, wie er erschrak, wie hilflos er war und wie er sich von seinem Schrecken nichts anmerken lassen wollte. Wie ein Tiger im Käfig ging er in dem schmalen Raum ruhelos auf und ab. Auf einmal blieb er vor ihr stehen.

»Das ist schlimm genug, was soll jetzt werden?« Seine Augen blickten grau und kalt. Die Lippen presste er zu einem Strich aufeinander, und als er sie öffnete, schimmerten sie bläulich. Mit einer übertriebenen Geste strich er sich das Haar aus der Stirn. Franziskas Stimme bebte, alle Kraft musste sie zusammennehmen, um die Tränen zurückzuhalten.

»Ich werde Walter schreiben, dass alles zwischen uns aus ist, aus sein muss!« Kaum war der Satz ausgesprochen, beobachtete Franziska, wie in Herstein die Angst hochstieg, wie er immer unsicherer, kraftloser wurde. Zum ersten Mal sah sie ihn so, erbärmlich wie ein Käfer auf dem Rücken. Die ganze willensstarke Männlichkeit war mit einem Male dahin.

»Und dann?« Das war alles, was er herausbrachte.

Je mehr er zappelte, je mehr er ruderte und nach Fluchtwegen suchte, desto ruhiger wurde sie. Für einen kurzen Moment war ihr gar, als freute sie sich auf das Kind, als wäre da etwas Warmes, Liebes in ihrem Leib, das nur sie allein etwas anging.

»Was dann ist, weiß ich noch nicht«, sagte sie und lächelte. »Mit der Zeit wird sich schon irgendwie alles finden. Du brauchst keine Angst zu haben, dass du mich heiraten musst. Jedenfalls ist mir jetzt die Entscheidung Hamburg oder München abgenommen. Ich werde in München bleiben und mich irgendwie durchschlagen. Du brauchst mir nicht einmal dabei zu helfen.«

Herstein setzte sich neben sie, legte den Arm um ihre Schultern, säuselte sanft und liebevoll. Nun, da sie die Weichen gestellt und ihm die Entscheidung abgenommen hatte, konnte er sich wieder gelassen geben, war plötzlich ganz auf der Höhe der Situation: »Lass uns abwarten, Franziska, es wird sich schon alles finden. Und hundert Prozent sicher ist es ja noch gar nicht. Versuch, nicht daran zu denken, und geh an die Arbeit. Die soll das Wichtigste bleiben.«

Walters Briefe! Jedes Mal, wenn Franziska den Umschlag öffnete, fingen ihre Hände an zu zittern. Obwohl sie sicher war, dass er nichts ahnen konnte, flog ihr Blick nervös über die Zeilen, schnell bis zum Schluss, ob da etwas vom Ende ihrer Liebe, von Brüskierung oder Trennung stand, oder ob er schrieb wie immer. Aber die Briefe ließen keinen Verdacht erkennen, flehend und voller Hoffnung wie eh und je.

»Warum schreibst Du so selten? Warum gehst Du nicht auf das ein, was ich Dir im letzten Brief schrieb? Ist es Dir recht, wenn ich Dich in den Ferien besuche? Bist Du gesund und isst Du genug? Ich freue mich so, dass Du bald bei mir bist, dass wir bald zusammen sind. Für immer, unser Leben lang ...«

Wenn sie diese Briefe las, wurde Franziska das Herz schwer, als trüge sie einen Stein in ihrer Brust. Dann sehnte sie sich nach Walters warmer Stimme, seiner Hand auf der ihren, seinen freundlichen Augen. Dann überlegte, zählte, rechnete sie, ob sie ihn glauben machen könnte, das Kind sei von ihm. Schnell heiraten, Unterschlupf finden, alles würde gut! Niemals würde sie ihr Geheimnis lüften, Walters Verwandte würden bei dem Kind tausend Ähnlichkeiten mit den Lübkes feststellen, das Talent zum Malen hätte es natürlich von der Mutter sowie auch den Dickkopf! Auch Walter wäre von Anfang an der Meinung, dass das Kind ihm ähnlich sähe – und die beiden würden sich einander angleichen, vielleicht wäre sie bald selbst unsicher, ob nicht Walter der Vater war. Überlegungen solcher Art konnten Franziska für ein paar Minuten heiter stimmen. Aber dann wurde ihr Blick wieder düster, ihr Rücken beugte sich, und sie begann zu husten.

Ab und an war ihr schwarz vor Augen, alles flog im Kreis an ihr vorbei, sie konnte sich gerade noch festhalten, musste sich setzen. Manchmal war sie so schwach, dass sie den ganzen Tag im Bett blieb. Sie lag dann ganz still und meinte zu spüren, wie das Kind in ihrem Bauch rumorte. Dann schämte sie sich, dass sie noch eine Stunde zuvor nichts sehnlicher gewünscht hatte, als dass ihre schwache Natur und ihr schlechter Zustand der ganzen Sache ein schmerzhaftes, aber befreiendes Ende setzen mochte. An solchen Tagen wünschte sie sich, tot zu sein.

Wie viele Male sie ihren Abschiedsbrief an Walter begonnen hatte, wusste sie nicht mehr. Irgendwann schrieb sie ihn zu Ende, steckte ihn ins Kuvert, schrieb Adresse und Absender darauf und legte ihn auf ihre Straßenschuhe, damit sie keinesfalls vergaß, ihn bei der nächsten Gelegenheit zur Post zu bringen. Es war ihr schwer gefallen, die richtigen Worte zu finden, warum eine Trennung zwingend sei und sie in ihrem Leben einen anderen Weg einschlagen müsse. Sie sprach von Schuld und Verantwortung, von Demut und Schicksal. Tränen tropften auf das Papier, als sie ihren Schritt begründete. Aber den wahren Grund nannte sie nicht.

Ein paar Tage später saß Franziska im Zug nach Hamburg. Den Brief, der ihrem Leben eine andere Richtung geben sollte, hatte sie nicht abgeschickt. Stattdessen ein Telegramm an Walter: »Ankomme Dienstag 21 Uhr 45. Bitte hol mich ab. Ich liebe Dich. Franziska.«

Walter stand am Bahnhof, und gleich fiel Franziska auf, wie dünn und blass er war. Auch er machte sofort eine Bemerkung über die dunklen Ringe unter ihren Augen, verschwieg ihr aber, wie erschrocken er war über den Hustenanfall, der noch auf dem Perron so heftig an ihr zerrte. Sie krümmte sich, musste sich beinah hinknien, richtete sich wieder auf, zog ein wenig Luft durch die viel zu enge Luftröhre, riss die Schultern ruckartig nach vorn. Als der Husten nach ein paar Minuten abebbte, stellte sie sich kerzengerade hin und hakte sich bei ihrem Verlobten unter: »So. Jetzt bin ich da!«

Walter strahlte. »Jetzt ist es doch sehr schnell gegangen, dass du endlich bei mir bist«, sagte er und öffnete die Tür zu dem Zimmer, das er für sie hatte herrichten lassen. Aber Franziska wollte in dieser Nacht nicht allein schlafen, hatte sie sich doch in den Kopf gesetzt, ihr zerfleddertes Leben zu ordnen und im

Bett des Mannes zu schlafen, zu dem sie von jetzt an gehören sollte. Am nächsten Morgen war sie zufrieden, dass sie erreicht hatte, was sie hatte erreichen wollen: Walter glaubte, sie sei aus freien Stücken nach Hamburg gekommen, aus großer Sehnsucht und um seine Frau zu werden. Die erste Nacht neben ihm dauerte lange, der Morgen kam nicht, es wollte und wollte nicht hell werden. Sie hatten sich schüchtern geliebt, und Walter war schnell, mit einem zufriedenen tiefen Seufzer, eingeschlafen. Nicht im Traum hätte er gedacht, dass seine zukünftige Frau, die warm, weich und dicht an ihn geschmiegt neben ihm lag, sich das Gehirn, das Herz, die Seele zermarterte, dass sie Höllenqualen litt und ihr die Ängste das Atmen schwer machten. Es war nicht nur schlechtes Gewissen, was Franziska peinigte, es war die schneidende Angst, ihr verworrenes Leben würde plötzlich nicht mehr weitergehen, abbrechen, sich ins Nichts auflösen.

Am nächsten Morgen konnte Franziska nicht aufstehen. Bleich lag sie in den von Walter aufgeschüttelten Kissen und verlangte nach einem Glas Wasser. Walter schrieb ihren Zustand der anstrengenden langen Bahnreise zu und hielt mit weichen, vor Glück verschwommenen Gesichtszügen ihre Hand. Er tupfte den kalten Schweiß von Franziskas Stirn und kündigte an, nach einem Arzt schicken zu lassen. »Bitte, bitte, Walter, keinen Arzt!« Franziska setzte sich auf, der Schrecken stand ihr im Gesicht, sie fürchtete, ein Arzt würde den Grund ihres morgendlichen Unwohlseins herausposaunen, Walter womöglich noch mit anerkennendem Handschlag zu dem freudigen Ereignis gratulieren. »Es ist nur … der verdammte Husten … die Aufregung, dass ich jetzt hier bei dir bin. Es geht schon besser!«

Franziska stand auf und kleidete sich an. Vor dem Spiegel im Badezimmer rieb sie mit den Handflächen die blassen Wangen, bis sie rötlich, wenn auch etwas fleckig wurden. Sie rollte die Augen und schnitt Grimassen, um ihrem Gesicht die Fahlheit und die Blässe zu nehmen. Walter ging für eine Stunde in seine Kanzlei, um nach dem Rechten zu sehen – eigentlich hatte er Urlaub genommen.

»Vergib mir Walter, vergib mir!« Immer wieder flüsterte Franziska diese Worte vor sich hin. Sie stand am Fenster und starrte in die Dunkelheit. Walter saß im Zimmer nebenan am Schreibtisch über seinen Akten. Hersteins Bild drängte sich in ihren Kopf, der letzte wehmütige Blick auf dem Perron. Er hatte sie an den Bahnhof gebracht, wahrscheinlich um ganz sicher zu gehen, dass sie es sich nicht noch einmal anders überlegte und wirklich abfuhr. Und jetzt stand sie hier – in einer Woche Frau Lübke –, mit dem Kind von Adolf Herstein unter dem Herzen. In den Tagen, bevor Franziska zu Walter nach Hamburg aufgebrochen war, war Herstein nicht von ihrer Seite gewichen. Immer wieder hatte er auf sie eingeredet: »Du musst zu ihm. Er liebt dich, und du musst ihn heiraten! Ist es nicht besser, einer wird glücklich, als dass wir alle drei zugrunde gehen?« Und: »Bei mir kannst du nicht bleiben mit dem Kind«, und »Versprich mir, dass du dir nichts antust, damit machst du uns alle unglücklich«, und »Heirate ihn. Aber tu es für dich, nicht für mich«, und »Hasse mich nicht, wenn du an mich zurückdenkst!«

Nein, sie hasste ihn nicht. Im Gegenteil! Sie sehnte sich nach diesem Mann, nach seinen großen, kräftigen Händen, seiner drängenden Ungeduld, seiner Leidenschaft. Franziska verzieh ihm alles, sie warf ihm nichts vor, bewunderte ihn sogar für seinen ehrlichen Egoismus. Er hatte ihr gesagt, dass ein Kind in einem Künstleratelier, wo Großes von bleibendem Wert entsteht, keinen Platz hat. Es folgten Momente innerer Zerrissenheit, in denen sie Walter alles sagen und danach sofort verschwinden wollte.

Lautes Tellerklappern und Stühlerücken riss Franziska aus ihren Gedanken. Walters Familie wurde zum Tee erwartet. Sein Bruder, die Schwägerin und deren Mutter, die beiden Kinder. Eine große weiße Damasttischdecke wurde über den Mahagonitisch gebreitet, das feine Teegeschirr aufgedeckt, die silberne Teekanne noch schnell überpoliert, das Hausmädchen hatte Routine.

Beim Anblick der Buttercreme- und Himbeerschnitten, der

Petits Fours und Nußtortenstücke wurde Franziska wieder übel. Ihr war klar, dass sie sich nur retten konnte, wenn sie ihre Konzentration auf andere Dinge lenkte: auf den lachsfarbenen, fein gestärkten Spitzenkragen der Schwägerin zum Beispiel und das unanständig laute Schlürfen ihrer Mutter, das so gar nicht zu der eleganten, wenn auch biederen Erscheinung passte. Franziska konzentrierte sich auf Spuren von Ähnlichkeit in den Gesichtszügen Walters und seines Bruders. Obwohl sie sich eigentlich nicht ähnlich sahen, entdeckte Franziska viel Gemeinsames, manche Gesten schienen ihr auf geradezu lächerliche Weise übereinzustimmen. Auch Walters Bruder reckte hie und da den Zeigefinger, um seinen Worten Nachdruck zu verleihen, wie die Karikatur eines verknöcherten Dorfschullehrers.

»Wir freuen uns ja so, dass Walter nun endlich sein Lebensglück gefunden hat«, sagte die alte Dame und schlürfte wieder laut am Tassenrand.

»Ja, Franziska, herzlich willkommen im Norden, in Hamburg, im Kreise unserer Familie«, stimmte die Tochter mit ein. Das tat sie wohl ihrer Mutter zuliebe, denn von ihr erwartete Franziska eigentlich mehr als diese artige, konventionelle Empfangsformel.

Franziska mochte die Schwägerin und entschied auf der Stelle, sich mit ihr anzufreunden, auch um Walter eine Freude zu machen. Sie hatte die quadratischen Hüften ihrer Mutter und wache, listige Augen, die all das, was hier mit hanseatischer Schwerfälligkeit gesagt wurde, in Frage stellten.

»Bestimmt finden Sie es in Hamburg langweilig! Wenn man hört, was man in München so alles erleben kann …!«, hakte die Alte mit ihrer krummen Nase nach und piekte mit der Kuchengabel in die Himbeerschnitte. Die Art, wie sie bei dem Wort »bestimmt« über den »spitzen Stein stolperte«, amüsierte Franziska. Die zukünftige Schwägerin und ihre Mutter stammten aus Bremen, wo die feinen Leute so sprachen. Die beiden Kinder blieben artig und stumm, ihre Kragen waren für Franziskas Geschmack zu ausladend, ihre Schleifen im Haar zu steif und zu groß. Wenn sie sich über die Himbeerschnitten auf ihren Kuchentellern beugten, sahen sie aus wie Insekten, die zum wiederholten Male versuchten, eine rosa Blüte anzufliegen, um sich dann auf den schwankenden, samtigen Blättern niederzulassen.

Später, als Sherry, Portwein und Likör gereicht wurde und die Stimmung sich gelöst hatte, ging es Franziska besser. Nach dem dritten Glas Portwein konnte sie sich, wenn auch nur für einen kurzen Augenblick, zu der Illusion zwingen, hier ihre Ruhe, ihren inneren Frieden, ihre Heimat zu finden. Walter, der neben ihr saß, nahm ihre Hand, erhob sich, räusperte den Belag von den Stimmbändern und hielt eine kurze, nüchterne Ansprache, in der er verkündete, dass sie schon in zwei Wochen heiraten wollten.

»Ich habe den Termin so bald gewählt, damit mir nichts Unvorhergesehenes mehr dazwischen kommt ...«, fügte er trocken hinzu. Alle lachten, der kleine Witz war verstanden worden. Franziska erhob sich nun ebenfalls, Walter nahm sie in den Arm und küsste sie zärtlich auf die Wange. Alle waren zufrieden, selbst Franziska hatte mit einem Mal das Gefühl, dass sich alles regeln würde. Alles würde nun gut.

Walter hatte den Hochzeitstermin für den letzten Dienstag im Mai 1894 festgesetzt und zwar in Berlin. Zweimal sollte getraut werden: im Standesamt und dann in der Kirche. Es war auch Walter, der die kirchliche Trauung vorgeschlagen hatte, und Franziska sah ein, dass sie ihm wegen seiner gesellschaftlichen und beruflichen Position äußerst wichtig war. Sie willigte sofort ein und wunderte sich dabei selbst über sich. Ein Jahr zuvor noch hätte sie sich darüber lustig gemacht, hätte die Nase gerümpft über die »bigotte Spießigkeit und Verlogenheit einer kirchlichen Trauung« Aber sie hatte sich verändert. Die Angst in ihrem Körper, in ihrer Seele, in ihrem Kopf hatte sie weich und milde gestimmt. Vieles war ihr einerlei, eine Gleichgültigkeit, die Walter allzu gern als innere Umkehr auslegte, schien ihr manchmal das Leben zu vereinfachen, als wolle sie sich und den augenblicklichen Zustand, in dem sie sich befand, nicht gefährden.

Walter wunderte sich über Franziskas ungewöhnliche Sanftmut. Er war darauf vorbereitet gewesen, ihren ständigen Widerspruch gegen alles, was ihr augenblickliches Leben und seine Stellung verlangten, zu diskutieren. Fast vermisste er ihre gnadenlose Kritiksucht, ihre funkelnde Auflehnung, das ungeduldige Aufbegehren. Andererseits wollte er nicht daran rühren, es gefiel ihm, wie sie sich schnell in alles einfand, wie sie sich geschmeidig und leise in seinen Alltag einfügte: Frau Assessor Lübke mit allen gebotenen Tugenden, die seine gesellschaftliche Position diktierte. Und dennoch blieb ein Rest von Misstrauen. Manchmal sah er sie von der Seite an, hatte den Eindruck, dass sie eine spöttische Bemerkung zurückhielt, ihre Lippen höhnisch schürzend, sich aber sogleich in die milde Ausgangsposition zurückbewegte. Das Paar hatte sich in jenen Tagen ein wenig zurückgezogen, musste zuerst einmal seinen Rhythmus finden, die Grenzen nach außen abstecken. Walter beobachtete, wie Franziska sich mit verzweifeltem Ernst ihrer Malerei widmete, wie sie bereits morgens vor dem Frühstück an der Staffelei stand, wie sich ihr Gesicht aufhellte, sobald ihr ein Detail gelungen war. Das hatte er sich vorgenommen: Bei ihm würde sie malen dürfen, was in seiner Macht stand wollte er tun, damit sie sich nicht eingeengt fühlte, alles Schöpferische in ihr pflegen, liebevoll und ruhig, mit sanfter, möglichst nicht wahrnehmbarer Unterstützung.

An ihrem Hochzeitstag musste Franziska all ihre Kraft darauf verwenden, sich nicht anmerken zu lassen, wie es um sie stand. Die Maisonne tauchte die kleine Hochzeitsgesellschaft vor dem Standesamt in warmes, orangefarbenes Licht. Während der Predigt musste Franziska einmal kurz aufstehen, um an die frische Luft zu gehen. Sie flüsterte Walter zu, er solle kein Aufhebens machen, sie käme in zwei Minuten zurück. Vor der Kirche wurde ihr wieder schwarz vor Augen, sie lehnte sich an eine Säule und konnte durch kontrolliertes Atmen gerade noch eine Ohnmacht vermeiden.

»Lieber Gott, wenn es dich gibt, dann hilf mir jetzt!«, flüsterte sie und presste die schweißnasse Stirn an den kühlen Stein. Dann ging sie wieder zurück, gerade rechtzeitig, um die Trauformel zu sprechen. Alles Weitere erlebte sie im Zustand einer seltsamen Betäubung: strahlende Gesichter und viele heitere Worte, launige Reden am Kaffeetisch und anerkennendes Schulterklopfen – eine schöne, eine vorbildliche Hochzeit. Wie durch einen Schleier nahm sie alles wahr, was mit ihr und um sie herum geschah. Die beklemmende Angst stieg immer höher, in kurzen Momenten kam ihr zu Bewusstsein, wie unüberlegt und verantwortungslos sie handelte, aber da kam schon der nächste Hochzeitsgast und gratulierte – und erzwang das selige, dankbare Lächeln der Braut.

Die Schwägerin und Walters Bruder begleiteten das Brautpaar am Nachmittag ins Photoatelier. Der Photograph bestand darauf, dass Franziska für das Brautphoto einen Hut trug, denn sie hatte sich einige Tage zuvor das Haar ganz kurz zu einem Herrenschnitt schneiden lassen. Er fand, dass sich diese Frisur mit dem Bild, das er von einer richtigen Braut hatte, nicht vertrug. Auch Walter war schockiert gewesen, als sie mit dem neuen Haarschnitt, der in seinen Augen aus Franziska eher einen zwölfjährigen Gassenjungen als die glückliche Braut eines Gerichtsassessors machte, nach Hause gekommen war. Aber er hatte sich in der Gewalt, ließ kein kritisches Wort fallen. Im Photostudio lehnte Franziska alle Hüte ab, die man herbeischaffte, damit sie auf dem Hochzeitsbild eine gute Figur machte. »Ich will später einmal mein Gesicht sehen, wenn ich das Photo betrachte«, sagte sie, »und nicht einen geborgten Hut!«

In diesem Fall wollte Franziska einfach nicht nachgeben, auch wenn ihr die Schwägerin zu bedenken gab, dass sie sich später sicher darüber ärgern würde.

»Was werden eure Kinder sagen, wenn sie das Hochzeitsphoto ihrer Eltern betrachten, auf dem die Braut wie ein gerupftes Huhn aussieht!«, sagte sie. Sie lachte etwas zu laut und ein bisschen hysterisch über ihren Vergleich, die Umstehenden blickten betreten zu Boden.

95

Walter fasste sich als Erster. Er legte den Arm um seine Frau und rief: »Also ... bitte recht freundlich ... es geht los! Die Schönheit meiner Frau am heutigen Tage muss für die Nachwelt, respektive die Nachkommen, unbedingt festgehalten werden – mit Hut oder ohne ... die Schönste ist sie allemal!«

Das gesellschaftliche Leben in Hamburg bot Franziska kaum die Abwechslung, die sie auf andere Gedanken hätte bringen können. Hier ein Wohltätigkeitskonzert, in dem ein mittelmäßiges Kammerorchester von einem allzu gnädigen Publikum übermütigen Applaus bekam, dort eine kleine Einladung zum Tee oder zum Abendessen. Bei solchen Gelegenheiten zogen sich nach kurzer Zeit die Herren ins Rauchzimmer oder in die Bibliothek zurück und die Damen tranken Likör oder Schaumwein. Die dabei geführte Konversation langweilte Franziska entsetzlich.

Franziska war einsam. Mit niemandem konnte sie über Goya oder van Gogh, über Nietzsche oder den Münchner Fasching reden. Walter war fast immer in der Kanzlei. Wenn er abends nach Hause kam, fand er sie meist auf dem Sofa, einen Wollschal um den Leib gewickelt, mit blassen, müden Augen. Oder sie saß in dem leeren Zimmer, das jetzt ihr Atelier war, mitten unter ihren Malsachen und Skizzen, und sah vor sich hin.

Drei Wochen ging das so fort. Franziska schleppte sich vom Sofa zur Staffelei, von dort zurück zum Sofa. Sie hatte Schmerzen, in ihrem Unterleib tobte es, sie wurde immer schwächer. Ab und zu ließ Walter eine Bemerkung fallen, er mache sich Sorgen um ihre Gesundheit, sie solle sich nicht zu viel zumuten und nicht zu lange arbeiten. Franziska allein wusste, dass ihre Schwäche nicht vom langen Arbeiten kam, dass die Sorgenfalten auf ihrer Stirn, die Walter hin und wieder, in zärtlichen Momenten, mit seinem Daumen wegzustreifen versuchte, nichts mit missglückten Skizzen oder falscher Bildaufteilung zu tun hatten. Sie spürte einen dumpfen, aber deutlichen Schmerz in ihrem Unterbauch, einen Schmerz, der in Wellen kam und ging, der sie nachts fast um den Verstand brachte. Nachts, wenn sie an Herstein dachte und sich die sehnsüchtigen Gedanken an ihn verbot. Nachts, wenn sie sich wünschte, Hersteins Kind, das schwer wie ein Bleiklumpen in ihrem Leib lag, würde leben und ihr diesen Mann noch ein einziges Mal zurückbringen. Nachts, wenn sich Angst und Hoffnung die Waage hielten.

Es war an einem Freitag. Walter war früher als sonst aus der Kanzlei gekommen und hatte Franziska Pralinen und gelbe Rosen mitgebracht, das tat er manchmal freitags.

»Ach, es ist Freitag?«, sagte Franziska und roch artig in den Strauß hinein.

»Wenigstens spottest du wieder! Wie ich dich dafür liebe!« Walter hatte die kleine Andeutung verstanden, mit der Franziska sich über die Gleichförmigkeit des Tages- und Wochenablaufs eines Staatsbeamten lustig machte. Er mochte es, wenn sie stichelte und sich über ihn mockierte.

»Ja«, sagte er, »es ist Freitag, und ich habe eine Menge Arbeit aus dem Büro mitgebracht. Könntest du mir später etwas dabei helfen?«

Franziska schrieb für ihn den ganzen Abend lang. Walter diktierte, und sie schrieb. Ihre Schmerzen wurden von Minute zu Minute heftiger. Als sie es nicht mehr aushielt, sagte sie, sie sei müde und wolle zu Bett. Dann ging alles sehr schnell: Hundert Messer drehten sich in ihrem Leib, sie biss in ihr Kopfkissen, um nicht zu schreien, verlor die Besinnung, kniete, krümmte sich, warf sich zur Seite.

Dann kehrte Ruhe ein in ihren Leib. Sie lag ganz still, verfolgte mit den Augen das Pendel der Standuhr. Bewegen konnte sie sich nicht. Vor ihren Augen flimmerte und zuckte es; wenn sie versuchte, sie zu schließen, zitterten die Lider. Ihr Kopf, ihre Arme, der Bauch, nichts schien zusammenzugehören. Es hatte Tage gegeben, an denen sie es sich so sehnlich gewünscht hatte, dass sie das Kind verlieren möge. Aber jetzt, da sie befreit von dieser Last in die Zukunft hätte blicken können, war sie nur entsetzlich traurig. Noch nie in ihrem Leben hatte sie sich so unendlich traurig und einsam gefühlt; als hätte sie mit dem Kind ihr Zutrauen ins Leben verloren. Sie hörte Walter auf dem Flur, das Parkett knarrte. Dann war alles still. Eine Ewigkeit. Er stand vor ihrer Tür und rief ganz leise ihren Namen. Sie rührte sich nicht, stellte sich schlafend. Sie hörte noch, wie er im Arbeitszimmer die Fensterläden schloss und zu Bett ging. In dieser Nacht schlief sie nicht. Es war wieder eine dieser Nächte, die kein Ende nehmen wollten.

5. KAPITEL

Fast ein ganzes Jahr lang hatte Franziska in Hamburg stillge-halten, dann kehrte sie, am 18. Mai 1895, ihrem 24. Geburts-tag, nach München zurück. Wie eine Ewigkeit war ihr die Zeit vorgekommen, die sie als Assessorsgattin über sich hatte erge-hen lassen müssen – dann war es auch für Walter nicht mehr zu übersehen, dass sie von Tag zu Tag unzufriedener wurde. Nur noch selten verließ sie das Haus, kam ihren gesellschaftlichen Pflichten trotz der Bitten ihres Mannes nicht mehr nach. Wal-ter begann ihr Vorwürfe zu machen, sie sei kapriziös und ego-istisch, verschlossen und griesgrämig. Tagelang, wochenlang lag sie im Bett. Franziska fühlte sich elend, sie hustete, hatte starke Kopfschmerzen, oft tat ihr der ganze Leib weh. Selbst der Arzt wusste keinen Rat, sprach ganz allgemein von ihren angegriffenen Nerven und der schwachen Konstitution. Sie war zart und gebrechlich, alle Kraft schien ihr abhanden gekommen zu sein. Die ganze Zeit dachte sie an München, träumte von ih-rem Leben als Künstlerin in den Ateliers von Schwabing, der ersehnten Unabhängigkeit und den wilden, abenteuerlichen Helden der Kunst. Diese wussten zwar nicht, wie sie das Geld für ein warmes Abendessen zusammenkratzen sollten, aber von zukünftigem Ruhm, neuen Wegen und Stilrichtungen in der Kunst konnten sie phantasieren. Und bis tief in die Nacht mu-tige Theorien über den Realismus und die Ehrlichkeit in der Kunst schmieden, das konnten sie auch.

Nach langem Hin und Her hatte Walter endlich sein Einver-ständnis gegeben, dass Franziska zur Vollendung ihrer Malstudien noch einmal nach München zurückkehren sollte. Es war ihm nicht leicht gefallen, er hatte Sorge, dass er sich dem Gerede seiner Kollegen, vielleicht sogar dem Gespött der Nachbarn und des Personals aussetzen würde. Gleichwohl hatte er sich vorgenommen, Franziska aus ihrer Lethargie herauszuhelfen, weil er es nicht weiter mit ansehen konnte, wie der Glanz aus ihren Augen allmählich verschwand, die Schatten auf ihrem Gesicht immer grauer wurden.

»Dass du mich gehen lässt, dafür werde ich dich immer lieben«, hatte Franziska ihm beim Abschied gesagt und die Arme um seinen Hals geschlungen.

»Wenn du wüsstest, wie ungern ich dich gehen lasse«, hatte er hilflos erwidert, »... aber du musst mir versprechen, dass du die Zeit gut nutzen wirst, und ...« und Franziska fiel ihm ins Wort, um den Satz zu beenden: »... und die größte Malerin dieses Jahrhunderts wirst!«

»Ach, Franziska, das Talent dazu hast du, die Kraft wirst du sicher auch bald wieder haben, aber«, sagte er und sah auf einmal richtig verschmitzt aus, »... denk daran, dass die Zeit knapp ist, denn es sind nur noch fünf Jahre übrig in diesem Jahrhundert!«

Franziska hatte keine Lust, über so lange Zeit hinweg zu planen, weder ihr eigenes und schon gar nicht das gemeinsame Leben mit Walter. Sie wollte sich nicht in neue Zweifel stürzen, sie wollte jetzt nur an München denken, die strahlende, ganz nahe Zukunft.

In München ging Franziska als Erstes zu ihrem alten Freund aus der polnischen Malerclique, den sie den »Onkel« nannten. Sie klopfte an die Tür seines Ateliers.

»Hier bin ich wieder«, sagte sie und wartete ab, bis er sich von seinem Schrecken erholt hatte. Als er begriff, wer da vor ihm stand, fasste er sie um die Taille und drehte und schob und küsste sie.

»Lass dich anschauen, etwas blass und so dünn! Hat man dir da oben im Norden nichts zu essen gegeben? Sag, hast du viel gemalt?« Er holte die Wodkaflasche unter seinem Bett hervor und goss zwei Wassergläser bis zum Rand voll.

»Wir trinken auf dich, und dass du wieder da bist, und überhaupt ... dass es dich gibt!« Und – wie eh und je – passte er auf, dass sie ihr Glas in einem Zuge austrank.

Mit einem Glücksseufzer warf sich Franziska auf die Ottomane: »Wie schön, wieder hier zu sein! Endlich kann ich tun und lassen, was ich will. Keine Kontrolle und keine Vorhaltungen. So muss es im Himmel sein!«

»Na, dann fangen wir gleich an mit dem neuen Leben!«, sagte der »Onkel«, goss noch einmal ein, küsste Franziskas Handflächen, ließ sich neben ihr nieder mit einem Geräusch, das zwischen Ächzen und Jauchzen lag, und wurde wieder ernst: »Sag, kleine Gräfin, hast du viel gearbeitet? Kannst du uns was zeigen?«

»Ach, weißt du, ich war nicht so ganz gesund, immer wieder dieser schlimme Husten, diese ewige Atemnot ... Ich lag lange Zeit im Bett, hatte zum Malen keine Kraft. Aber das soll jetzt anders werden. Ich fühle meine Lebensgeister zurückkehren – ich brauche euch und die Münchner Luft, um mich wieder ganz in die Arbeit zu stürzen!«

Der »Onkel« blitzte sie mit zusammengekniffenen Augen an und sprach so leise, als ob er ihr ein Staatsgeheimnis anvertraute: »Sag mal, ist es wahr, was man sich erzählt, du hast also tatsächlich geheiratet? Und wie viele Babys hast du schon? Dieser Herr Lübke scheint ein mutiger Mann zu sein, das muss man ihm lassen – oder wusste er nicht, worauf er sich bei dir einlässt?« Und dabei lachte er berstend, als habe er eine Zote erzählt, wollte gar nicht wieder aufhören und goss sich noch einen kräftigen Schluck ein.

Franziska stand auf, ging zum Fenster und sah hinaus. Plötzlich drehte sie sich um, ihre Augen funkelten, sie wurde ernst. Franziska sagte leise: »Ich bitte dich, mach über meine Ehe keine Witze.« Sie sagte es in einem strengen, entschlossenen Ton, und der »Onkel« schluckte alles, was er an Lästerlichem noch parat hatte, hinunter.

Erst in diesem Moment hatte Franziska verstanden, dass sie sich während der nächsten Monate, die sie in München ohne Walter verbringen würde, auf einer spiegelglatten Eisfläche befand. Mit einem Mal sah sie deutlich, dass sie den Rausch der Freiheit, den sie hier auskosten wollte, auch bezahlen musste. Auf einmal war ihr klar, dass sie alles das, was Walter ihr gegeben hatte und für sie bereithielt, hier niemals bekommen würde. Schutz und Geborgenheit würden der Preis sein für die gewonnene Freiheit.

»Ach, du alter Onkel«, sagte sie jetzt sanft und setzte sich wieder neben ihn, »ich weiß ja selbst nicht, was ich will. Ich schwanke und taumele zwischen meinen Wünschen und Begierden. Was ich gestern herbeisehnte, kann morgen schon unwichtig sein. Ich tappe blind herum zwischen meinen Sehnsüchten. Übrigens war es Walter selbst, der mir vorgeschlagen hat, jedes Jahr für eine Zeit nach München zurückzukehren und weiterzustudieren. Ich glaube, er weiß sehr gut, wie es um meine Seele steht ...«

»Schon gut, schon gut, er kriegt einen Heiligenschein. Pardon – aber der Mann ist mir ganz egal! Wichtig ist, dass du wieder bei uns bist, denn ohne dich war es oft fad, kleine Gräfin!«

Am selben Abend noch stand sie vor Hersteins Atelier. Lange hatte sie nachgedacht, in sich hineingehorcht, ob sie es wagen könne, anzuklopfen und ihn wiederzusehen. Vor allem: ob sie das ohne seelische Verletzungen überstehen würde. Aber sie fühlte sich sicher: Da war nichts mehr, außer einem Rest von Neugierde und dem Wunsch, diese Geschichte endlich ganz zu ihrem Abschluss zu bringen.

Herstein öffnete die Tür in einem bordeauxroten Hausmantel. Fast mechanisch breitete er die Arme aus, um sie an sich zu drücken, dabei raschelte der schwere Seidenstoff, was seinen theatralischen Auftritt, seine pathetische Geste geräuschvoll unterstützte. »Du?« Er ließ die Arme sinken, schien auf einmal nicht mehr sicher, ob eine Umarmung angebracht war.

»Ja, ich.« Franziska lächelte milde.

Herstein fuhr sich mit gespreizten Fingern hektisch durch das störrische Haar. »Ich war auf deinen Besuch nicht vorbereitet ... das ist ja eine Überraschung ... nur ... es ist hier bei mir sehr unordentlich ... ich habe nicht aufgeräumt ...«

»Verzeih, dass ich so hereinplatze, aber ich hatte keine Ahnung, dass du aufräumst, bevor du empfängst.« Franziska konnte sich diese kleine ironische Bemerkung nicht verkneifen. Sie fand ihre Vorahnung bestätigt, die ihr den Mut zu diesem Besuch gegeben hatte: Dieser Mann, dem sie noch vor einem Jahr mit Haut und Haar verfallen war, dem sie – hätte er es erlaubt – sich selbst und ihr Leben geschenkt hätte, hatte seinen Zauber, seinen Glanz verloren. Und jetzt? Lächerlich, wie er dastand in seinem pompösen Mantel und vom Aufräumen sprach. Wie er sich drehte und wand, wie seine Augenlider nervös auf- und zuklappten, wie er ihrem Blick auswich. Er stand mit dem Rücken zur Wand, irgendetwas war ihm ganz augenscheinlich unangenehm. Viel kleiner kam er Franziska plötzlich vor, enttäuschend unscheinbar, hausbacken. Er wirkte mickrig und verkrampft, wenig war übrig von der strahlenden Männlichkeit, dem beeindruckenden, von keinem Zweifel erschütterten Selbstbewusstsein, seiner herrischen Überlegenheit. Wo war er geblieben, der Draufgänger, der wilde Haudegen, dessen starke Hand sie ehemals so fest um die Schenkel fasste? Beinahe schämte sie sich, dass sich ein ganzes Jahr lang alle ihre erotischen Gedanken an dieser windigen Figur emporgerankt hatten.

»Nun ja, wenn du unbedingt willst, dann komm herein«, sagte er, borniert und ängstlich zugleich.

Franziska konnte nicht mehr zurück! Sie wollte auch nicht, diffuse Neugier trieb sie weiter. Er half ihr aus dem Mantel, machte einige hölzerne Komplimente, spielte den Sorgenvollen, als er sie nach ihrer Gesundheit fragte und ihr fragiles Aussehen ansprach. Als sie sich umdrehte und vom Vorraum in den Atelierraum trat, sah sie mit einem Blick, was Herstein so nervös vor ihr hatte verbergen wollen. Er wohnte nicht mehr allein: Der Frühstückstisch mit zwei Tassen und zwei Tellern war noch nicht abgedeckt, eine Vase mit verwelkten Margeriten, heruntergebrannte Kerzen auf einem Kandelaber, Schuhe mit hohen Absätzen neben der Kommode, auf der Ottomane eine Strickjacke und ein kleiner Teddybär. Dass eine Frau bei ihm lebte, darauf war Franziska eigentlich vorbereitet. Was ihr aber dann das Blut in den Kopf trieb, war die Babywiege, die sie in der Ecke stehen sah, unter einem Mückenschleier verborgen, so dass sie ihr nicht sofort bei Betreten des Raumes aufgefallen war.

»Du hast ein Kind?«

»Franziska, ich wollte dir immer schreiben, aber ... Ja, ich lebe jetzt mit Dorothea zusammen, und wir haben ein Kind.«

Franziska versuchte ihre Mimik zu kontrollieren, nichts Tragisches wollte sie sich gestatten, Herstein sollte ihr nicht ansehen, was jetzt in ihrem Kopf ablief. Sie rechnete ganz schnell: Neun Monate plus etwa drei oder vier ... wann war sie selbst schwanger ... etwa zur gleichen Zeit, nein sogar vorher ... »Du kannst bei mir nicht bleiben mit einem Kind« ... »hier ist kein Platz für ein Kind« ... »versprich, dass du mich niemals hassen wirst.«

Hinter einem Vorhang, der an einem Seil quer durch den rückwärtigen Teil des Ateliers gespannt war, um einen zusätzlichen Raum zu schaffen, sah Franziska jetzt einen Schatten, der sich hinunterbeugte. Dann hörte sie das leise Glucksen eines Säuglings. Das war zu viel, ihr Herz, ihre Brust, ihre Seele explodierten. Sie rang um Luft, hustete trocken und hart, stützte sich an der Tischkante.

»Und mein Kind wolltest du nicht ... cochon!«, flüsterte sie, mehr zu sich selbst, aber laut genug, dass Herstein verstand. Er ging auf sie zu, wollte voller Mitleid seinen Arm um sie legen, atmete schwer, räusperte sich, um Zeit zu gewinnen, und suchte mit einem flehenden Blick hinauf zum Plafond nach passenden Worten.

»Ich muss gehen«, konnte Franziska gerade noch zwischen zwei krampfartigen Hustenanfällen herausbringen, »ich muss an die Luft!«

Ohne sich umzublicken, ohne Herstein noch einmal anzusehen, stieg sie die steilen Stufen hinab. Auf der Straße zündete sie sich eine Zigarette an, zwang sich zu einem Lächeln und dachte: »Das war's. Gottlob, das war's.«

Die ersten Wochen, die Franziska wieder zurück in München war, vergingen wie im Fluge. Fast täglich kam Post von Walter, und mit der Post kamen seine Vorwürfe und Bedenken und stürzten sie jedes Mal wieder in qualvolle Zweifel, ob diese Ehe nicht doch ein einziger großer Irrtum war. Den Zukunftsplänen, die Walter in seinen Briefen akribisch und schematisch wie auf dem Reißbrett entwarf, schenkte sie keine Beachtung. Sie interessierten sie nicht, und obwohl sie der Mittelpunkt dieser Pläne war, hatte sie das eigentümliche Gefühl, dass das alles mit ihr nichts zu tun hatte. Außerdem hatte sie keine Zeit, über die Zukunft nachzudenken. Sie musste ihr Leben organisieren, ein Dach über dem Kopf finden und sich in der Malschule Azbe zurückmelden.

Die Malschule des Herrn Azbe war in einem kleinen Holzhäuschen in der Georgenstraße untergebracht. Im Parterre befand sich das Atelier, das viel zu eng für die vielen Schüler war. Erst wenn einer seine Staffelei zusammenklappte und verschwand, wurde der eine Quadratmeter für den nächsten Schüler frei. Aus dem Atelier führte eine schmale Stiege hinauf zu der wackeligen Holzgalerie, von der eine Tür in das Schlafgemach des genialen Lehrers und Inhabers der Schule, des Professors Anton Azbe, führte. Als Erstes lernten die Schüler, sich morgens leise zu verhalten, damit Herr Azbe in seinem schweren Schlaf, in dem er den Alkohol der vergangenen Nacht verdaute, nicht gestört würde. Mit Jacke und Hose, oft sogar noch in seinem schwarzen Mantel mit dem pelzbesetzten Kragen lag er im Bett und schnarchte so laut, dass man es, wenn im Atelier alles konzentriert und still an der Arbeit war, bis nach unten hörte. Wenn er erwachte, vernahm man einen kurzen, dumpfen Schlag, dann nämlich, wenn er die Cognacflasche, aus der er einen Schluck genommen hatte, um wieder auf die Beine zu kommen, mit kraftlos schlaftrunkenem Arm auf den Holzboden zurückstellte.

Als Franziska das Atelier nach mehr als einem Jahr nun wieder betrat, hatte sie mit einem Blick gesehen, dass es absolut keinen Platz mehr für ihre Staffelei gab. Azbes Malschule war berühmt, bei Malschülern aus aller Welt äußerst beliebt und immer überfüllt.

»Wer zuerst kommt, malt zuerst, da gibt's auch für holsteinische Gräfinnen keine Ausnahme«, sagte Herr Azbe und hustete ihr seinen alkoholischen Brodem ins Gesicht. Er war eine Art verwitterter Zwerg, nicht größer als ein zehnjähriges Kind, das sich auf die Zehenspitzen stellt, wenn es mit einem Erwachsenen spricht. Aber Azbe redete so eindringlich, dass niemand wagte, auch nur eine Sekunde woanders hinzusehen als in seine schwarzen, wachen, herausfordernden Augen. »Komm in zwei Wochen wieder, Gräfin, aber bring deine eigene Staffelei mit!«

Azbe war ein hervorragender Lehrer. Um bei ihm malen zu lernen, verließen manche sogar die Akademie der Künste, die sich um die Ecke in der Akademiestraße befand. Bekannt geworden war er wegen seiner Korrigierstunden: Von hinten tritt er an den Schüler heran, lässt mit einer geschickten, immer wieder überraschend routinierten Bewegung den Schlitten der Staffelei fast einen halben Meter herunterfahren – das Bild jetzt auf seiner Augenhöhe – und beginnt seine Korrektur mit wenigen, oft brutal anmutenden Strichen. Die anderen Schüler haben inzwischen den Delinquenten und seinen Richter im Halbkreis umringt; kein Laut ist zu hören, nur das Schaben der Zeichenkohle auf der rauen Leinwand oder dem harten Papier. Mit ein paar groben Strichen hat Azbe es vollbracht: Ein Akt, der vorher über der Sitzfläche des Stuhles schwebte, sitzt jetzt darauf; eine männliche Figur, die gewichtslos durch einen Raum trieb, wird mit ihrer ganzen Schwere auf den Boden gestellt.

»Nämlich so!«, sagte er dann gewöhnlich in die Stille hinein, weswegen er in München der Professor Nämlich war, und trat zwei Schritte zurück, damit auch die anderen seine korrigierenden Striche begutachten konnten. Mancher Schüler ertrug diese öffentliche Kritik nicht, verließ still das Atelier und versuchte es woanders. Wer aber die Kraft hatte, diese Minuten der Demütigung auszuhalten und dann noch zu beherzigen, der konnte – so hatte es sich herumgesprochen – in dieser Schule mehr lernen als an so mancher angesehenen Kunstakademie.

Azbe selbst stammte aus Laibach in Slowenien. Seine Schüler kamen von überall, aus Amerika, aus Russland, aus Polen. Die Lustigsten, die Wildesten und Verrücktesten waren die Schüler aus dem Osten. Auch Herstein hatte Franziska in dieser Malschule kennen gelernt. Sie hatte sofort an seinen wegen des schwachen Herzens leicht bläulichen Lippen gehangen, wenn er mit weitausholenden Gesten die Texte von Nietzsche interpretierte. Besonders jene Passagen, in denen sich die Gedanken vom Übermenschen entfalteten, hatten es ihm angetan. Da hatte er ein Modell für sein eigenes Ich gefunden. Er glaubte zu wissen, wovon Nietzsche sprach, fühlte er sich doch selbst zum Übermenschen berufen.

Aber an Herstein wollte Franziska partout nicht mehr denken, obwohl in München vieles eng mit ihm verwoben schien. Jetzt wollte sie ihre Zeit nutzen, hatte sich vorgenommen zu malen, vielleicht auch zu schreiben – und vor allem sich zu amüsieren! Hinein in das Münchner Künstler- und Bohèmeleben! Bald war Franziska der von allen begehrte und bewunderte Mittelpunkt. Die Nächte waren lang, die Zimmer verraucht, es gab wenig zu essen, dafür viel zu trinken, so häufig wie die Betten wechselte sie die Männer. Franziska wollte alles auskosten, keine Gelegenheit versäumen, die neue Freiheit mit Haut und Haar zu erleben. Nicht an morgen denken! Nicht an ein »Wenn«, ein »Aber«! Die ewig nagenden Schuldgefühle, das klebrig zähe schlechte Gewissen, die Erinnyen der verhassten spießig-bourgeoisen Pseudomoral wollte sie aus ihrem Kopf, aus ihrem Herzen verbannen. Allein der Moment sollte ihr Leben regieren, Verantwortung übernahm sie nur für die Lust, verpflichtend war einzig, was die Begierde befahl. Endlich einmal drauflos leben, alles ausprobieren! Und wenn man ihr sagte, sie ginge zu weit, dann wollte sie noch weiter gehen und nicht zurückstecken. Endlich nur auf sich selbst hören, nur dem inneren Empfinden nachspüren, nicht voraus- und nicht zurückblicken. Ungestört, ungehemmt, aller Fesseln ledig.

Sie meinte es mit diesen Vorsätzen bitter ernst, auch wenn es manchmal strapaziös war, die waghalsigen Idealvorstellungen nachzuleben, die sie sich von sich selbst machte. Oft genug kämpfte sie gegen ihre andere Natur an, wenn am späten Nachmittag die Melancholie sie umfing, wenn sie sich nach Geborgenheit und Schutz sehnte und plötzlich gar nicht mehr wusste, wofür sie eigentlich lebte, wofür es sich lohnte, zu leben. Dann saß sie mit Tränen in den Augen am Fenster, ließ den Blick über die Hausdächer schweifen und fühlte sich heimatlos und verloren. Eines aber stand für sie trotz allem fest: Um keinen Preis wollte sie so werden, wie es ihr nach Stand und Herkunft vorbestimmt war – eine wohlerzogene junge Dame aus gutem Hause, die gewartet hat, bis ein Mann aus ebenso gutem Hause sie zur Frau nahm, dem sie Kinder schenkt, von denen man wiederum sagen wird, sie seien aus gutem Hause. Eine stille, brave Ehefrau, die sticken und kochen lernt, leise spricht und nicht zuviel, ständig darauf bedacht, ihre Gefühle im Zaume zu halten und die Contenance zu bewahren; eine, die sich nichts und niemandem ganz hingibt und sich niemals etwas vergibt und dann im Damenstift dem Tod entgegendämmert, bestenfalls mit einem guten Buch auf dem Schoß und dem Lorgnon auf der Nase!

Jeden Abend waren sie unterwegs: Franziska und ihre Freundin aus der Malschule, Helene von Basch, das »Baschl«. Sie streiften herum, gingen zu den Malern in die Ateliers, trafen sich im Café Luitpold oder im »Größenwahn« auf ein Bier, verabredeten sich mit ihren Favoriten aus der polnisch-russischen Malergruppe, unter denen Zeichner, Kunstgewerbler, Glasmaler waren, auch Paladine der neuen und viel Aufsehen erregenden Kunstrichtung Jugendstil. Manchmal gingen Franziska und das Baschl ins Lehr- und Versuchsatelier des Kunstmalers Wilhelm Debschitz, wo man in langen Nächten, oft bis zum Morgendämmern, über neue Ausdrucksformen in der bildenden Kunst debattierte.

Bei schönem Wetter schlossen sie sich den Malschülerinnen an, die mit Staffelei, Palette und Pinseln ins Grüne fuhren, um die Natur abzumalen. Man stieg mittags in den Zug und war eine Stunde später schon im Dachauer Moos oder am Ufer der Amper, in schönster Flusslandschaft. Oft wurde lange diskutiert, bis man sich auf einen geeigneten Platz einigte, die farbige Wiese, das rechte Motiv, dann ließ man sich endlich irgendwo nieder, am liebsten zwischen Waldesrand und einer Kuhweide oder auf einer kleinen Anhöhe, die den Blick auf die roten Dächer eines Dorfes freigab. Franziska und das Baschl hatten diese Nachmittage sehr gern, da konnten sie Muße und Ruhe finden. Oft waren die vorausgegangenen Nächte turbulent gewesen – hier in der Natur war es möglich, Gedanken und Erinnerungen zu sortieren und das Gehirn von so manchem Ballast zu befreien. Auch die Gespräche mit den anderen »Malweibern« waren Franziska wichtig. Die Freilichtmalerei bot vielen Künstlerinnen die rare Möglichkeit, sich beim Arbeiten auszuprobieren. Gemeinsam erprobten sie Strichtechniken und gewagte Farbkombinationen, hier sah ihnen kein Lehrer über die Schulter und kommentierte jeden Strich. Sie betrachteten gegenseitig ihre Bilder, gaben sich Ratschläge und waren glücklich, ganz unter sich zu sein, ohne Männer, ohne Lehrer. Kein Großsprecher, kein Besserwisser weit und breit.

Aber selbst an solchen Nachmittagen, wenn die Luft weich war wie Seide und der Himmel hoch und lilablassblau wie die Herbstzeitlosen, konnte sich Franziska nicht ganz befreien von den düsteren Gedanken, den unheilvollen, sich bedrohlich auftürmenden Ängsten in ihrem Herzen. Wie sollte es weitergehen mit Walter? Was würde aus ihrer Ehe werden, wenn sie ihm sagte, dass sie ihr Versprechen, nach Hamburg zurückzukehren, einfach nicht halten konnte? Mittlerweile war ihr klar, dass es kein Zurück zu Walter mehr geben würde, gleichzeitig waren die Erinnerungen an ihn zärtlich. Schon jetzt, wo Walter noch nichts ahnte von den inneren Kämpfen seiner Frau, da noch nichts ausgesprochen war, nichts zerstört, spürte Franziska bereits, wie sehr er ihr fehlen würde, wie verlassen und elend ihr zumute sein würde ohne ihn. Es graute ihr vor dem Moment, wo sie es ihm sagen musste. »Es ist aus, Walter, gib mich frei, ich liebe einen anderen, viele andere, ich will keinem mehr gehören oder allen!«

Das Baschl riet ihr, abzuwarten, nichts zu übereilen, die Dinge auf sich zukommen zu lassen. »Kommt Zeit, kommt Rat! Manchmal löst sich alles von selbst, man braucht gar nichts dazutun«, sagte das Baschl manchmal und: »Eine Lösung gibt es ganz bestimmt, und wenn es die schlechteste ist.« Sie hatte den Pinsel zwischen die Zähne geklemmt und blickte von ihrer Arbeit gar nicht auf. Für Franziska war das kein Trost. Sie verbot ihrer Freundin, so zu reden. Für sie selbst zeichnete sich die Zukunft immer klarer ab: Sie würde Walters Leben zerstören, er würde sie nicht verstehen können, selbst wenn er es wollte. Er würde sie hassen und verachten, und sie würde wie ein Tier darunter leiden. Franziska sah keinen Ausweg.

»Es mag sich ja manches von selbst lösen, aber meine Ehe löst sich nicht von selbst. Das muss ganz allein ich tun, und ich will nicht feige sein.« Franziska trat ein Stück von ihrer Staffelei zurück und begutachtete ihr Bild. Plötzlich packte sie es mit beiden Händen am Holzrahmen, lief, stolperte, rutschte die Uferböschung hinab, drehte sich in der Taille weit zurück, um kraftvoll auszuholen, und schleuderte ihr Werk in das schnell dahinfließende, graphitgraue Flusswasser. Das Baschl und zwei andere versuchten noch, hinter Franziska herzustürzen, sie zurückzuhalten, aber da schwamm die halbfertige grasende Kuh auch schon eilig davon und drehte sich sanft im Schatten des Schilfes am anderen Ufer.

»Und somit übergebe ich dich der Freiheit!«, rief Franziska ihrem angefangenen Werk hinterher und deutete einen kleinen Jodler an, den ihr vor ein paar Tagen die Russin beigebracht hatte. Sie hielt die Hände an den Mund und formte einen Trichter. »Geh unter oder amüsier dich!«, rief sie dem Bild hinterher.

Die anderen Malweiber lachten. Auch das Baschl lachte, aber es klang ein wenig unsicher. Einen Moment lang hatte sie geglaubt, Franziska könne dem Bild hinterher springen. Aber Franziska lag bereits bäuchlings im Gras und konnte gar nicht mehr aufhören zu lachen. Das Baschl stand mit gegrätschten Beinen über ihr, als wolle sie ihre Freundin an weiteren Kapricen hindern. Schon seit längerem war ihr bei Franziskas exzentrischen Eskapaden nicht ganz wohl. Es war, als wolle Franziska sich auf diese Weise von ihren dunklen Ahnungen und Ängsten ablenken. Sie konnte ganz abrupt eine kleine komische Szene improvisieren, die sie dann selbst mit einem fürchterlichen Höllengelächter quittierte. An jenem Nachmittag an der Amper hatte Franziskas beste, liebste Freundin das beunruhigende Gefühl, dass sich in Franziskas Leben etwas zusammenbraute. Sie konnte nicht sagen, was es war, und sie hoffte, dass alles ein Irrtum war, aber sie beobachtete die Freundin mit wachsender Sorge.

»Komm, Franziska, wir gehen nach Haus, bevor es dunkel wird.«

Als Franziska an diesem Abend in ihr kleines, düsteres Zimmer zurückkam, lag auf der Erde ein Brief, den ihr die Wirtin durch den Spalt zwischen Boden und Tür geschoben hatte. Ein Brief von Walter. Sie öffnete ihn nicht sofort, sondern legte sich, müde von der frischen Luft und den anstrengenden Malweibern, auf ihr Bett und rauchte eine Zigarette. Sie wusste, was auf dem feinen Briefbogen mit dem gedruckten Signet und dem edlen Wasserzeichen stehen würde, es war doch immer das Gleiche: Zu Anfang forderte er, sie solle bald zurückkommen, sie sei doch seine Frau, sie gehöre an seine Seite, er ertrüge die Einsamkeit nicht und schon gar nicht den Gedanken, dass sie in München von Männern begehrt und umworben sei. Dann erzählte er von seiner Arbeit in der Kanzlei und von der ein oder anderen Soiree in Hamburg, dann Grüße, Küsse, Umarmung, nochmals Sehnsucht.

Später wollte sie noch ausgehen. Sie ertrug es nicht mehr alleine in ihrem Zimmer, sie brauchte Ablenkung. In Walters

Brief hatte bis in die einzelnen Formulierungen genau das gestanden, was sie erwartet hatte. Nur der letzte Satz, das Postskriptum am unteren Rand der Seite, überraschte sie – mehr als ihr lieb war. Da stand nämlich: »Der Brief steckte schon im Kuvert, ich nahm ihn noch einmal heraus, um Dir anzukündigen, dass ich meinen Entschluss geändert habe: Ich werde nicht erst im Oktober, sondern schon nächste Woche meinen Urlaub antreten. Ich komme am Freitag nach M. Ankunft 15.12 Uhr. Hol mich bitte ab, alles Weitere dann! Dein W.«

Franziska drückte die Zigarette aus, setzte ihren Hut auf, legte den dünnen Wollschal um die Schultern und ging hinaus.

Leichter Nieselregen, die Gaslaternen in der Türkenstraße trugen Schleier. Es war schon ziemlich spät und kein Mensch auf der Straße. Auf dem Weg zum Café Stephanie überlegte sie immerzu, was Walter wohl bewogen haben könnte, bereits jetzt zu kommen und nicht erst im Oktober, wie verabredet. Sie sah Walters Gesicht, hörte seine Stimme. Sie sah sich selbst, auf dem Perron stehend, winkend, wie der Zug einfährt und er sich schon weit aus dem Fenster lehnt. Und dann steigt er aus, läuft auf sie zu und breitet die Arme aus, aber sie weicht zurück, immer weiter zurück, und er immer weiter auf sie zu mit ausgebreiteten Armen.

Der Regen wurde stärker. Franziska zog sich den Wollschal über den Kopf. »Ich kann nicht bei dir bleiben ... es geht nicht ... ich weiß, ich habe dein Leben zerstört«, flüsterte sie in den Wollschal, den sie unter dem Kinn mit eiskalter Hand zusammenhielt. Ihr Atem roch nach kaltem, abgestandenem Zigarettenrauch. »Es war ein Irrtum ... ich habe mich, du hast dich geirrt ... wir haben uns geirrt ... verzeih mir, ich kann nicht, es ist alles vorbei.« Franziska ging immer schneller, merkte gar nicht, dass sie längst am Café Stephanie vorbeigegangen war.

»Wohin geht die kleine Gräfin im Stechschritt so eilig?« Sie hörte jemanden hinter sich herlaufen. Jemand packte sie von hinten an der Schulter. Der »Onkel« war noch ganz außer Atem. »Ich saß am Tisch am Fenster und sah dich vorbeigehen. Wo willst du hin?«

Franziska wischte sich mit dem Zipfel des Schals die Tränen aus dem Gesicht. »Dich schickt der Himmel, Onkel! Komm, wir gehen einen trinken, heute habe ich Geld in der Tasche, wir bestellen Champagner und essen Schweinebraten mit Knödel!« Dabei nahm sie sein Gesicht in beide Hände und gab ihm rechts und links einen schnalzenden Kuss. Der »Onkel« war verdutzt.

»Was ist los, Fanny? Ist Geburtstag? Oder Hochzeitstag?«

»Na ja, so was Ähnliches! Jedenfalls gibt es was zu feiern! Man kann ja auch den Abschied feiern, man kann sogar die Trauer feiern!«

So sehr der »Onkel« auch mit seinen Fragen in sie drang, Franziska wich ihm aus, und so sollte er niemals erfahren, was es an diesem Abend im Café Stephanie zu feiern gab.

Alle sind sie da: die dickliche, weißhäutige Russin, die bei den Atelierfesten schwermütige Lieder singt, und der Jurastudent, den sie Rehböckchen nennen und der von seinem Vater jeden Monat einen dicken Scheck bekommt. Er darf mit den Bohemiens verkehren, denn allein er kann helfen, wenn einer in Geldnot ist. Und der Rumäne Tunajec mit dem ölig schwarzen Haar und der Lavallièrekrawatte sitzt da, er sieht aus wie Dante mit fünfundzwanzig. Jeden Abend kurz vor Mitternacht kratzt er im »Simplizissimus« für eine warme Mahlzeit die »Träumerei« von Schumann auf der Geige. Auch die eindrucksvolle baltische Gräfin, die an Hand- und Fußgelenken Goldkettchen mit höchstwahrscheinlich echten Brillanten trägt, und der dickleibige Konrad Wohl mit den Plüschaugen und den hoch gebogenen Wimpern. Seine Nase glänzt immer so ekelhaft, und seine Strichjungen werden von Mal zu Mal jünger. Auf dem Ledersofa in der Ecke sitzt Spela, die es so charmant verstanden hat, die Trauerfeier für ihren toten Mann mit einem Atelierfest zu verbinden. Neben ihr ihre Freundin Lotte, die nach dem achten Cognac in den Armen ihrer französischen Geliebten eingeschlafen ist. Leonhard Frank, der scharfe Beobachter, hat später oft hier am Tresen gestanden. Sobald man ihn ansah, blickte er schnell zur Seite oder zu Boden, denn er hasste es, beim Sezieren der Figuren ertappt zu werden. In seinem Roman hat er sie später alle beschrieben. Wenn er sich unbeobachtet fühlte, bohrten sich seine Augen indiskret tief in die Gesichter, in die Gesten, sogar in die Seelen hinein. An seinen Mundwinkeln vorbei liefen senkrecht zwei tiefe, lange Falten, die in seine Mimik etwas Allwissendes, auch Spöttisches legten. Zu gern hätte man seine Gedanken gelesen, zu gern hätte man erfahren, was er des Nachts in seinem schäbigen Zimmer am Tisch mit der trüben Petroleumlampe niederschrieb.

Als Franziska eintrat, klein, schmal, das Gesicht noch nass von Regen und Tränen, verebbten an einigen Tischen die Gespräche. Der »Onkel« stand hinter ihr und nahm ihr die Jacke und das Wolltuch ab. Über jeden, der hier verkehrte, kursierten viele Geschichten, unwahre und wahre. Auch über Franziska. Diejenigen, die sie hier schon öfter gesehen hatten, wunderten sich darüber, dass sie so unterschiedlich sein konnte: manchmal klein und verhuscht, durchsichtig und blass, dann wieder aggressiv und laut, beleidigend und anzüglich. Oder sie saß still in der Ecke auf der schwarzen Lederbank und wollte nicht angesprochen werden. Dann wieder war sie übertrieben leutselig und umarmte jeden. Und wehe, einer vertat sich oder erkannte nicht, wie sie heute zu behandeln sei. Dem konnte es passieren, dass er kurz und scharf von ihr angezischt wurde oder dass sie Hohn und Spott über ihn ausschüttete und er sich, aufs rücksichtsloseste öffentlich gedemütigt, seinen Umhang vom Garderobenhaken angelte und möglichst schnell davonmachte. Franziska ließ sich häufig von ihrer Laune regieren, und die Freunde um sie herum wurden mitregiert. Das war ausgesprochen amüsant und unterhaltsam, es sei denn, man wurde selbst zur Zielscheibe ihres beißenden Spotts.

Franziska und der »Onkel« setzten sich an den kleinen Tisch vorne am Fenster. Mit zittrigen Händen zündete sie sich eine Zigarette an und winkte Arthur, den Kellner, heran.

»Bring uns eine Flasche Champagner, aber gut gekühlt! Ich bezahle gleich, und der ›Onkel‹ ist mein Gast! Und dann bring uns noch zwei weiche Eier mit Butterbrot und Salz und Pfeffer!«

Aus ihrer Jackentasche holte sie ein kleines Lederbeutelchen, das sie mit einer rabiaten, trotzigen Geste auf den Tisch feuerte. An den Nachbartischen wunderte man sich, was wohl heute in sie gefahren sein mochte, aber keiner wagte zu fragen. Man merkte ihr an, dass irgendetwas nicht in Ordnung war. Nicht einmal der »Onkel«, der weiche Eier hasste, und der sich fragte, ob diese Bestellung Irrtum oder Absicht war, wagte es, Fragen zu stellen.

Arthur kam mit einem Tablett, auf dem er einen silberfarbenen Kübel mit der Champagnerflasche balancierte. Der Korken knallte, und die Gläser schäumten über.

»Was ist los mit dir, kleine Gräfin?« Der »Onkel« nahm Franziskas Hand und blickte sie besorgt an.

»Frag nicht soviel, du neugieriger Onkel, es geht wie immer um mein Leben, und darauf will ich mit dir trinken! Das ist alles!«

Franziska hob ihr Glas und leerte es in einem Zuge. Der »Onkel« war ratlos, er wollte jetzt keinen Fehler machen, vermied es, nachzufragen. Er hatte schon immer eine große Bewunderung für Franziska, und so schien es ihm gerade in diesem Augenblick richtig, sie mit einem geschickt formulierten, nicht zu dick aufgetragenen, aber kräftigen Kompliment zu unterstützen. Als ahnte er etwas von Franziskas Trennungsabsichten, sagte er: »So zart und zerbrechlich, wie du wirkst, Fanny ... und bist dabei so stark. Für einen Mann allein bist du viel zu schade, für einen allein hast du zu viel zu bieten, das kriegst du niemals zurück! Ich trink auf dich, du kleine holsteinische Gräfin!«

Der »Onkel« stand feierlich auf und prostete Franziska im Stehen zu. An den Nachbartischen wurde man aufmerksam.

Jene Nacht im Café Stephanie dauerte bis in die Morgenstunden. Der Kellner Arthur, Kreditgeber und Lebensretter, dem die Namen Nietzsche und Freud von dem nächtlichen Palaver genauso geläufig waren wie die seiner ewig säumigen Gäste, musste in dieser Nacht häufiger als sonst in sein kleines, zerschlissenes Heftchen notieren. Dieses Heftchen, das er zwi-

115

schen Hüfte und Hosenbund trug, war unter den Stammgästen im Bohème-Café Stephanie bestens bekannt, manchmal gefürchtet: Bei momentanen pekuniären Schwierigkeiten konnte man dort die Zeche des Abends anschreiben lassen und sich dann, alkoholisiert und sorgenfrei – oft schon unter dem vorwurfsvollen Gezwitscher der Vögel im Akademiegarten – auf den Heimweg begeben. War die Summe, die man schuldig war, allmählich bedrohlich angewachsen, so zog Arthur eine Augenbraue ein wenig nach oben – der betreffende Gast wusste dann, dass er gut daran tat, das nächste Mal zumindest einen Teil der Schuld zu tilgen. Arthur war aber äußerst diskret, niemals wäre ein forderndes Wort oder gar eine Rüge über seine Lippen gekommen, niemals hätte er einen seiner Gäste kompromittiert. Außerdem hatte Arthur ein weiches Herz. An jenem Abend spürte er, dass Franziska nicht einmal eine hochgezogene Augenbraue vertragen hätte. Sie hatte zwar ein wenig Geld in ihrem Lederbeutel, aber sie war heute auch hemmungslos freigebig.

»Ihr seid alle meine Gäste!«, rief sie zu vorgerückter Stunde und setzte sich auf die spitzen Knie des dankbaren Rehböckchens, »heute versaufen wir meine Miete für den nächsten Monat!«

»Genau …«, johlte der Nachbartisch, »… bei uns findest du immer ein warmes Bett … und statt Geld nehmen wir auch Naturalien!«, und schon floss der Champagner, schon schäumten wieder die Gläser über.

Auf dem Nachhauseweg, um halb sechs Uhr früh, als die Leute in der Türkenstraße schon auf dem Weg zur Arbeit waren und mit missmutig grauen Gesichtern und eingezogenem Hals die Frühstückssemmeln vom Bäcker holten, fasste Franziska den Entschluss, Walter sofort nach seiner Ankunft, ohne Aufschub und ohne Verzögerung, die Trennung vorzuschlagen.

Walter hatte im letzten Abteil des einfahrenden Zuges gesessen. Alle Fahrgäste hatten sich schon entfernt, und Franziska war erleichtert. Sie wollte wieder in Richtung Ausgang gehen, da

116

sah sie ihn ganz hinten auf dem Perron. Er lief mit ausgebreiteten Armen auf sie zu, den Mantel offen, der Koffer träge schaukelnd, kam immer näher, war da, vergrub seinen Kopf in ihren Hals, ganz außer Atem.

»Endlich! Endlich habe ich dich wieder!«

Franziska gab sich Mühe, nicht genauso steif dazustehen, wie ihr innerlich zumute war. Sie legte den Arm um seine Schultern und sagte: »Schön, dass du da bist, Walter.«

»Lass uns gleich zu dir gehen, ich bin doch neugierig, wo du wohnst … und außerdem … wir müssen erst einmal wieder … nach der langen Zeit, die wir uns nicht gesehen haben.« Er nahm seinen Koffer und ging zielstrebig dem Ausgang des Bahnhofs zu.

»Mein Zimmer wird dich enttäuschen«, sagte Franziska, »es ist klein und düster! Vielleicht gehen wir besser in den Hofgarten, das Wetter ist schön, also lass uns ins Café Tambosi im Hofgarten gehen!« Walter verlangsamte seinen Schritt, drehte sich um, stellte sich seiner Frau in den Weg und nahm sie in die Arme.

»Ich gehe mit dir, wohin du willst, die Hauptsache ist, wir sind zusammen und bleiben jetzt zusammen.«

Er flüsterte die Worte in ihr Ohr und küsste zärtlich ihren Nacken. Franziska machte eine abrupte Bewegung, um die glückliche Wiedersehensszene eines liebeshungrigen Ehepaars rasch zu beenden und schnell an einen Ort zu gelangen, der ihr geeignet schien, über Trennung zu sprechen.

Franziska hatte Angst. Im Café Tambosi bestellte sie, ganz gegen ihre Gewohnheit, einen Cognac und rauchte eine Zigarette nach der anderen. Walter betrachtete sie voller Sorge.

»Du brauchst Erholung, meine Liebste, genau wie ich. Wie gut, dass ich den Urlaub schon jetzt angetreten habe. Morgen nehmen wir den Zug und fahren nach Tirol zum Wandern. Die Pension in Bozen ist schon bestellt. Es sollte eine Überraschung für dich sein, deshalb musste alles so schnell gehen!«

Walter konnte nicht wissen, was jetzt in Franziska vorging: Blitzschnell änderte sie den Plan, mit Walter noch heute über

117

die Trennung zu sprechen. Sie sah sich mit ihm zwischen den Weinbergen nördlich des Gardasees herumspazieren, dort würde sie endlich Gelegenheit haben, offen und ausgiebig mit ihm zu reden. Sie hoffte, ihm dort vielleicht nicht so weh tun zu müssen, als wenn sie ihm heute Nacht, in ihrem schäbigen Zimmer auf der schmalen Ottomane, erklären musste, dass sie ihn nicht mehr liebte.

»Wie schön du dir alles ausgedacht hast, Walter. Ich freu mich sehr.« Sie sahen aus wie ein Liebespaar, wie sie da am Tisch saßen, sich die Hände hielten und in die Augen sahen.

Franziska ließ sich nichts anmerken. Immer wenn sie mit Walter zusammen war, so schien es ihr, durfte sie sich irgendetwas nicht anmerken lassen. »Ist das Zufall, oder ist es, weil wir so verschieden sind und uns nicht zeigen können, wie wir sind …«, dachte sie. »Das Versteckspiel muss ein Ende haben.«

Am nächsten Morgen saßen sie im Zug nach Bozen. Franziska hatte entschieden, mit Walter noch ein paar schöne, vielleicht sogar glückliche Tage zu verbringen, bevor sie ihm die peinigende Wahrheit sagen wollte. Fast genoss sie den Zustand, ihr Geheimnis noch ein wenig für sich zu behalten, sich jetzt noch, trotz aller Entschiedenheit zur baldigen Preisgabe, dahinter zu verschanzen. Sie wollte es auskosten, die glückliche, unkomplizierte Ehefrau zu sein, der jeder Wunsch von den Augen abgelesen, jede unausgesprochene Frage von den Lippen geküsst wurde. Sie schob die Angst vor dem endgültigen Gespräch beiseite, gewährte sich immer weiter Aufschub, um Walter seine wohlverdiente Erholung und ein paar friedliche letzte Tage zu schenken.

Walter und Franziska machten wunderbare weite Spaziergänge. Walter wusste alles über die verschiedenen Vogelarten, ihre Stimmen, ihren Flug, ihre Brutgewohnheiten, er wollte seiner Frau alles zeigen und erklären. Franziska machte ein interessiertes Gesicht, hätte aber viel lieber über Ibsens jüngstes Stück und Baudelaires neue Gedichte gesprochen. Sie dachte an das Café Stephanie, an die hitzigen Debatten, die ironischen Plänkeleien – all das fesselte sie weit mehr als Walters freundliche und beflissene Bemerkungen. Die Kluft zwischen ihnen war unüberbrückbar geworden; Walter in seiner liebevoll-altklugen Fürsorglichkeit kam ihr vor wie aus einer anderen Welt.

Wenn es regnete oder zu windig war, um hinauszugehen, blieben sie den ganzen Tag in ihrer Pension. Wie damals in Hamburg lag Franziska dann auf dem Bett, und Walter saß im Stuhl und las. Er machte sich Sorgen um ihre Gesundheit, nicht nur, dass sie andauernd hustete, sie krümmte sich manchmal, hielt die Luft an, um, wie sie sagte, einem Stich im Bauch auszuweichen. Walter besorgte unten bei der Wirtin eine Wärmflasche, die er ihr auf den Bauch legte, und streichelte ihre Stirn. Er wurde das Gefühl nicht los, dass sie sich vor irgendetwas fürchtete, vielleicht, so dachte er, hatte sie Angst, unheilbar krank zu sein.

»Sei ganz ruhig und atme tief durch«, sagte er in solchen Momenten, »wenn ich bei dir bin, kann dir nichts geschehen.«

»Wenn du bei mir bist! Und wenn du einmal nicht mehr bei mir bist ... oder ich bei dir?« Franziska hatte sich im Bett aufgesetzt, die Wärmflasche gluckerte.

»Was redest du, Fanny? Wenn wir uns haben, gehört uns das Leben! Noch nie habe ich mich dir so nah gefühlt wie gerade jetzt in diesen Tagen.« Walters Stimme klang fest, nicht der kleinste Zweifel, nicht die winzigste Unsicherheit war herauszuhören. Er machte es ihr nicht leicht.

Immer wieder versuchte sie, dem Gespräch eine Wendung zu geben, die es ihr erlaubt hätte, ganz natürlich auf das zu sprechen zu kommen, was sie bewegte.

»Ja, aber wenn einem von uns beiden etwas geschehen sollte, wenn das Schicksal uns auseinander brächte, so wie es uns zusammengebracht hat ...«

Walter war aufgestanden und ging jetzt im Zimmer auf und ab. »Man darf die Schicksalsschläge nicht herbeireden! Man muss seinem Herrgott auf Knien danken für jeden Tag, der so ist wie die, die wir augenblicklich erleben: Tage der Liebe, der Nähe, Tage ohne Zweifel und ohne Harm. Ich bin sehr glücklich, Franziska ...«

Franziska war nervös. Obwohl er sie mehrmals gebeten hatte, im Schlafzimmer nicht zu rauchen, zündete sie sich jetzt eine Zigarette an. Welche Richtung würde das Gespräch nehmen? Konnte sie es allein lenken, oder würde er es in die Hand nehmen, den Worten eine ungeahnte Wendung geben?

Gierig zog sie den Rauch ein, mit den gesprochenen Silben kamen die hellgrauen Schwaden zurück: »... und trotzdem wissen wir nie, wie es weitergeht! Wie könnte es die wichtigsten Werke der Weltliteratur geben, wenn die Menschen nicht immer wieder vom Unvorhergesehenen überrascht würden und darüber räsonierten, wie sich ihr Leben weiterentwickelt? Zum Beispiel verlassen sie jemanden, weil sie sich in jemand anderen verliebt haben ... oder ... weil sie ...«

Franziska stockte. Sollte sie jetzt, wo sie schon so weit gekommen war, alles sagen? Draußen war es fast ganz dunkel geworden. Sie sah nur Walters Umrisse, die scharf gezeichnete Nase, das energische Kinn. Walter fiel ihr ins Wort: »Was ist nur los mit dir? Willst du mir davonlaufen?« Nein, dachte Franziska, jetzt ist der Moment nicht günstig. Alles würde ins Kleinkarierte, allzu Banale abrutschen. Ich muss auf eine andere Gelegenheit warten.

Sie schwieg und war froh, dass es inzwischen im Zimmer so dunkel geworden war, dass er ihr nicht in die Augen sehen konnte. Er hatte sich auf die Bettkante gesetzt, sprach nah und leise in ihr Ohr: »Wenn du nicht mehr bei mir bleiben wolltest, dann müsstest du doch einen Grund haben. Ich jedenfalls würde dich nicht halten können, das weiß ich ganz genau!«

Franziska war müde. Das nahm sie zum Anlass für ihren Entschluss, diesen Abend ohne die enorme Anstrengung der bedingungslosen Ehrlichkeit verstreichen zu lassen.

»Ach, papperlapapp, alles Gerede. Dummes Geschwätz. Alles nur so dahingesagt. Weißt du was, Walter? Ich habe Hunger! Ein Glas roten Tiroler, ein Stück geräucherten Speck und ein frisches Brot dazu, das bringt uns auf andere Gedanken! Der Mensch muss ja schließlich auch mal etwas essen!«

Unten in der Wirtsstube war es laut. Die Bauern redeten in

einer Sprache, die den beiden fremd war, von Zeit zu Zeit lachten alle gleichzeitig. Franziska und Walter tranken viel vom roten Tiroler und fielen um Mitternacht schwer ins Bett.

Am andern Tag brachen sie früh auf zu ihrer letzten Wanderung. Sie wollten hinauf auf den Ritten, von dort aus hatte man den herrlichsten Blick aufs Bozener Tal. Die Nacht hatte Franziska schlecht geschlafen, sie fragte sich, ob sie überhaupt geschlafen hatte, ob es Gedanken oder Träume waren, von denen sie gejagt worden war: wie Walter am Boden kniet, die Hände zum Himmel gereckt; Walter, kalt und unnahbar, dreht ihr den Rücken zu und entfernt sich; Walter in Tränen, hilfesuchend um sich blickend; Walter, der sich hysterisch lachend auf dem Boden wälzt. Die ganze Nacht über waren diese Bilder hinter ihr her, trieben sie, verfolgten sie, packten sie von hinten. Heute, am letzten Tag dieser stillen, erholsamen Woche, musste sie ihm die Wahrheit sagen. Franziska konnte ihm nicht mehr in die Augen sehen.

Der Weg schlängelte sich zwischen Sträuchern und Gestrüpp steil hinauf. Walter ging mit dem kleinen Rucksack auf dem Rücken vorneweg, Franziska hinter ihm her, die Augen fest auf jeden Tritt geheftet, den er tat.

»Da, sieh, ein Bussard!« Walter drehte sich zu ihr um und deutete mit dem ausgestreckten Arm die Richtung schräg nach hinten an. Franziska wollte sich auch drehen, rutschte aber auf dem gerölligen Untergrund aus, verlor die Balance, trat ins Leere und stürzte ein Stück die Böschung hinab. Das Panorama drehte sich, verschwamm ihr vor den Augen.

»Fanny, was ist dir, hast du dir weh getan?«

Er kam auf dem Hosenboden hinter ihr her. Obwohl sie die Augen geschlossen hielt, spürte sie, wie besorgt er sie anblickte. Er schnallte den Rucksack ab, nahm ein Taschentuch, ließ etwas Wasser aus der mitgebrachten Proviantflasche darauf rinnen und legte es ihr auf die Stirn.

»Es geht schon, ist nicht so schlimm, geh du ruhig weiter, der Blick von oben muss berauschend sein«, sagte sie und drückte seine Hand. »Wir sind doch fast am Ziel!«

Aber Walter wehrte ab: »Nein, niemals lasse ich dich allein! Wenn du dich ausgeruht hast, sammeln wir deine Knochen ein und treten langsam und vorsichtig den Abstieg an.« Er legte seine Hand, die er zu einer weichen Schale geformt hatte, unter ihren Hinterkopf und sagte nichts mehr, damit sie ruhen konnte.

»Walter, du bist so lieb. Nur ... ach, es ist so schwer ...«

Nein, jetzt nicht, jetzt konnte sie es ihm nicht sagen. Sie hätte ihn gezwungen, seine Hand unter ihrem Kopf hervorzuziehen und allein in Trotz und Schmerz den Abstieg zu beginnen, oder hätte er aus Rücksicht auf ihren Zustand die Hand unter ihrem Kopf liegen lassen sollen? Sie verschob das Gespräch auf den Abend. »... es ist so schwer aufzustehen. Ich hab gar keine Kraft. Lass mich noch ein wenig ausruhen, bevor wir hinuntergehen.«

Sie hatten das Fenster geöffnet. Franziska lag in Kleidern und Schuhen auf dem Bett, Walter stand am Fenstersims und blickte hinaus auf das Beet mit Monatsrosen vor dem Haus. Die Abendluft war mild und etwas feucht, von fern hörte man Schafe blöken. Das Licht im Zimmer veränderte sich von Minute zu Minute, die Abendsonne verschwand langsam hinter der Bergkuppe vor ihrem Fenster.

»Ich will dir eine Geschichte erzählen, Walter, und ich will wissen, was du darüber denkst. Es ist eine Geschichte, die mir das Baschl erzählt hat und die mir nicht aus dem Kopf gehen will.«

Franziskas Gesicht lag schon im Dunkeln. Sie sprach leise und ruhig. Bei jedem Wort fürchtete sie, ihre Stimme könnte heiser werden, ins Zittern geraten oder vollkommen versagen. Walter sah wie gebannt auf den Schatten der Bergkuppe, der auf dem Rosenbeet lag, er hörte aufmerksam zu. Plötzlich unterbrach er sie mit einer Frage, die er, ohne sich umzuwenden, zum Fenster hinaus stellte: »Und er, von dem sie schwanger war, liebte er sie denn nicht?«

Franziska sprach jetzt schneller. »Der muss wohl einer gewesen sein, der nur an sich dachte, der so sehr in sich selbst und seine Kunst verliebt war, dass er nichts anderes wahrnahm. Sie war selbst schuld, sie war blind vor Liebe, sie war seine Sklavin. Sie dachte weniger an sich und ihr Kind, als nur an ihn und seine Zukunft als Künstler, an ihn und seine Freiheit, die er brauchte, um als Künstler zu reüssieren. Ihre Heirat kurz darauf war eine Verzweiflungstat. Sie kannte ihren Ehemann ja kaum, hatte wenig mit ihm gemein, er war ihr fremd, fast gleichgültig. Aber mit der Zeit wuchs ein tiefes, warmes Gefühl in ihr für ihren Mann, sie begann ganz langsam, ihn zu lieben. Natürlich ganz anders als den anderen, nicht in voller Selbstaufgabe, nicht mit dieser körperlichen Gier, nicht leidenschaftlich und unterwürfig. Aber tief und ehrlich. Diese Liebe war das, wonach sie sich immer gesehnt hatte, obwohl sie das andere in ihrem Innern, das Wilde, das Heftige, nicht wirklich bändigen konnte, vielleicht gar nicht wollte. Sie wurden als Ehepaar einigermaßen glücklich. Kurz nach der Hochzeit verlor sie das Kind, sie war ganz allein, und niemand hat je davon erfahren, auch nicht der Ehemann. Sie schämte sich vor sich selbst, meinte, sie sei zu einem Teil schuld am Tod des Kindes in ihrem Leib. Sie war verzweifelt.«

Franziska hörte, wie ihr Blut tobte. Der Puls, das Herz – alles in ihr klopfte, als müssten die Adern bersten. Walter wollte mehr wissen, fragte, urteilte, hatte Verständnis für das arme Geschöpf, dessen traurige Geschichte Franziska ihm erzählte. Franziska fuhr fort: »Und dann hat sie den anderen wiedergesehen. Er lebte inzwischen mit einer Frau zusammen und hatte ein Kind mit ihr. Sie hatte nichts davon geahnt, bis sie vor der Wiege in seinem Atelier stand. Da brach alles in ihr zusammen. Sie war tief getroffen, dass er ihr Kind nicht gewollt hatte, sie fühlte sich wie ein angeschossenes Tier. Um ihre Trauer zu lindern, um sich zu zerstreuen und nicht dauernd daran zu denken, ließ sie sich mit mehreren Männern ein, einfach so, ohne tiefes Gefühl, ohne Liebe, eher aus erotischer Begierde, vielleicht sogar zum Zeitvertreib. Das Amoralische in ihr lockte sie, aber sie war unglücklich dabei. Und dann kam der Moment, wo sie ihrem Ehemann alles sagen und sich von ihm trennen wollte.«

123

Franziska redete noch lange. Mit ihren Worten zwang sie Walter, sich mit ihr zu identifizieren. Bis in die Einzelheiten sollte er fühlen, was ihr, dieser Frau widerfahren war. Ihre ganze Redekunst setzte sie daran, ihm in allen Details das Unglück dieser Frau zu schildern, damit er verstand, wie sie litt. Er sollte mit in die Tiefen ihrer Gefühle hinabsteigen und begreifen, dass es Gewalten gab, die eine Frau in etwas hineintreiben konnten, vor dem es schließlich kein Entrinnen gab.

Eines allerdings hatte sie dabei nicht bedacht: dass nämlich die Entschlüsselung der Geschichte alles mitfühlende Verständnis wieder zunichte machen könnte, dass alle Anstrengungen, Walter die Motive dieser Frau begreiflich zu machen, auf einen Schlag hinfällig würden, sobald er erfuhr, dass sie selbst diese Frau war. Noch klammerte sie sich an die Illusion, Walter könne die Trennung akzeptieren, ohne dass es zwischen ihnen wirklich zum Bruch käme.

Es war jetzt ganz dunkel im Zimmer. Walter zündete eine Kerze an. Die Flamme flackerte nervös; ein plötzlicher warmer Wind kündigte ein nächtliches Gewitter an. Franziska hatte sich in ihrem Bett aufgesetzt. Walter stand wieder am Fenster und blickte hinaus auf das Rosenbeet, über das sich inzwischen die schwarze, feuchte Nacht gelegt hatte. Sie wollte und konnte die Auflösung ihrer Geschichte nicht länger hinausschieben. Sie war am Ende ihrer Kräfte, konnte die Anspannung nicht mehr ertragen.

»Walter, unsere Reise geht morgen zu Ende, morgen geh ich fort von dir.« Er drehte sich um und hielt sich am Fensterbrett fest.

»Ja«, sagte er tonlos, und dann, als wolle er eine unerwünschte Ahnung verscheuchen: »Aber vielleicht bleiben uns noch ein paar Tage, wenn ich von meiner Dienstreise wieder zurück bin.«

»Walter, verstehst du denn nicht?«

Franziska hatte sich auf die Bettkante gesetzt. Jetzt stand sie auf, stellte sich vor Walter hin, straffte sich und sah ihm in die Augen. »Es bleibt uns kein Tag, Walter. Ich geh für immer fort von dir!«

Walter wich ihrem Blick aus, seine Wangenmuskeln bewegten sich, er biss die Zähne aufeinander, mahlte mit dem Kiefer, warf wie unter Schmerzen den Kopf ruckartig zurück.

»Bist du verrückt? Was ist … wie … wieso …?«

»Walter, versteh doch endlich! Die Geschichte, die ich dir erzählte, war meine eigene Geschichte!«

6. KAPITEL

In den darauffolgenden Monaten lag Franziska krank im Bett. Mal zu Hause, dann wieder einige Wochen im Krankenhaus Josephinum oder auch bei Freunden, wenn sie zu schwach war, sich um sich selbst zu kümmern. Sie hatte mehrere Operationen über sich ergehen lassen müssen, ihr Unterleib war Brutstätte permanenter, hartnäckiger Schmerzen. Ihre seelische Verfassung war labil, ihre Stimmung schwankte ständig. Dazwischen gab es helle, hoffnungsvolle Tage, an denen Franziska glaubte, alles in ihrem Leben würde sich von selbst zum Guten wenden, wenn sie genesen und sich von der lähmenden Schwächung endlich erholen würde. Aber meistens fühlte sie sich einsam, war deprimiert und missgestimmt, sah keinen Ausweg aus ihrem Dilemma. Sie hatte jetzt viel Zeit, über ihr Leben, ihre Zukunft nachzudenken. Sie war erst fünfundzwanzig, trotzdem fühlte sie sich manchmal, als läge alle Zukunft bereits hinter ihr und sie dämmere, fest eingewickelt wie eine Mumie dem Jüngsten Tag entgegen.

Manchmal kam Besuch. Das Baschl, der »Onkel«, ein paar Malerfreunde. Wenn es ihr einigermaßen gut ging, konnten sie ihr aufhelfen, das Kissen aufschütteln und von der Welt außerhalb des Krankenzimmers erzählen. Oft durften sie nicht länger als zehn Minuten bleiben, dann sackte Franziska in sich zusammen, das zarte Rosa verschwand von ihren Wangen, die Augenlider wurden ihr schwer. Sie hatte genug, wollte mit ihren Gedanken allein gelassen werden oder sich auf ihre Schmerzen konzentrieren, und alles andere wurde unwichtig.

Die letzten Stunden mit Walter in Südtirol hatten sich tief in ihr Gewissen eingegraben. Manchmal dachte sie, dass sie sich deswegen von der körperlichen Schwächung nicht erholen konnte. Wie sie es selbst vorausgesehen hatte, saß ihr die Trennung von Walter wie ein immerzu schmerzender Stachel im Fleisch. Ihre Seele lag bloß, ihr Körper hielt nur durch ein Wunder den schweren operativen Eingriffen stand. Wenn sie nicht im bleiernen Morphiumschlaf dämmerte und ganze Tage und Nächte in Agonie an sich vorüberziehen ließ, lag sie still da, klammerte sich mit den Augen an die vertrauten Muster, die durch Unebenheiten und Flecken an der Zimmerdecke entstanden waren, und stellte sich vor, wie schön es mit Walter hätte sein können. Sie träumte sich zurück in die Zeit, als sie behütet war und gebraucht wurde, als sie noch wusste, wohin sie gehörte. In solchen Momenten vergaß sie ganz, wie unglücklich sie in Hamburg gewesen war, wie eng und bieder ihr alles vorgekommen war. Aus der Erinnerung konnte sie vieles verbannen. Gedanken, die sie jetzt nicht denken wollte; etwa, wie sie damals darauf brannte, jenem maßvollen, gleichmäßigen Leben zu entkommen und sich ein Leben nach ihrer Fasson und Lust einzurichten. In solchen Momenten verweigerte sie sich die Erinnerung daran, wie weit sie sich von Walter und seiner betulichen Fürsorge bereits entfernt hatte, wie tief der Graben zwischen ihnen schon geworden war, wie er ihr mit seiner Disziplin auf die Nerven ging und wie sie sich, sobald sie mit ihm zusammen war, nach anderen Männern und einem anderen Leben sehnte. Aber wenn sie so schwach und jammervoll im Bett lag und die Schmerzen ihr keine Ruhe ließen, sah sie in Walter nur den einen: den schützenden Ehemann, der hinter ihr stand und ihr den Rücken freihielt, der sie liebte und bewunderte, ihr alles nachsah, alles verzieh. Alles?

Nein, alles hatte Walter ihr nicht verziehen. Die Trennung nicht, die konnte er ihr nie verzeihen. Das Schlimmste war, dass er bis zum Schluss nichts geahnt hatte, vielleicht auch nichts hatte ahnen wollen. War es Mangel an Feingefühl und innerer Zuwendung, oder war es zu seinem eigenen Schutz, dass er die leisen Klopfzeichen nicht wahrgenommen hatte, mit denen Franziska ihm zu verstehen geben wollte, was sich in ihrem Kopf schon seit langem festgesetzt hatte und schließlich zum unumstößlichen Entschluss geworden war. Hatte sie nicht wiederholt versucht, ihn in ihren Briefen, durch gelegentliche Bemerkungen, darauf aufmerksam zu machen, dass sie anders war, als er sie wollte, dass sie ein Leben ansteuerte, das mit dem seinen nicht vereinbar war? Und er? War er wirklich völlig ahnungslos gewesen, oder versteckte er sich hinter dieser Ahnungslosigkeit – vielleicht sogar aus Bequemlichkeit? Oft fragte sich Franziska, ob diese Ehe denn überhaupt zu retten gewesen war und ob sie ihre Ehe tatsächlich hatte retten wollen.

Für Walter bedeutete die Trennung den endgültigen Bruch. Er wollte keine Briefe, keine Erklärungen, kein Zusammentreffen. Franziska hatte nicht damit gerechnet, dass er mit dieser eisenharten Konsequenz jegliches Wiedersehen ablehnte. Walter war verwundet, tief ins Herz getroffen, klammerte sich an das, was ihm geblieben war und zur Verfügung stand: Er unterwarf seine Verzweiflung seinem juristischen Sachverstand und setzte alles daran, dass die Angelegenheit des Scheidungsverfahrens so schnell, präzise und erbarmungslos wie möglich erledigt wurde. Mit ausgeklügelten juristischen Volten zwang er Franziska in die finanzielle und existenzielle Misere, bürdete ihr alle Anwalts-, Gerichts- und Verfahrenskosten auf, damit sie sich lange nicht erholte, vielleicht daran zugrunde ging. So sehr sie darunter litt, so wusste sie doch ganz genau, warum er so gnadenlos hart handelte: Was aussah wie Rache, war der hilflose Versuch, wieder festen Boden unter den Füßen zu gewinnen.

Obwohl Franziska die Trennung energisch betrieben hatte, wuchs in ihr eine Sehnsucht nach Walter, die sie sich nicht erklären konnte. Sie hatte sich das alles leichter vorgestellt, hatte auch nicht damit gerechnet, dass er sich in seinem Kummer regelrecht festbiss. Zu seinem eigenen Schutz lehnte er jede Bitte um ein Wiedersehen kategorisch ab. Franziska wollte Walter unbedingt wiedersehen. Sie war bereit, alle Schuld auf sich zu nehmen und sich bei allen Freunden und Bekannten Geld zu leihen, um die teuren Gerichtskosten zu bezahlen. Sie war sogar dazu bereit, sich wohlhabenden Männern hinzugeben, um ihr monatliches Salär aufzustocken. Alles war ihr egal, wenn sie nur Walter wiedersehen konnte, nichts wünschte sie sich mehr.

Sie schrieb ihm Briefe, sie schickte Telegramme, sie erfand Vorwände, die ein Wiedersehen unumgänglich machen sollten – umsonst. Nachts träumte sie, dass sie ihn in einem Labyrinth aus dichten Buchsbaumsträuchern suchte und nicht fand. Im Halbschlaf wünschte sie sich, noch ein letztes Mal mit dem Kopf auf seiner geöffneten Hand zu liegen und dann zu sterben. Tagsüber hörte sie seine Stimme neben sich, sah ihm in die ernsten dunklen Augen. Warum dieser brennende Wunsch, Walter wiederzusehen? Warum diese Tag- und Nachtträume? Franziska wollte nicht ernsthaft zu Walter zurück. Sie war bereit, für das, was sie Walter angetan hatte, zu büßen, aber irgendwo in ihrem tiefsten Innern hoffte sie noch, dass Walter ihr vergeben könnte. Manchmal schien es ihr sogar, als hinge all ihr Lebensglück davon ab, dass Walter ihr verziehe oder ihr zumindest zu verstehen gäbe, dass da noch eine Verbindung wäre zwischen ihnen. Bereits einmal hatte sie in ihrem Leben erfahren müssen, wie schwer das Endgültige zu ertragen ist und wie weh es tut, ohnmächtig zu sein. Auch den Tod ihres Vaters konnte sie nicht akzeptieren. Es dauerte lange, bis sie sich damit abgefunden hatte, dass er nicht mehr da war, dass sie ihm nichts mehr sagen, nichts mehr richtig stellen könnte.

Es wurde Winter. Ganz allmählich erholte sich Franziska von ihrer letzten, der schwersten Operation. Durchsichtig und matt lag sie da, an ihr strahlendes Lächeln konnte sich schon fast keiner mehr erinnern, auch sie selbst nicht.

»Fenster auf! Hier riecht es nach Selbstmitleid!«

Der »Onkel« stürmte herein, hatte einen Veilchenstrauß in der Hand und eine Flasche Rotwein. Er holte zwei Gläser aus der Manteltasche, stellte sie auf den Nachttisch. »Schluss jetzt, Fanny. Ich will nicht mehr, dass du krank bist! Weg mit den Tränen, weg mit dem Siechtum, wir entscheiden jetzt, dass du gesund bist.« Er goss ein und reichte ihr ein volles Glas, trank seines – wie immer – in einem Zuge aus und prostete ihr mit dem leeren zu.

Von da ab ging es ihr tatsächlich besser. Der »Onkel« hatte Franziska an jenem Nachmittag in seiner rabiat liebevollen Art wieder ins Leben zurückgeholt. Allerdings war ihr Schuldenberg inzwischen so hoch, dass auch die gelegentlichen Schecks ihres Bruders Ludwig und ihrer Mutter nur ein Tropfen auf den heißen Stein waren. Die Operations- und Krankenhauskosten mussten bezahlt werden, die einzigen Lebenszeichen, die sie von Walter erhielt, waren die Rechnungen seines Anwalts und die sachlich distanzierten Schreiben des Landgerichts Hamburg. Franziska hatte so wenig Geld, dass sie bei jedem Brikett, das sie in den Ofen legte, zögerte, ob sich der Moment des Nachlegens nicht noch etwas hinausschieben ließ. Noch zwei Jahre zuvor hatte sie dem bescheidenen, bohèmehaft heruntergekommenen Leben einen gewissen Zauber und die Lust am Abenteuer abgewinnen können. Aber jetzt war sie vollauf damit beschäftigt, sich mit kleinen Übersetzungen für den bekannten Verleger Albert Langen oder kurzen satirischen Texten und auffrisierten Witzen für den »Simplizissimus« einigermaßen über Wasser zu halten. Der Charme der Armut, die pittoreske Anspruchslosigkeit mochten zwar die Tagträume junger adliger Mädchen aus begütertem Hause beleben, für Franziska hatte dieses Leben ganz und gar nichts mehr von dem vermeintlichen Zauber. Franziska zog in dieser Zeit mehrmals um. Ein paarmal musste sie aus ihrem Zimmer oder Atelier ausziehen, weil sie die Miete nicht bezahlen konnte. Dann ertrank sie in Selbstmitleid und verkroch sich tagelang in ihrem Bett. Oder aber sie reagierte umgekehrt, entdeckte in ihrer Situation ihr Lebenselexier, das sie davor bewahrte, in selbstzufriedener Spießbürgerlichkeit zu versinken, wie sie es bei manchen ihrer Freunde herannahen sah.

Einmal kam sie spätabends nach Hause und fand ihren Diwan auf dem Trottoir. Da stand er, elefantenhaft ausladend, unter dem trüben Licht der Straßenlaterne in ungewohnter Umgebung, daneben die Stehlampe mit dem schmiedeeisernen Fuß, deren Schirm im Wind schaukelte, und der ramponierte Weidenkorb mit der schmutzigen Wäsche. Auch der zerkratzte lederne Koffer und die Staffelei, alles ordentlich zusammengestellt mitten auf dem Trottoir, so dass die Passanten einen Bogen gehen mussten. Franziska schnaubte vor Zorn. Obwohl sie todmüde war und sich am liebsten gleich unten auf ihren Diwan gelegt hätte, sperrte sie wutschäumend die Haustür auf und stieg mit Riesenschritten – immer gleich zwei Stufen auf einmal – hinauf in den vierten Stock zur Wohnung des Hausmeisters. Sie klingelte Sturm. Nichts. Klingelte länger, wieder nichts. Als sie schon wieder auf dem Weg nach unten war und überlegte, bei wem sie nun die Nacht verbringen sollte, hörte sie die schlurfenden Schritte des Hausmeisters.

»Wer ist da?« Er drehte von innen den Schlüssel im Schloss.

»Machen Sie auf, was fällt Ihnen eigentlich ein …« Franziska wollte gerade loslegen mit ihrer Kanonade, aber als sie ihn da so stehen sah, musste sie lachen. Er hatte das Nachthemd eilig in die Hose gestopft, der Hosenlatz stand noch offen, und, was Franziska am komischsten fand, er hatte sogar vergessen, die Bartbinde abzunehmen.

»Wissen Sie, wie spät es ist?« Der Hausmeister versuchte hektisch, die heraushängenden Zipfel des Nachthemds in der Hose unterzubringen.

»Natürlich weiß ich das. Aber wissen Sie, wo ich heute die Nacht verbringen soll? Vielleicht da unten?« Franziska war plötzlich gar nicht mehr zum Lachen zumute.

»Gutes Fräulein, Sie wissen ganz gut, was das da unten zu bedeuten hat. Wenns halt ned so stur gewesen wärn und wenigstens die Miete angezahlt hätten …«

»Stur? Sind Sie noch bei Trost?«

»Jamei, so ein adeliges Fräulein kriegt doch immer irgendwo a Geld her!« Bevor der Hausmeister noch dreister werden konnte, hielt Franziska ihm einen Geldschein unter die Nase.

»So. Und was ist das? Reicht das? Und jetzt mal ein bisschen hoppla, sehen Sie zu, dass Sie meine Möbel wieder nach oben tragen. Ich bin nämlich müde!« Dabei stieß sie ihren Schirm auf den Boden, was ihrem Befehl Nachdruck verlieh und ihre Ungeduld in eine Drohung verwandelte.

»Ja, das hättens doch glei sagen müssen, so vui glei auf einmal, entschuldigens bitte ... Frau Gräfin ... des hob i ned wissen kenna ...«

Der Hausmeister schnaufte, verbeugte sich ein paarmal beflissen und zwängte sich, so wie er war, an ihr vorbei, hastete die Stufen hinunter und machte sich an die Arbeit.

Nicht nur ihre gräfliche Kinderstube und der Ärger über die deplacierten Möbel hatten Franziska in jener Nacht so forsch auftreten lassen, es gab noch eine andere Ursache für ihr resolutes Benehmen: Sie hatte endlich Geld in der Tasche, und zwar so viel, dass sie sogar einen Monat Miete im Voraus bezahlen konnte. Franziska hatte den ganzen Tag im berüchtigten Etablissement der Madame X verbracht. Bei Madame X verkehrten Offiziere, Leutnants und andere wohlhabende Herren, denen das Geld locker in der Tasche saß, die sich bei kleinen Galanterien, munterem Wortgeplänkel, geschickt formulierten Zweideutigkeiten und der ein oder anderen Flasche Champagner von ihrem anstrengenden Tag erholten. Wenn dann zu fortgeschrittener Stunde die Stimmung lockerer wurde, die Damen vielleicht in aufreizender Pose, mit geöffneter Bluse und gelockertem Haar auf dem Schoß der Herren saßen und sich katzenhaft anschmiegten, dann sorgte Madame X auch dafür, dass das betreffende Paar im Salon mit dem zinnoberrotsamtenen Himmelbett allein blieb, oder, je nach Wunsch, nicht allein blieb; zu dritt, zu viert – *comme vous désirez, Monsieur.*

Franziska hatte durch das Malweib Louise vom Salon der Madame X erfahren. Louise ließ nichts unerwähnt: das Spitzenkorsett und das seidene Strumpfband, die gelegentlichen Ekelgefühle, die intimen, oft schonungslosen Gespräche bis zum frühen Morgen.

»Man muss doch schauen, wo man sein Geld herbekommt, dort geht es ziemlich leicht«, sagte ihr Louise. »Du kannst sogar inkognito bleiben, so dass du den Namen deiner Familie nicht beschmutzen musst. Oft sind die Herren schon glücklich, nur jemanden zu haben, mit dem sie sich gepflegt und geistreich unterhalten können – das wär doch was für dich, Fanny!«

»Klingt nicht schlecht. Schon allein deswegen …« – Franziska äffte mit spitzem Mund eine gepflegte Unterhaltung nach –, »… weil ich meine moralischen Bedenken bei dieser Art der Beschäftigung auf ein auch mit dem Mikroskop nicht mehr zu erkennendes Minimum zu reduzieren vermag!« Franziska sah sich schon umringt von soignierten Herren, die aus ihrem Stiefel, der eigentlich dringend zum Schuster musste, Champagner tranken. Die beiden Freundinnen verabredeten sich auf zwei Tage später, damit Franziska Madame X vorgestellt würde. Louise kam ins Schwärmen:»Man gerät in die merkwürdigsten Situationen, das ist oft sehr amüsant und lustig, und manchmal wird es sogar gemütlich wie zu Hause – aber gottlob eben ohne deine Familie. Stell dir bloß mal vor, du hast eine Mutter, die nicht deine eigene ist!«

Das gefiel Franziska. Als sie ein paar Tage später den großen, blau und goldfarben ausgeschlagenen Salon des Etablissements von Madame X betrat, war ihre Laune prächtig, sie fühlte sich bei Kräften, war voller Tatendrang. Neugierde und Abenteuerlust mischten sich, als sie an Louises Arm durch das schmiedeeiserne Portal und den rotgolden tapezierten Flur ging, in dem kleine weiße Marmorputten Spalier standen. Sie war weder aufgeregt noch ängstlich, sie freute sich auf diese heimlichen Rencontres im Salon. Endlich war sie im unbürgerlichen Leben angekommen! Louise hatte sich stark parfümiert, Franziska drückte sich an sie, damit ein Hauch des wertvollen, schweren Duftes auch an ihr selbst haften blieb. Als sie mit ihren abgelaufenen Absätzen den kornblumenblauen chinesischen Teppich im Eingang betrat und Madame X die Hand gab, wusste sie, dass sie das Richtige tat. Ganz im Gegensatz zu den anderen Debütantinnen, denen Madame X hier auf dem wertvollen Teppich schon entgegengegangen war, hatte Franziska gar nichts von einem unsicheren, verschüchterten Mädchen, das am Rande des moralischen Abgrunds steht, in ständiger Angst, entdeckt zu werden. Im Gegenteil, Franziska machte Eindruck auf Madame X, weil sie selbstsicher war und mit allem Frivolen vertraut schien.

»Also Sie sind die Gräfin Reventlow, von der Louise mir erzählte?«, sagte sie und legte ihre Hand auf Franziskas Schulter, als wollte sie die körperliche Distanz gleich zu Beginn festlegen. Madame X war eine große, hagere Dame, elegant gekleidet und sehr zurückhaltend in ihren Gesten. Ihr Haar trug sie hochgesteckt, zwei wie zufällig heraushängende, gelockte Strähnen gaben ihr eine Nuance Unordentliches, Schlampiges. Ihr Gesicht war hell gepudert, der Mund glänzte zartrosa, in ihren Augen die tragische Gewissheit, dass ihre Schönheit bald verblühen würde.

»Mein Name tut nichts zur Sache, er geht niemanden etwas an«, antwortete Franziska sehr bestimmt.

»Nur keine Angst, hier bekommt jeder einen neuen Namen, auch für Sie werden wir noch einen finden, der schön klingt und zu Ihnen passt.« Sie nahm die Hand von Franziskas Schulter, ging einen winzigen Schritt zurück und sagte: »Was Sie für schöne, traurige Augen haben, mein Kind. Nichts lieben die Herren, die zu mir kommen, um sich zu amüsieren, mehr als traurige Augen.« Sie lächelte, ihre Stimme klang sanft, trotzdem spürte man, dass sich niemand ihren Anordnungen widersetzte. Mit ihrem Gespür für Qualität, mit ihrer untrüglichen Menschenkenntnis hatte sie gleich erfasst, dass Franziska eine außerordentliche Bereicherung für ihren Salon sein würde.

»Die traurigen Augen liegen bei uns in der Familie, alle meine Vorfahren waren berühmt für ihre traurigen Augen! Aber amüsiert haben sie sich trotzdem, vor allem, wenn sie andere für sich einspannen konnten. Ja, wenn andere für sie arbeiteten, dann kannte ihr Amüsement keine Grenzen!«, sagte Franziska und strich über ihr Kleid.

»Nun, hier bei mir können Sie sich beim Arbeiten amüsieren! Allerdings sollten Sie ein anderes Kleid tragen.« Und dann wandte sie sich Louise zu: »Louise, Sie kennen sich ja aus, gehen Sie bitte mit ihr ins Ankleidezimmer und suchen Sie zusammen etwas Passendes aus. Ich bin sicher, ihr beiden werdet ein ganz reizendes Kleid finden!«

Bald konnte sich Franziska ein eigenes neues Kleid leisten, die Miete im Voraus auf den Tisch legen, und gelegentlich einem Kollegen, der es brauchte, eine warme Mahlzeit in der Gastwirtschaft bezahlen. Trotzdem wurden die Schulden nicht weniger, denn es kamen immer neue Forderungen aus Hamburg. Von Walter aber kein einziges Wort. Nur ein Paket mit Franziskas persönlichen Sachen: ein paar Bücher, die Hochzeitsphotos, zwei Spitzentaschentücher, die wohl zwischen der Bettwäsche liegen geblieben waren, fünf Haarnadeln und ein Kamm, eine Gürtelschnalle, nach der sie einmal den ganzen Abend, bäuchlings auf dem Boden liegend, unter den Betten gesucht hatten, was später in einer scheuen, ehelichen Umarmung endete – alles hatte Walter, oder die Reinmachefrau, in einen Karton geworfen, kein Gruß, kein Zeichen, nicht einmal ein vorwurfsvolles Wort. Ein fahler, grauer Pappkarton und ein paar leblose Gegenstände, die ihre Zeit lange hinter sich hatten.

An jenem Abend, als sie die Bücher ins Regal stellte und die Blechschachtel mit den Photos und Briefen unters Bett schob, kam Monsieur. Er hatte einen Schlüssel zu ihrer Wohnung und besuchte sie, ohne sich anzumelden. Es gefiel ihr, dass er kam und blieb, wann immer es ihm passte. Franziska fragte nie, woher er gekommen war, und wohin er ging, wenn er sie wieder verließ. Auch er stellte keine Fragen, verlangte nicht, dass Franziska ihm ihre Seele offenbarte. Franziska war ihm auf dem Odeonsplatz begegnet, als sie auf die einzige wartende Droschke zustürzte. Erst als sie auf die harte Lederbank rutschte, bemerkte sie, dass die Droschke offenbar bereits besetzt war. Sie murmelte eine Entschuldigung, wollte schon wieder aussteigen, aber der elegante Herr in Zylinder, Gamaschen und dem pelzbesetzten Umhang forderte sie auf zu bleiben.

»Ich fahre Sie, wohin Sie wollen, meine Dame«, sagte er, schob mit Daumen und Zeigefinger den Rand seines Zylinders ein wenig hoch und blickte sie mit blitzenden Augen an, ohne zu lächeln.

»Also, wohin möchten Sie?«, fragte er, und als sie es ihm sagte, rief er dem Kutscher vorne zu: »Das junge Fräulein bitte zuerst nach Schwabing ...«

Er stellte sich vor: Dr. Alfred Friess, Rechtsanwalt. Er wirkte höflich, zurückhaltend, fast etwas spröde und förmlich, sehr wohlerzogen. Er war groß, dunkelhaarig, konventionell gekleidet. Um das allzu energische Kinn zu neutralisieren, hatte er seinen Bart bis hinunter zum Adamsapfel auf eine gepflegte Länge von einem guten Zentimeter gestutzt. Über der Oberlippe hingegen war der Bart für Franziskas Geschmack rechts und, links etwas zu modisch hochgezwirbelt. Trotz seines seriösen Auftretens und großbürgerlichen Äußeren faszinierte dieser Mann sie auf Anhieb. Er redete kaum, weil er sich darauf verlassen konnte, dass er auch verstanden wurde, wenn er wenig oder gar nichts sagte. Wenn er aber sprach, dann wählte er die Worte sehr genau und mischte seiner Tonlage wohl bedacht eine hintergründige Förmlichkeit bei, besonders in jenen Momenten – das stellte Franziska allerdings erst später fest –, in denen Förmlichkeit eher unpassend war. Franziska empfand für diesen Fremden sofort Sympathie, bemerkte bald eine gewisse Seelenverwandtschaft.

»Mögen Sie Männer mit Monokel?«, fragte er, sah sie intensiv an und ließ sein Monokel aus dem Auge kippen.

»Ich wüsste nicht, was ich mit einem Mann *ohne* Monokel anfangen sollte.«

»Das trifft sich gut.«

»Nun, wenn Männer Monokel tragen, dazu noch einen weißen Tennisanzug, den Jagdhund an der Leine, dann ist es jedes Mal ganz um mich geschehen.« Franziska sah ihren Weggefährten nicht an, sondern blickte, scheinbar unbeteiligt, aus dem Fenster der Droschke. Noch versuchte sie zu kaschieren, wie das Interesse für diesen seltsamen Mann in ihr loderte.

Er kam gleich mit zu ihr nach oben und blieb. Von da an besuchte er sie regelmäßig. Er saß in ihrem Korbsessel und schlief ein wenig, während Franziska am Tisch saß und schrieb. Dann war es ganz still im Zimmer, man hörte nur das

Ächzen des Korbgeflechts, wenn er beim Einschlafen in sich zusammensackte und sich wieder ein wenig aufrichtete. Es kam vor, dass er nicht einmal seinen Umhang abnahm, nur den Zylinder, den er an den Haken neben der Tür hängte. Manchmal kam er nachts, blieb bis morgens, stellte keine Fragen und ließ sich ebenfalls keine stellen. Er war dann ganz einfach da, so selbstverständlich, als wäre er nie woanders gewesen, als gehöre er zu Franziskas Leben, als hätte er immer zu ihr gehört, und Franziska war selig. Manchmal kündigte er seinen Besuch durch ein kurzes Telegramm, ein winziges Billett oder seine Visitenkarte im Briefkasten an. Oder er warf Steinchen an ihr Fenster und verschwand schweigend mit ihr unter die Bettdecke.

Wie ein streunender Kater – Monsieur kam, wann er wollte, oft schlief sie schon. Er ließ sich nicht reglementieren, tauchte auf und verschwand ganz wie es ihm beliebte, und Franziska ließ es geschehen, gab ihm sogar den Schlüssel, damit er den Tag, die Stunde seines Kommens frei wählen konnte. Irgendein Geheimnis trug dieser Mann mit sich herum, Franziska dachte, dass es vielleicht eine unerwiderte, glücklose Liebe war, aber sie stellte keine Fragen. Monsieur oder Bel ami, wie sie ihn nach Maupassants Romanhelden nannte, war ein großer Könner des altbekannten Spiels »Distanz und Nähe«, er verstand es meisterlich, sich zu entziehen, dann wieder ein bisschen von sich zu geben, um sich gleich darauf wiederum zu entziehen. Wie elektrisiert reagierte Franziska auf dieses Spiel: Je mehr er sich entzog, desto brennender wurde ihr Verlangen nach seiner Nähe. So hielt dieser Monsieur Franziska in nervöser Atemlosigkeit, ständiger Anspannung, ganz tief in ihrem Herzen glimmte eine schmerzende Sehnsucht. Sie waren beide Vagabunden, sie trugen beide eine schwere Wehmut in sich nach etwas Vergangenem; jeder ganz für sich, sie sprachen nicht darüber.

Kurz bevor Franziska das erste Mal zu Monsieur in die Kutsche gestiegen war, hatte sie sich drei Tage ins Bett legen müssen, denn sie fühlte sich nicht wohl. Die Symptome ihres Unwohlseins waren zwar eindeutig, aber sie wollte sie nicht wahrhaben: Übelkeit am Morgen, Ziehen in den Brüsten und im Kreuzbein, Müdigkeit, Abgeschlagenheit, Lustlosigkeit. Als dann auch noch zweimal hintereinander die monatlichen Blutungen ausblieben, konnte sie den schon länger in ihr keimenden Verdacht nicht mehr verleugnen. Sie ging zu Dr. von Noorden, der beruhigte sie, wollte von einer Schwangerschaft nichts wissen. Ihr Darm sei nun mal ein kompliziertes Organ und müsse in regelmäßigen Abständen auf sich aufmerksam machen, ansonsten sei sie nervös und überreizt. Als dann das dritte Mal die Periode ausblieb und sie wieder Dr. von Noorden aufsuchte, sah die Sache für ihn schon anders aus. Nein, an Darmverschlingung habe er nie geglaubt, er habe gleich geahnt, dass sie schwanger sei, jetzt sei er sicher, er gratuliere!

»Sie müssen jetzt sehr vorsichtig sein, nicht so eilig die Treppen hinauf- und hinunterspringen und nicht so viel an der Staffelei stehen.« Dr. von Noorden war ein selbstbewusster Mann, der nicht einen Augenblick lang daran dachte, seine Fehldiagnosen bei den letzten beiden Konsultationen zu erwähnen, geschweige denn, sich dafür zu entschuldigen.

»Ja, freuen Sie sich denn nicht, Gräfin?«, er blickte sie über den Brillenrand hinweg mit azurblauen, unruhigen Augen an.

»Kann schon sein, dass ich mich freue. Da muss ich erst einmal nach Haus und mich entscheiden. Beim nächsten Mal sage ich es Ihnen.«

Auf Franziskas Frage hin, wann denn das Kind etwa kommen würde, wenn alles normal verliefe, holte er sein Hörrohr aus dem Schrank und hieß sie, sich niederlegen und den Rockbund ein wenig öffnen. Er presste den hölzernen Wulst auf ihren Bauch, und dann horchte er. Lange und bedächtig. Horchte ganz hinein, nahm Verbindung auf mit dem Geschöpf, das da, kaum haselnussgroß, in Franziskas Leib wuchs. Ab und zu nickte er zufrieden, als gelänge durch den mattglänzenden Schalltrichter aus hellem Birnbaumholz eine beruhigende Nachricht an sein Ohr. »Fabelhaft. Fabelhaft. Na, ich denke

138

Juli ... oder August, kann auch September werden. So genau kann man das nie sagen.«

Auf dem Rückweg zu ihrer Wohnung ging Franziska ganz langsam. Sie setzte einen Fuß vorsichtig vor den anderen, damit ihr Unterleib keinen abrupten Stößen ausgesetzt war.

»Ich kriege ein Kind, ich kriege mein Kind! Meins! Ganz meines, ganz ganz und gar allein mein eigenes!«, sprach sie vor sich hin.

Plötzlich liefen ihr Tränen übers Gesicht. Franziska war auf einmal überwältigt vor lauter Rührung: weil sie so glücklich die Straße entlang ging, weil sie so allein auf der Welt war und bald nicht mehr allein auf der Welt sein sollte, weil ihr die alte Frau freundlich zunickte, weil ein Hündchen seinen Haufen vor eine Bäckerei setzte und der Bäcker es mit dem Besenstiel verjagte. Der Vogel auf dem Ast rührte sie und der Kinderwagen, der an ihr vorbeigeschoben wurde, sogar ihr abgetragener brauner Mantel rührte sie, alles rührte sie auf einmal, und sie konnte nichts dagegen tun, die Tränen liefen.

Sie ging nicht nach Hause. Sie ging ins Café Luitpold. Sie war jetzt oft im Café Luitpold, dort saßen auch die anderen, und es war angenehm warm und laut und verraucht. Aber ausgerechnet heute war niemand da, den sie kannte. Franziska nahm eine Zeitung vom Haken, las, wollte unbedingt wissen, was an diesem großen, größten aller Tage, an dem der Arzt ihr ein Kind diagnostiziert hatte, in der Zeitung zu lesen stand. Später einmal würde sie es ihrem Kind erzählen können. Es war der 22. April 1887, und Franziska war im vierten Monat schwanger. In der Zeitung stand nichts Besonderes, eigentlich nichts, was dem Tag und dem Ereignis angemessen schien. Das Übliche über den Prinzregenten:

»Se. Kgl. Hoheit der Prinz-Regent besuchte heute Vormittag den Münchener Pferdemarkt und empfing, kurz vor 12 Uhr in die Residenz zurückgekehrt, den Chef der Geheimkanzlei zum Vortrag.«

»Der Kaiser in Wien:
Kaiser Wilhelm ist heute Vormittag um 11 Uhr auf dem
Nordbahnhof eingetroffen. Die beiden Kaiser küßten sich
mehrmals.«

Das Übliche über das Wetter:

»Fortdauer der unbest. Witterung.«

Als sie spät an diesem Abend nach Hause zurückkehrte, fand sie,
wie schon an manchem Tag der vorausgegangenen Wochen, wieder ein Gedicht in ihrem Briefkasten. Es kam von einem Poeten,
den sie ein paar Wochen zuvor kennen gelernt hatte. Der Dichter machte keinen Hehl daraus, dass er für Franziska schwärm-
te, näherte sich ihr jedoch nicht – außer mit Gedichten. Er hieß
Rilke, hatte immer wenig Zeit, war aber doch ständig in ihrem
Dunstkreis. An jenem 22. April hatte er sein Gedicht in winzig
kleinen Buchstaben auf die Mitte des Briefbogens gesetzt, mit
ein paar Schnörkeln umrahmt, darunter ein Gruß. Franziska
schnitt das Gedicht aus der Seite heraus, faltete es ganz klein zusammen und presste es in das mit Rubinen besetzte goldene Me-
daillon von ihrer Mutter. Sie muss einen schwachen Moment gehabt haben, als sie es ihr schenkte. Das Gedicht wollte Franziska
für ihr Kind aufheben, es sollte ihm gehören. Das Kind sollte
wissen, wie glücklich seine Mutter an jenem Tage gewesen war.
   Oben in ihrem Zimmer war es kalt und dunkel. Franziska
heizte den Ofen ein, später kam ihr nächtlicher Besucher. Sie
verbrachte eine wunderbare Nacht mit Monsieur. Ihr Geheimnis aber behielt sie für sich, denn sie wusste nicht einmal, ob ein
Mann wie er überhaupt in der Lage war, eine Nachricht wie diese aufzunehmen und darauf zu reagieren. Außerdem befürchtete Franziska, ihm mit einer Botschaft wie dieser zu nahe zu treten, ihn zu bedrängen. Die Distanz zwischen ihnen musste
bestehen bleiben, und außerdem hatte er doch damit gar nichts
zu tun. Sie dachte an die Devise vom Baschl, dass sich vieles
von selbst regelte, wenn man sich einfach treiben ließ. Jene Lie-

140

besnacht mit Monsieur war vielleicht die schönste in Franziskas Leben. Beruhigt, zufrieden, eins mit sich, ihrem Kind, ihrem Liebhaber, und voller Lebenskraft schlief sie gegen Morgen in Monsieurs Armen ein.

Franziska saß allein an ihrem Tisch, die Flamme auf der Kerze stand still. Die einbrechende Dunkelheit und der Zigarettenrauch verwischten die Konturen in ihrem Zimmer, trotzdem waren die Umrisse des Schattens an der hell getünchten Wand scharf gezeichnet. Auf dem Fenster im Haus gegenüber spiegelte sich ein schmaler, gelber Sonnenstreifen, den der Föhn in den fast schon nachtschwarzen Himmel geschoben hatte.

»Und wer ist der Vater?«

»Wieso Vater? Ich bin die Mutter, reicht das nicht? Ich werde Mutter sein und Vater und Onkel, Tante, Großmutter. Alles werde ich meinem Kind sein. Wozu braucht es einen Vater?«

»Aber das geht doch nicht … das ist ja … es gibt doch bestimmt jemanden, der dir den Vater macht!«

»Ich will keinen Vater!«

»Aber denk doch an das Kind!«

»Mein Kind will keinen Vater!«

Die Temperaturen stiegen, es wurde heiß, es wurde Sommer. Franziska ertrug die Hitze schlecht. Die Nachbarin hatte ihr zwei helle weite Leinenkleider geschenkt, damit sie es zu Hause am Schreibtisch so luftig und bequem wie möglich hatte. Sie saß jetzt manchmal den ganzen Tag an ihrem Tisch, und wenn es heiß war, hatte sie neben sich eine Schüssel mit Eiswasser, in der sie ihre Hände kühlte und ihr Gesicht. Der Verleger Albert Langen schickte Franziska seinen Lektor Korfiz Holm immer häufiger vorbei. Der holte aus seiner ledernen Tasche dünne, manchmal auch dicke Bücher, lose Seiten oder gebündelte Manuskriptblätter, die übersetzt werden mussten. Zumeist übersetzte Franziska aus dem Französischen – der Sprache, die sie von Kindheit an nahezu perfekt beherrschte. Einige Romane von Maupassant, Texte von Marcel Prévost, später dann auch Emile Zola, Anatole France, Abel Hermant, Jeanne Marni. Es musste immer sehr schnell gehen, die Manuskripte mit der ersten Fassung mussten schon nach wenigen Tagen abgegeben werden. Manchmal saß sie den ganzen Tag und die ganze Nacht. Wenn die Zeit so knapp war, dass sie den Abgabetermin nur einhalten konnte, wenn sie Tag und Nacht durcharbeitete, dann rieb sie sich ein weißes Pulver auf ihr Zahnfleisch, oder sie drehte sich ein dünnes Röhrchen aus Papier und zog das Pulver durch die Nasenlöcher ein. Auf die erstaunliche Wirkung konnte sie sich immer verlassen: Hell und klar war es in ihrem Kopf, alle Müdigkeit verflogen, Kraft und Lust für drei weitere Stunden Arbeit. Ihre Übersetzungsaufträge erledigte sie zuverlässig, Langen war zufrieden, und bald konnte Korfiz Holm immer öfter kommen. Die zu übersetzenden Bücher wurden immer dicker, ebenso die Stapel der Blätter: 350 Druckseiten, das waren 500 handgeschriebene Seiten. Erste Fassung, zweite Fassung. Dann die Reinschrift. Sechs, manchmal acht Wochen hatte Franziska für solche Aufträge Zeit.

Das war zwar schwer, aber immerhin seriös verdientes Geld! Franziska hatte eines Nachts, als sie von einem reichlich obszönen und sehr ausgelassenen Rencontre mit zwei Herren schwarzer Hautfarbe nach Hause kam, den Entschluss gefasst, endlich seriös zu werden. Zumindest wollte sie es versuchen und sich von nun ab mit seriösen Menschen umgeben, auf seriöse Weise ihr Geld verdienen. Sie meinte es ernst damit und gab die Malerei fast ganz auf. Längst hatte sie begriffen, dass es mit ihrer Begabung nicht weit her war, unmöglich, sich mit Staffelei und Pinsel ihren Lebensunterhalt zu verdienen. Vor einigen Monaten hatte Franziska damit begonnen, die Redaktion des »Simplizissimus«, der Zeitschrift, die Albert Langen ein Jahr zuvor gegründet hatte, regelmäßig mit flott nacherzählten und luftig formulierten Witzen zu beliefern, wofür sie in der Regel pro Witz fünf Mark erhielt. Beim Witzedichten konnte sie nun erst einmal ausprobieren, ob sie mit ihren schriftstellerischen Talenten auf ernsthafte Weise für sich und ihr Kind den Lebensunterhalt verdienen könnte.

Sie machte dabei eine komische Entdeckung, nämlich dass

sie, je hoffnungsloser und verzweifelter sie war, umso leichter und witziger schrieb. Erklären konnte sie sich diesen Umstand nicht. Sie saß allein zu Haus, redete mit sich selbst, um die Einsamkeit zu verscheuchen, machte sich Sorgen, ob sie je ein gesundes Kind zur Welt bringen und großziehen könnte, ob sie trotz ihrer labilen Gesundheit eine Geburt würde überleben können – und dann setzte sie sich an den Tisch, zündete sich eine Zigarette an und bearbeitete mit leichter Hand die Auftragswitze. Auch kleine satirische Texte entstanden in dieser Zeit, in der sie in einem Meer von hoffnungsfrohem Glück und verzweifeltem Leid hin- und hergetrieben wurde. Wenn sie viel geschrieben hatte und ihr der Rücken vom vielen Sitzen schon ganz krumm war, stand sie oft lange am geöffneten Fenster und sah hinaus. Sie stellte sich vor, wie sie den ganzen Tag ihr Kind betrachtete, und wie sie es in der Nacht ganz nah bei sich, in ihrem Bett, in ihrem Arm hätte. Bilder schossen ihr durch den Kopf, zum Beispiel wie Monsieur oder auch Walter oder der »Onkel« mit dem Kind auf dem Schoße scherzten und sie selbst am Ofen stand und Grießbrei kochte. Ihr ganzes Leben konnte im hellen, warmen Sonnenlicht liegen, wenn nur ihr Kind und sie selbst die Geburt heil überstanden. Häufiger allerdings sah sie die Zukunft schwarz, hatte Angst, dass sie nicht beide überlebten, nur sie selbst oder ihr Kind. Und was dann? »Wenn ich ohne mein Kind weiterleben muss, werde ich verrückt.«

Franziska stellt sich ein kleines, zartes Mädchen vor, mit ernsten Augen und blonden Zöpfen, ein Mädchen mit Namen Helene oder Louise oder, nach der Tante, Agnes? Franziska stellt sich einen Knaben vor, mit dunklem Haar und schweren Lidern, er ist ohne Namen, denn es fallen ihr immerzu nur Mädchennamen ein: Hedwig, Marianne oder Christine. Franziska stellt sich vor, wie sie über Gräben springt und Pfützen mit ihrem kleinen Mädchen an der Hand: Engelein, Engelein flieg.

Franziska erwachte aus tiefem Schlaf, als es gegen elf Uhr an ihrer Tür klopfte und die helle Vormittagssommersonne auf dem Fußende ihres Bettes bereits bis zu ihren Knien hinaufgekrochen war. Sie wollte jetzt niemanden sehen, morgens war sie am liebsten allein. Sie konnte noch nicht reden und ein aufgeräumtes Gesicht machen! Nein, zurück in die Kissen und ganz langsam und ganz alleine aufwachen!

Das Klopfen wurde lauter und ungeduldiger: »Fanny, mach auf!«

»Wer ist da?«

»Mach auf, ich bin es, Ludwig!«

»Ludwig ... du?«

Wieso Ludwig? Was mochte ihren Bruder veranlassen, sie zu besuchen? Wie hatte er sie überhaupt ausfindig gemacht?

Bevor sie zur Tür ging, öffnete sie das Fenster. Sie hatte bis zum frühen Morgen, bis es dämmerte, am Schreibtisch gesessen und die Reinschrift für die Maupassant-Übersetzung fertiggestellt – mit vielen Zigaretten. Jetzt klappte sie die Fensterflügel auf und zu, der kalte Rauchgestank von dem Luftzug hinausbefördert wurde, bevor Ludwig eintrat.

»Gleich! Sofort! Ich muss mir noch etwas anziehen!«

Sie ging zum Schrank, holte ihr Wolltuch heraus und legte es sich um die Schultern. Dann schlüpfte sie mit nackten Füßen in ihre Stiefel, fädelte die langen Schuhbänder, als ginge es darum, Zeit zu gewinnen, ordentlich über Kreuz durch die Ösen, ging zum Spiegel und bürstete hastig das Haar. Endlich öffnete sie die Tür.

Ludwig stand da, blass und ernst, streckte ihr die Hand hin. Einen Moment zögerte sie. Wie begrüßt man seinen Bruder nach so langer Zeit? Nach so langer Zeit! Nach allem, was vorgefallen war, Hass und Verachtung und Demütigung! Hatten sie nicht abgemacht, dass sie sich nie wieder sehen wollten, die Feindschaft zwischen ihnen endgültig sei? Endlos und schmerzvoll waren die Nächte, in denen Franziska versucht hatte, die Anfälle von Sehnsucht nach ihrem Bruder zu vertreiben, den verletzenden Brief, den er ihr nach dem Tod des Vaters geschrieben hatte, wieder und wieder las. Jetzt stand Ludwig einfach vor ihr, und Franziska wäre ihm am liebsten um den Hals gefallen. Oder sollte sie ihm sogar die Hand verweigern?

»Wie hast du mich gefunden, Ludwig?«

»Ich habe deine Adresse von Eduard Fuchs.«

»Du meinst doch nicht den Eduard Fuchs vom ›Süddeutschen Postillon‹?«

»Genau den.«

»Was hast denn du als Gutsbesitzer mit dem zu tun? Der ist doch Sozialist!«

»Ja, ich weiß«, sagte Ludwig und schmunzelte. »Er interessiert sich für die sozialen Neuerungen, die wir auf Gut Wulfshagen eingeführt haben.«

Soziale Neuerungen auf Wulfshagen? Ganz mechanisch spülte Franziska die beiden Kaffeetassen unter dem Wasserhahn. Ihr war plötzlich klar, dass sie nichts mehr von Ludwig wusste, nicht, wie er lebte, nicht, was in seinem Kopf vor sich ging. Seitdem er die um einige Jahre ältere Cousine geheiratet hatte und dadurch Gutsbesitzer geworden war, hatte sie ihm einfach unterstellt, dass er nun auch allen Ideen abgeschworen hatte, die sie einst verbanden. Aber das war vielleicht doch etwas vorschnell gewesen.

Sie brühte Kaffee auf. Ludwig sah sich währenddessen im Zimmer um, ging dann zum Fenster und schaute auf den Hinterhof hinunter, wo zwei Mädchen an der Teppichstange turnten.

»Komisch«, sagte er schließlich. »Irgendwie hatte ich mir deine Wohnung in München ganz anders vorgestellt.«

»Wie hattest du sie dir denn vorgestellt?«

Ludwig drehte sich um. Franziska hatte das Geschirrtuch noch in der Hand und sah ihm zum ersten Mal gerade in die Augen. Ihre Frage und ihr offener Blick machten Ludwig verlegen.

»Ich weiß auch nicht«, murmelte er. »Irgendwie anders.«

Franziska ging zum Fenster, machte es zu, stellte die Kanne mit Kaffee und die beiden Tassen auf den Tisch: »Trotzdem, schön, dass du da bist.«

Sie saßen sich stumm gegenüber und rührten in ihren Kaffeetassen. Es war nicht einfach, die richtigen Worte zu finden. Viele unerfreuliche Briefe waren in den letzten Jahren zwischen

145

den beiden Geschwistern hin- und hergegangen. Absichtliche Missverständnisse, Sturheit, verletzter Stolz auf beiden Seiten. Auch Ludwig, ebenso wie der Rest der Familie, hatte Franziska im Grunde für den Tod des Vaters verantwortlich gemacht. Nie würde sie vergessen können, was er ihr damals schrieb: »Und denke ja nicht, dass du jetzt frei bist. Wirst du zu schamlos, so werde ich, wenn Papa es nicht mehr kann, den Antrag auf Entmündigung wegen Geisteskrankheit gegen dich stellen. *Moral insanity* wird sich erweisen lassen, das Material liegt bereit. Und komm mir nie wieder unter die Augen...«

Viele Nächte hatte Franziska damals nicht geschlafen. Die Versuche, sich zu erklären, woher dies böse Blut, diese Eiseskälte in ihrer Familie kamen, scheiterten. Sie fragte sich, ob nicht alles leichter wäre, wenn man nicht mehr leben müsste. Nach außen jedoch tat sie so, als müsste sie sich totlachen, dass ihr Bruder sie zur Geistesgestörten erklären und entmündigen lassen wollte. Sie schrieb einen Brief voller Obszönitäten und Unflat, der ihren »Wahnsinn« unter Beweis stellen sollte. Abends, im Café Luitpold, gab sie in fröhlicher Runde die Formulierungen zum Besten, die sie morgens noch so tief verletzt hatten, sie mimte die Debile, und die Runde amüsierte sich.

»Ich will, dass du weißt, dass ich dich sehr lieb habe, Fanny«, sagte Ludwig plötzlich in das stille Zimmer hinein. Seine Stimme war rau und brüchig, er war sehr erregt. Er räusperte sich, setzte noch einmal an: »Wirklich, Fanny ...« Aber er konnte den Satz nicht zu Ende bringen, weil sie beide plötzlich lachten und weinten, gar nicht wieder aufhören konnten zu lachen und zu weinen. Es war, als hätte sich mit einem Mal die ganze Anspannung gelöst. Sie saßen einander gegenüber, Ludwig hatte seine große Hand auf ihren Unterarm gelegt. Endlich konnten sie sich in die Augen sehen, warm und herzlich und neugierig. Auf einmal stand Franziska auf, trat zwei Schritte zurück, strich mit beiden Handflächen ihr Nachthemd glatt, so dass es sich über ihrem Bauch spannte, und blickte Ludwig erwartungsvoll an. Ludwig war irritiert, er begriff noch nicht, was Franziska mit ihrer Geste sagen wollte. Aber dann fiel sein Blick auf ihren

Bauch, der sich unter dem straffgespannten Nachthemd sichtbar wölbte.

»Du kannst den Mund ruhig wieder zumachen!«, sagte Franziska und lächelte. Es amüsierte sie zu sehen, wie begriffsstutzig ihr Bruder war.

»Was? Du kriegst ein Kind?« Ludwig konnte offenbar immer noch nicht fassen, was eigentlich gar nicht mehr zu übersehen war. Als er endlich verstanden hatte, konnte er sich die Frage doch nicht verkneifen: »Und wer ist der Vater?« Er spürte aber sofort, dass er jetzt mit dieser Frage wieder alles zerstören würde zwischen ihm und seiner Schwester.

Er stand auf, ging auf sie zu und legte seine Arme um sie.

»Ich gratuliere!«, flüsterte er ihr ins Ohr und drückte sie vorsichtig an sich.

Zum Mittagessen gingen sie in den Ratskeller. Ludwig erzählte Franziska vom Gut Wulfshagen und von seiner Idee, die Arbeiter auf dem Gut durch jährliche Ausschüttungen am Gewinn zu beteiligen. Er berichtete detailliert von seinem Plan, eine eigene Kranken- und Rentenversicherung für seine Arbeiter einzurichten, was sich garantiert positiv auf die Zufriedenheit der Leute und die Ertragslage des Gutes auswirken würde.

»Ich habe einfach keine Lust, die Leute ständig zu überwachen und zur Arbeit anzutreiben. Außerdem sät das Zwietracht und schürt soziale Konflikte. Ich möchte, dass die Leute von sich aus Interesse entwickeln, dass Gut Wulfshagen floriert.«

Franziska hörte ihm gebannt zu. »Ludwig, das ist rasend interessant! Und ich dachte, du wärest nach deiner Heirat ein engstirniger, reaktionärer Junker geworden. Also, erklär mir das noch einmal genauer, mit wie viel Prozent willst du deine Leute am Gewinn beteiligen, und wie viel zweigst du jährlich für die verschiedenen Versicherungen ab?«

Franziska war Feuer und Flamme, ihr Interesse aufrichtig und ernst. Sie suchte in ihrer Tasche nach Papier und Bleistift, wollte alles ganz genau wissen. Lange saßen sie über ihre Zettel gebeugt, ließen die gefüllte Kalbsbrust und Rindsroulade kalt werden, schrieben und rechneten und vergaßen dabei alles

147

um sich herum. Verschwunden war alles, was sie je getrennt hatte, Streit, Hass, die bösen Worte. Es war wieder wie früher, als die beiden Geschwister sich gemeinsam für sozialrevolutionäre Ideen begeisterten, und sogar noch, als Franziska schon von zu Hause weggegangen war, darüber korrespondierten.

Franziska war dankbar, dass Ludwig, obwohl er sich, anders als sie selbst, nie ganz von den Zwängen und Konventionen seiner Herkunft hatte lösen können, doch auf seine Weise den Ideen seiner Jugend treu geblieben war. Als die Familie sie verstieß, hatte auch er sich zunächst gegen sie gestellt, das hatte sie empört, und die Verletzung glimmte noch in ihrem Inneren. Aber sie sah jetzt, dass Ludwig nicht der hartherzige, phantasielose Spießer war, für den sie ihn damals in ihrem ohnmächtigen Zorn gehalten hatte. Er, der um acht Jahre ältere, hatte schon sehr früh Verantwortung übernehmen und nach dem Tod des Vaters nolens volens die Rolle des Familienoberhauptes spielen müssen. Schon immer hatte er sich für alles verantwortlich gefühlt, zuerst für die jüngeren Geschwister, dann für die ganze Familie und jetzt für seine Leute auf Gut Wulfshagen. Sicher hatte er dann und wann Franziska um ihre Freiheit und ihr Leben fern aller Konventionen beneidet, aber er selbst wäre gar nicht in der Lage gewesen, sich den Ansprüchen, die von allen Seiten an ihn gestellt wurden, zu entziehen. Als Rechtsanwalt in Kiel setzte er sich für Werftarbeiter und einfache Landarbeiter ein und verzichtete nicht selten auf das ihm zustehende Honorar, wenn er sah, dass einer das Geld nicht aufbringen konnte. Auch in seinem Privatleben hatte Ludwig zurückgesteckt: Nach langen, quälenden Gesprächen mit den Eltern verzichtete er aus »Verantwortungsgefühl« auf seine große Liebe, eine bürgerliche Jüdin aus Lübeck, und tat, was familienpolitisch für vernünftig erachtet wurde: Er heiratete die zehn Jahre ältere Cousine Benedikte, die Alleinerbin des großen landwirtschaftlichen Gutes Wulfshagen. Durch diese Heirat waren Mutter und Agnes bis zu ihrem Lebensende versorgt. Seine Trauer betäubte er, indem er sich mit Vehemenz seinen agrar- und sozialpolitischen Ideen widmete.

Lieber alter Ludwig!, dachte Franziska. Du hast dich immer in die Pflicht nehmen lassen und dabei versäumt, dein eigenes Glück zu finden. Mit einer Mischung aus Zärtlichkeit und Mitleid betrachtete sie seine Hände, seine zugleich jungenhaften und müden Gesichtszüge. Es lag Trauer in diesem Gesicht und Zuversicht, Enttäuschung über versäumte Glücksmomente, aber auch Zufriedenheit und Stolz über das Erreichte. Nein, so einfach war es wohl doch nicht. Vielleicht gab es für Ludwig gar keinen anderen Weg, als sich in die Pflicht nehmen zu lassen, und vielleicht war er auch auf seine Weise sogar glücklich dabei. Und Catty? Er war schon seit langem weit, weit weg, lebte ein anderes Leben, hatte sich verändert, die Distanz war größer geworden. Catty hatte sich früher manchmal mit Walter getroffen, die beiden mochten sich, waren wie Brüder, aber seit ihrer Trennung war auch der Kontakt zu Catty ganz abgebrochen.

»Apfelstrudel mit Vanillesauce, Fanny, das wär doch jetzt was für euch zwei!« Ludwig hatte die Bedienung herangewinkt und bestellte, ohne Franziskas Zustimmung abzuwarten, eine große Portion für sie und ihr Kind.

»Bitte Fräulein, und dazu Kaffee und Cognac ... und eine Havanna!«

Franziska hatte plötzlich das Gefühl, wieder die kleine Schwester zu sein, vom großen Bruder an die Hand genommen und in die große weite Welt geführt.

»Ach, Ludwig, es ist schön mit dir. Ich habe nicht mehr daran geglaubt, dass wir uns wiederfinden. Du hast mir gefehlt!«

Sie aßen den Nachtisch, tranken Kaffee und Cognac, Ludwig rauchte seine Havanna. Dann wurde es Zeit, sich zu trennen. Ludwig musste den Zug nach Freiburg erreichen, wollte sich partout nicht von Franziska zum Bahnhof begleiten lassen.

»Nicht in deinem Zustand, Fanny! Du fährst jetzt mit der Droschke nach Haus, und ich geh zu Fuß, es ist ja nicht weit.«

Als sich die Droschke in Bewegung setzte, ergriff Ludwig noch einmal ihre Hand und legte zwei Hundertmarkscheine hinein.

»Für dich, Fanny«, sagte er, »und für dein Kind!«

7. KAPITEL

Am 1. September 1897 kam das Kind zur Welt. Als Franziska nach der schweren Geburt wieder zu sich gekommen war, als alles Getöse in ihrem Leib mit einem Mal stillgestanden hatte und sie das weiße Päckchen Kind im Arm hielt und aus dem Fenster in den Himmel sah, freute sie sich an dem milden, vorherbstlichen Sonnenschein und den glitzernden Silberfäden des Altweibersommers, die draußen vorbeiflogen. Und sie freute sich auf das neue Leben mit ihrem Kind. Sie konnte gar nicht genug bekommen, an seinem Bett zu sitzen und das kleine runde Gesicht zu betrachten, die winzigen Handgelenke, die Finger mit den viel zu langen Fingernägeln, das schwungvolle Profil, die rosige Ohrmuschel und das plötzliche, unvermittelte Grimassieren – oder lächelte er schon? Dieser kräftige kleine Knabe würde sie in ihrem Leben beschützen, er würde sie auf andere Gedanken bringen und ihr Leben glücklich machen, und er würde sie davor bewahren, den Halt zu verlieren und abzustürzen. Wenn sie ihn wusch und wickelte, ihn zum Stillen an ihre warme Brust legte und er gierig den Kopf hin- und herbewegte, weil er nicht warten konnte, und wenn sie seine weichen Fußsohlen an ihre Wangen drückte und ihm prustend den Bauch küsste, dann war sie eins mit sich und der Welt und froh, dass alles so gekommen war und nicht anders. Manchmal ließ sie ihn ein paar Sekunden lang schreien und sah zu, wie er rot anlief und mit der kleinen, vibrierenden Stimme all seinen Kummer, all ihren Kummer, aus dem kleinen Körper herauszupressen schien. Wenn dann das Schreien zu einem zittrigen Me-

150

ckern wurde, bevor er wieder Luft schöpfte, nahm sie ihn nicht sofort auf, sondern kostete die Vorfreude auf den Moment ganz aus, in dem ihr Sohn, sobald sie ihn aufnehmen und an ihre Schulter legen würde, mit einem kleinen Nachschluchzer wieder zur Ruhe kommen würde. Diese Abhängigkeit, dieses direkte Auf-sie-angewiesen-Sein, löste in ihr ein Glücksgefühl aus, von dem sie vorher nichts geahnt hatte.

An einem müden Nachmittag im Oktober, die Sonne hatte schon fast alle Kraft verloren, bettete Franziska ihr Kind in den Kinderwagen und fuhr es zum ersten Mal aus. Bereits vor der Haustür, als sie den Wagen noch recht unbeholfen und wenig sanft über die Schwelle stieß und auf das Trottoir der Hohenzollernstraße trat, blickte sie sich um, ob da auch keiner zu sehen war, der sie kannte und sich totlachte über das Bild: die Widerspenstige offensichtlich gezähmt. Sie überquerte die Leopoldstraße, wo sie den Hut tiefer in die Stirn zog, denn hier war es nicht Zufall, sondern die Regel, dass sie Freunde traf. Dann endlich tauchte sie hinein in das schützende Grün des Englischen Gartens.

»Zuerst einmal sollen sich die Vögel daran gewöhnen, dass ich jetzt mit dem Kinderwagen und meinem Bubi unterwegs bin«, dachte sie und war froh, dass ihr noch keiner begegnet war, der über den Anblick in haltloses Gelächter ausbrach. Im Gegenteil, sie war erstaunt, dass kein Mensch besondere Notiz nahm von der Mutter, die da ihren Kinderwagen vor sich her schob. Nur ein altes Weiblein am Stock blieb stehen und blickte ihr hinterher. Franziska ging langsamer, sah sich um, da kam die Alte heran und fragte, ob sie einen Blick auf das Kind werfen dürfe.

»Bitte sehr, es ist noch ganz neu!«, sagte Franziska und klappte stolz das Dach herunter.

»Ein Mäderl«, sagte die Alte, »das sieht man gleich!«

»Ein Buberl! Ich weiß ziemlich genau, dass es ein Buberl ist!«, antwortete Franziska etwas spitz.

Sie reagierte gekränkt, worüber sie sich später ärgerte. Denn eigentlich hätte sie von sich erwartet, souverän zu antworten, mit einem Augenzwinkern. Stattdessen hatte sie dumm reagiert, so, wie es dem Klischee entsprach: Also hören Sie mal, das ist ein Sohn, das sieht man doch! Verletzter Stolz, weil die Alte das ausgeprägt Männliche an ihrem Bubi nicht sofort erkannt hatte.

Als am nächsten Morgen die Zugeherin kam, stellte Franziska einen Wandschirm vor die Wiege. Es war ihr unerträglich, dass die Frau ohne ihr Beisein ihr Kind betrachten könnte. Nicht etwa, weil sie befürchtete, die Frau könne ihm etwas zuleide tun, sondern weil sie ihr nicht gönnte, einen schönen Augenblick mit dem Bubi zu haben, an dem sie selbst nicht teilhatte. Nein, ohne ihr Beisein durfte niemand das wunderbare, göttliche, herrliche Kind betrachten oder gar versuchen, es mit dem Zeigefinger in der Speckfalte unter dem Kinn zu kitzeln. Das gönnte Franziska vorerst keinem.

Nachts wachte sie häufig auf und ging zur Wiege, um zu horchen oder zu fühlen, ob das Kind noch lebte. Sie stand im Dunkeln ganz still vor ihm, manchmal hörte sie seinen Atem nicht, dann legte sie ihr Ohr an seine Brust. Bei der geringsten Beschleunigung geriet sie in Panik, glaubte, dass er krank sei, dass sie ihn verlieren könnte und alles zu Ende wäre. Wenn aber in der Früh, nachdem sie ihn gebadet hatte, die Sonne auf seine rührenden weißen Schultern schien und er so wunderbar nach Milch und Honig duftete, war sie sich wieder ganz sicher, dass ihm nichts geschehen könnte. Da glaubte sie plötzlich wieder an den großen und gütigen Gott, der seine Arme über ihrem Bubi ausbreiten und ihn vor allem Übel in der Welt beschützen würde.

Bald kamen alle Freunde, um das Kind zu betrachten, knieten nieder vor seinem Bett wie die Hirten in Bethlehem, betrachteten es ausführlich, stellten Ähnlichkeiten fest und zogen wortreich ihre Schlüsse über die Vaterschaft. Oder sie gingen ehrfürchtig um die Wiege herum, hatten ein kleines Geschenk in der Hand – einen silbernen Trinkbecher, einen Mokkalöffel mit Gravur, eine hölzerne Lokomotive, ein Windelhöschen mit

Spitzenbesatz, Myrrhe, Weihrauch – und ehrten und huldigten Franziska wegen des schönen Sohnes, dem sie das Leben geschenkt hatte. Der Privatgelehrte und Philosoph Paul Stern, Franziskas väterlicher Freund, brachte ein erstes Lesebuch für den Bubi, weil man mit dem Lesen gar nicht früh genug anfangen konnte. Das Baschl bekam vor lauter Ehrfurcht angesichts des Bubi in der Wiege zuerst einmal keinen Ton heraus. Mindestens fünfmal ging sie um ihn herum und betrachtete ihn von allen Seiten.

»Das ist ein Wunder! Großartig! Zuerst neun Monate in deinem Bauch, und jetzt liegt er hier, als wäre es das Normalste von der Welt!«

»Ist es ja auch«, sagte Franziska trocken. »Ein Kind kriegen ist so ziemlich das Normalste von der Welt.« Dabei sah sie ihre Freundin an, strahlte und war froh, dass es klang, als sei ein Kind eine selbstverständliche Nebensächlichkeit, was wiederum das Baschl zu noch größerer Bewunderung veranlasste.

»Du bist phantastisch, Franziska, und das Heroische dabei ist, dass du auf den Vater pfeifst!«

In solchen Augenblicken konnte Franziska fast vergessen, in welcher Misere sie in Wirklichkeit lebte: Ständig musste sie sich Geld beschaffen, und es reichte doch nie. Im Leihhaus war sie Stammkundin, all ihren Silberschmuck hatte sie bereits versetzt. In ihrer Wohnung war es immer kalt und klamm, ihr Kind musste sie in viel zu dicke, harte und hässliche Decken hüllen, und wenn es schneite und der Frost durch die Fensterritzen drang, stülpte sie ihm wollene Socken über die eiskalten Fäustchen. Nachts saß sie an der Nähmaschine und nähte für ihren Bubi Jacken und Mäntelchen aus alten Wolldecken. Ihre Not war größer als je zuvor, aber Franziska war nicht mehr allein. Sie bildete sich ein, das Leben könnte ihr jetzt nichts mehr anhaben, denn sie würde nie mehr einsam sein.

Gott sei Dank war es am Tag der Taufe nicht so schrecklich kalt. Franziska hatte ihrem Glückskind noch in der Nacht zuvor ein langes weißes Taufkleid genäht, aus einem aufgetrennten Leinenkleid, das ihr die Nachbarin für die Schwangerschaft geschenkt hatte. Das Baschl trieb einen Meter crèmefarbene Spitzenbordüre auf, die sogar noch für ein Häubchen reichte. Kurz bevor sie zur Kirche aufbrachen, brachte der Postbote einen Brief des alten Freundes und berühmten Gotteslästerers Oskar Panizza, in dem sich zwanzig Mark – »ich kenne Ihre Misere« – befanden. Franziska deutete dies als Zeichen des Himmels.

»Der Herr dort oben«, und sie deutete mit dem Daumen in Richtung Himmel, »lässt ausrichten, dass es ihm wohlgefällt, wenn ich meinen Bubi der Christengemeinde zuführe!«

Das Baschl versuchte gerade, dem Bubi die Haube unter dem Kinn zuzubinden, während Franziska noch das Taufkleid zurechtzupfte.

»Hoffentlich wird er auch weiterhin so schön belohnt von seinem Herrn!«

Die beiden Frauen kicherten nervös wie die Backfische, stimmten sich schon ein auf die Zeremonie in der Kirche, die sie selbstverständlich – die antiklerikale Einstellung gehörte in ihren Kreisen zum guten Ton – nicht ernst nahmen. Sie setzten ihre großen Hüte auf und machten sich auf den Weg. Der Bubi lag, spitzenumrahmt und rosig, in seinem Steckkissen und schlief. Selbst als ihn sein Pate, Franziskas Vetter Rolf Brockdorff, für das Taufgelübde herausnehmen musste, schlief der kleine Rolf weiter. Er verschlief die Predigt, verschlief selbst die Wassertropfen auf seinem kahlen Kopf und Gottes Segen, verschlief die vorwurfsvollen Blicke des Küsters, als Franziska richtig stellte, dass Rolf zwar der Pate und auch ihr Vetter, aber nicht der Vater sei. Der sei ihr nämlich abhanden gekommen, und sie habe mit der Taufe nicht länger warten wollen, bis er wieder auftauchte. All das verschlief der kleine Bubi. Auch die überheblich gelangweilten Blicke der kleinen Taufgemeinde zum Kirchengewölbe hinauf und die übertriebenen Stimmen beim Sprechen des Vaterunser, die sich dann unter den rauschenden Orgelklängen beim Hinausgehen in schallendes Gelächter entluden. Alles verschlief der unschuldige Täufling.

154

Draußen standen sie noch einen Moment auf den steinernen Stufen vor dem Portal und besprachen, was sie nun zur Feier des Tages noch unternehmen könnten. Da, ganz plötzlich, kam er aus der Bäckerei: ein junger Mann, aufrechter Gang, korrekte Haltung, vornehme Kleidung, und warf Franziska einen Blick zu, der sie erstarren ließ. Sie blickte ihm nach, er drehte sich, ging weiter, noch einmal ein Blick. Franziska, regungslos, fassungslos, wartete, ob er sich noch einmal umdrehte; er aber ging mit eiligen Schritten seines Weges. Einen Moment lang blieb Franziska versteinert, wie vom Blitz getroffen, vom Schlage gerührt, dann fasste sie sich und flüsterte dem großen Rolf zu: »Lauf schnell in den Bäckerladen und frag nach seinem Namen!«

Das Baschl verstand gar nichts. Sie hatte zwar gesehen, was sich da abspielte, auch den Blick bemerkte sie, aber verstanden hatte sie trotzdem nichts.

»Wer war das?«

»Das soll Rolf ja gerade herausfinden.«

»Was, du kennst ihn gar nicht?«

»Doch, doch schon …«

Das Baschl wollte sich mit dieser Antwort nicht zufrieden geben und bekam aus Franziska heraus, dass dieser Mann häufig den Salon X frequentiert hatte und sie dort im letzten Jahr regelmäßig mit ihm verkehrte. Dieser brennende Blick habe in ihr das Feuer entfacht, das sie so lange bei sich vermisst habe.

»Es scheint, die Bestie in mir erwacht wieder nach langem Schlummer.« Franziska drehte sich einmal um sich selbst und stampfte wie Rumpelstilzchen mit dem Fuß auf den Boden.

»Aber doch nicht ausgerechnet heute«, sagte das Baschl so laut, dass es für niemanden zu überhören war, »wo du dein vaterloses Kind der Christengemeinde zugeführt hast!«

»Dass ich diesen Mann ausgerechnet am heutigen Tag wiedersehe hat eine Bedeutung.« Franziska sprach jetzt ein wenig leiser, fast andächtig schaute sie zum Himmel. »Das hat der da oben inszeniert!«

Der Tag endete noch recht fröhlich im Café Größenwahn, wo

die großzügige Geldspende des gottlosen Panizza sogleich in Champagner und Würstl umgesetzt wurde. Bubi hatte inzwischen ausgeschlafen und war außerordentlich munter. Er wurde von Schoß zu Schoß, von Arm zu Arm gereicht, allerlei Ratschläge für seinen Lebensweg wurden über ihm ausgeschüttet, die Freunde ließen ihn und Franziska hochleben, alle waren vergnügt. Franziska tauchte ihren kleinen Finger in das Champagnerglas und steckte ihn dann ihrem kleinen Rolf in den Mund: »Damit du dein Leben lang die wichtigen Dinge von den unwichtigen unterscheiden lernst!«

Um sich selbst und ihr Kind am Leben zu erhalten, wollte Franziska nun alles tun, um noch mehr Aufträge an Land zu ziehen. Alles, was Albert Langen ihr an Übersetzungsaufträgen anbot, musste sie jetzt annehmen. Die Zeit, die man ihr für die Fertigstellung der Manuskripte ließ, wurde immer kürzer. Sie arbeitete tags, sie arbeitete nachts, schlief fast gar nicht mehr, und wenn, dann war es ein flacher Schlaf, der schon durch das geringste Geräusch gestört wurde. Oft war sie nervös und unruhig, sie rauchte zu viel, brach ein Gelübde auf das andere, die Zigarettenzahl in Zukunft – morgen schon – zu reduzieren. Sie wurde zunehmend dünner, zarter. Der kleine Rolf entwickelte sich prächtig, blickte wacher und lachte aus vollem Halse, wenn Franziska sich die Hände vors Gesicht hielt und wieder zum Vorschein kam. Tagsüber lag er oft stundenlang in seinem Bett und spielte mit dem hellblauen Holzring, den Monsieur ihm nachts einmal heimlich unters Kopfkissen gesteckt hatte. Als er Zähne bekam, schrie er so viel, dass Franziska manchmal ihren Block nahm und sich ins Treppenhaus auf die Stufen setzte. Die vierhundert Seiten Maupassant konnten schließlich nicht warten, bis sich der Zahn endlich ganz und gar durch das zarte Fleisch gebohrt hatte.

»Ich muss mir ein anderes Leben machen«, sagte sie zum Baschl, »so geht's nicht weiter, so halt ich's nicht mehr aus!« Franziskas Freundeskreis hatte sich inzwischen verändert; sie kannte jetzt viele, die mit dem Theater zu tun hatten, Schriftsteller, Schauspieler, Regisseure. Die trafen sich am Spätnachmittag im Café Luitpold, wo sie von Tisch zu Tisch die Runde machten, planlos suchten, ohne eigentlich zu wissen, was sie finden wollten, oft nur ein Gespräch, vielleicht eine Einladung für den Abend, eine Gesellschaft oder einen Jour fixe. Mit diesen Runden hielt man sich auf dem Laufenden, erfuhr, was in keiner Zeitung stand, auf keiner Plakatsäule zu lesen war: Ratsch und Tratsch, wer mit wem und wer gerade nicht mit wem, kleine Intrigen, lächerliche Eifersüchteleien, Eitelkeiten und Geprahle. Je mehr Franziska sich in diesem Kreis installierte, desto öfter kam ihr der Gedanke, dass sie es womöglich als Schauspielerin im Theater leichter haben würde und schneller und vor allem freudvoller das Geld verdienen könnte, das sie für sich und ihren Bubi brauchte. Sie stellte sich vor, wie sie reich und berühmt sein würde, vom Luxus umgeben, von Männern verwöhnt und bewundert; sie träumte von aufregenden Reisen, Gastspielen an den großen Bühnen Europas, brausendem Beifall, Schmuck, Pelzen, Grandhotels und Champagner. Ihre Wirklichkeit sah anders aus: um fünf Uhr früh aufstehen; Hausarbeit, Bubi versorgen, üben und Rollen lernen, übersetzen, Bubi versorgen, abends wieder Rollen üben, schreiben, übersetzen. Um sich den teuren Schauspielunterricht leisten zu können, musste sie noch mehr, noch schneller übersetzen. Obwohl sie schon bald durch die Fürsprache des großen Otto Falckenberg eine kleine Rolle erhielt und mit den Schauspielkollegen viel Spaß hatte, sich überhaupt alles gar nicht so schlecht anließ, entdeckte sie sehr bald, dass sie sich schwer tat mit der Schauspielerei. Sie sah ein, dass sie, trotz hie und da aufblitzender Begabung, auch mit diesem Beruf weder reich noch berühmt werden würde.

Gerade in dieser Zeit machte Franziska häufig Gebrauch von einer Eigenschaft, mit der sie sich auch in schwierigen Situationen immer wieder das Leben erleichterte. Sie nahm sich, was sie brauchte; amüsierte sich, wenn sie sich amüsieren wollte, holte sich ihr Vergnügen, wenn es nicht von alleine kam. Auf ein inneres Kommando hin, mit einer Art Beschwörungstechnik gelang es ihr, sich vorsätzlich zu verlustieren, ohne dass es angespannt, künstlich oder verkrampft wirkte. Sie forderte einfach ihren Anspruch auf Lebensfreude bei sich ein. Dann ging sie ins Café oder auf Faschingsbälle, sprach jeden an, der ihr gefiel, tanzte bis zur Erschöpfung, ging hin und wieder mit Männern nach Hause, die sie nicht kannte und von denen sie sich eine erotische Raserei versprach. Sie gönnte es sich, ihre Utopien von hemmungsloser Freiheit und sexueller Ungebundenheit auszuprobieren. Ohne Rücksicht auf bürgerliche Benimmregeln jagte sie ihrer Sehnsucht nach dem ganz großen erotischen Erlebnis hinterher, ließ sich einzig von sinnlicher Begierde treiben; ohne an irgendwelche Konsequenzen zu denken. Dann konnte sie sich freuen wie ein Kind, das sich versteckt hält und zusieht, wie die anderen suchen, dann war sie vergnügt und fand, dass das Leben ihr so viele Chancen bot, die sie zumindest nicht alle ungenutzt verstreichen lassen dürfe.

Der Theaterunterricht fand immer dienstags und donnerstags statt, in einem Saal mit Probebühne und einer Galerie, auf der die Schauspielschüler, die gerade eine Pause hatten, zusehen konnten oder sich flüsternd unterhielten und kritisierten, was sich auf der Bühne abspielte. »Kommst du heute mit zum Souper?«, flüsterte ihr einer der drei Mitschüler zu, die ihr gleichzeitig den Hof machten. »Um acht in der Goldenen Gans. Georg hat Geburtstag.«

Die drei *étudiants* strichen schon seit einigen Tagen um Franziska herum. Sie behaupteten alle drei, dass sie schrecklich in sie verliebt seien und es nur an ihr läge, sich zu entscheiden. Sie kündeten an, dass, sobald sie sich für einen entschiede, die beiden Übriggebliebenen diese Wahl niemals akzeptieren würden, und es Mord und Totschlag gebe.

Franziska fand jeden Einzelnen auf seine Weise amüsant: Der eine hieß Gustav und war ein Schönling mit dunklem Haar und blauen Augen – allerdings nur wenn der Mund geschlossen war. Beim Sprechen oder gar wenn er lachte, blickte man in einen Mund, wo sich die Zähne kreuz und quer im Weg standen, was die anderen Vorzüge sogleich in den Hintergrund treten ließ.

Der zweite hieß Hans und trug eine Brille mit sehr dicken Gläsern. In den raren Momenten, in denen er sie von der Nase nahm, etwa beim Lesen einer Speisekarte, verwandelte er sich von einem Frosch in einen Prinzen, dann konnte man seine samtschwarzen, großen, dicht bewimperten Augen sehen, die hinter den Brillengläsern wieder zum Format gerösteter Kaffeebohnen zurückschrumpften. Der dritte hieß Georg und hatte Pickel. Seine Eltern schienen reich zu sein, denn sein Mantel und sein Rock waren aus vornehmstem englischem Tuch, die Hemdkragen immer weiß und frisch gestärkt, und wenn sie ausgingen, dann bezahlte er in der Regel die Zeche. Die drei Männer kannten sich schon aus der Schulzeit und pflegten untereinander einen ganz besonderen Ton, fast eine eigene Sprache. Am meisten gefiel Franziska, dass sie sich alle drei darauf geeinigt hatten, dass sie gleichzeitig und ausschließlich in die unkonventionelle, geheimnisvolle, aufgedrehte Schöne aus dem Norden verliebt waren.

Am späten Abend, nach dem Geburtstagssouper – Gänseleber, Fasanenbrüstchen, Erdbeeren mit Sahnebaiser –, als die Cognacgläser leer und die Kellner vorwurfsvoll waren, lud Georg alle vier zu sich nach Hause ein. Sie bestiegen eine Droschke und fuhren durch die weiche Nachtluft über die Tivoli-Brücke ans andere Ufer der Isar nach Bogenhausen, wo die feinen Leute wohnten. Die Droschke hielt, und Georg bezahlte. Hans zog seinen Rock aus und legte ihn vor Franziska auf die Straße, damit sie weich trat und ihre alten Stiefel nicht beschmutzte. Gustav tat sofort das Gleiche, um nicht ins Hintertreffen zu geraten. Auf diese Weise betrat Franziska mit den drei *étudiants* den Vorgarten zu einer großen, dunkelgrauen Villa irgendwo im Herzogpark. Georg schloss das schwere Portal auf und machte Licht.

»Nett hier – ärmlich, aber reinlich«, sagte Franziska angesichts der prunkvollen Lüster, der mit feinen, französischen Seidenstoffen überzogenen Louis-Seize-Möbel, der schweren Brokatvorhänge und der ausladenden Marmortreppe in der Eingangshalle.

»Meine Eltern wohnen nicht hier, sie haben mir dieses Haus fürs Studium zur Verfügung gestellt – ich finde es auch schrecklich«, entschuldigte sich Georg und war mit einem Mal ganz unsicher, ob es wohl eine gute Idee gewesen war, Franziska mit nach Haus zu nehmen.

»Es wird immer so gemütlich, wie man es sich macht«, sagte Hans und nahm die Brille ab. Gustav verschwand im Salon und machte sich am Kamin zu schaffen, Georg holte Gläser und gekühlten Champagner. Franziska war die Königin, die Hofschranzen huldigten der Göttlichen – jeder kam auf seine Kosten, die vier waren zufrieden.

Das Leben konnte so schön sein! Wenigstens manchmal, und wenn auch nur für ein paar Stunden! Einmal dem ständig bohrenden Pflichtgefühl entfliehen, einmal der Verantwortung entwischen, einmal an nichts denken! Die Nacht verflog viel zu schnell. Als es dämmerte und die Vögel vorsichtig und noch etwas schleppend mit ihrem Gezwitscher begannen, erwachte Franziska in einem gigantischen Himmelbett. Sie stieg ganz leise aus dem Bett, ohne den brillenlosen Hans, den leise schnarchenden Georg oder den an die Bettkante gedrängten Gustav zu berühren, und zog sich an. Friedlich schlafend, mit Engelsgesichtern, lagen die drei da: Georg hatte schmale Schultern und eine blasse, leicht bläulich schimmernde Haut. Hans war gänzlich unbehaart, fast kindlich fest und glatt. Gustav war der männlichste; breite Schultern, muskulöse Brust, schwarzer Flaum auf den Unterarmen – das alles nahm sie erst jetzt, im schüchternen Licht des jungen Tages, wahr.

»Es war so wunderbar, ihr Süßen. Ich muss jetzt gehen«, flüsterte sie und ging die große Marmortreppe hinunter, hinaus durch das große Portal und das schwere eiserne Gartentor. Die Luft war köstlich frisch, Tautropfen funkelten im Licht der roten Morgensonne, und Franziska ging durch den Englischen Garten zurück nach Schwabing. Als sie die Tür ihrer Wohnung aufschloss, hörte sie ihren Bubi aus vollstem Halse lachen. Sie hatte ihn für diese Nacht der Zugeherin anvertraut. Franziska zog die Jacke aus, setzte den Hut ab und lauschte, wie Marie mit ihrem Bubi schäkerte, zärtlich mit ihm schmuste, ihn neckte und immer wieder zum Lachen brachte, indem sie ihn zwischen Kinn und Hals prustend küsste. So sehr war Marie mit dem Bubi beschäftigt, dass sie nicht bemerkte, wie Franziska das Zimmer betrat. Franziska stand steif und kerzengerade hinter Maries Rücken, schließlich schob sie Marie mit hartem und strengem Gesicht unsanft zur Seite.

»Übertreib es nicht, Marie! Er wird ja ganz verrückt!«, sagte sie mit schneidender Stimme. Oder war es Franziskas Mutter, die da mit scharfem, unbarmherzigem Ton sprach?

Marie erschrak, zog sich sofort zurück, machte Platz, und Franziska beugte sich lächelnd ihrem Kind entgegen: »Mein Bubiherz, mein Göttertier, jetzt ist die Mama wieder da!«

Noch ein paarmal verbrachte Franziska mit den drei jungen Schauspielerkollegen fröhliche Nächte in der Villa. Zusammenlegen wollten sie, damit aus ihrer Göttin ein Star würde – einhundertfünfzig Mark hatten sie nach einer weiteren Nacht auf den Tisch gelegt. »Damit wird man zwar noch kein Star, aber trotzdem, lieb von euch«, sagte Franziska und steckte das Geld unter ihr Strumpfband. Die drei jungen Männer waren fasziniert von dieser Frau, die für sie Mutter, Hure, Künstlerin und Geliebte in einer Person verkörperte. Sie war ihre Göttin, die Gewalt über sie hatte und alle drei gleichermaßen zufrieden stellte. Franziska erzählte ihnen von den feuchten Wänden in der Atelierwohnung, von eingefrorenen Waschlappen im Januar, von Schuhen, die nicht zum Schuster gebracht werden konnten, und vom Gerichtsvollzieher, der zum wiederholten Mal in sein Buch schrieb, dass es bei ihr nichts mehr zu pfänden gab. Die drei Burschen rissen die Augen auf und hingen an ihren Lippen. Von dieser schäbigen Seite der faszinierenden Welt der Bohème hatten sie keine Ahnung. Von ihrer zerbrochenen Ehe, von ihrem Bubi-Kind, ihrer adeligen Familie erzählte Franziska nichts. Sie wusste um die Macht des Geheimnisvollen und vermied es, das Bild, das die drei von ihr hatten, zu zerstören.

161

Manchmal saß Monsieur schon im Stuhl und wartete, wenn sie abends vom Theaterunterricht nach Haus kam. Dann zogen düstere Wolken durchs Zimmer, das Licht wurde grau, die Luft schwer. Oft wurde sie in Gespräche hineingezogen, die ihre Stimmung düster machten, sogar mit Vorwürfen überhäuft: Wo warst du gestern Nacht? Du kümmerst dich nicht um dein Kind! Du verschwendest deine Zeit! Du lebst über deine Verhältnisse. Dann war sie nicht mehr die Königin, sondern saß klein und schwach und voller Gewissensbisse auf ihrem Diwan und gab zu, dass sie alles falsch machte, ihr Leben verpfuschte, zu viel rauchte und zu wenig aß. Sogar die Liebesnächte mit Monsieur, so triebhaft, rauschhaft und brennend sie auch sein mochten, endeten oft in tiefer Depression. Er ging und ließ sie zurück mit dem Gefühl, dass sie allein, ohne ihn, ohne seinen Rat und ohne seinen Beistand nicht durchs Leben käme. Aber Monsieur war nicht mehr da. In solchen Stunden sehnte sie sich nach ihren drei Luftikussen und der Leichtigkeit des Seins, nach den Stunden, in denen sie alles andere tat, als über das Leben nachzudenken, Stunden im luftleeren Raum, Dahingleiten ohne Widerstand.

Irgendwann ging Franziska nicht mehr zu den Theaterstunden. Sie fand, dass der Erfolg zu lange auf sich warten ließ, der Aufwand zu groß, der Preis zu hoch sei. Auch ihre drei Verehrer sah sie nicht mehr. Sie war froh, ihr Inkognito gewahrt zu haben, so hatte es in ihrer Hand gelegen, den Kontakt zu unterbrechen. Gesundheitlich war sie schon längst nicht mehr in der Verfassung, sich mit den drei Burschen zu amüsieren. Es ging Franziska nicht dramatisch schlecht, aber auch nicht gut, psychisch und physisch auch; sie spürte die Zeit an sich vorbeifliegen, ohne dass sie wirklich Tritt fassen konnte. Sie versuchte, diszipliniert zu leben, schaffte es auch in gewissem Maße. Sie arbeitete viel und regelmäßig – und meinte doch, dass alles, was sie tat, irgendwie im Sande verlief, sich nicht ausbezahlte, keine Konturen hatte. Viel versucht – nichts errungen, nichts erreicht. Allein ihr Sohn Bubi half ihr über die ganz große Depression hinweg. Er konnte sie mit dem Leben versöhnen; wie niemand sonst vermochte er sie zu trösten, obwohl er doch noch gar nicht wissen konnte, was der Anlass ihrer Traurigkeit war. Wie ein Spürhund folgte der Bubi ihren Fährten bis hinunter in den tiefsten Gram, und dann rettete er seine Mutter mit einer Geste oder ein paar verrutschten Silben, die nichts und alles bedeuteten. Sogleich zauberte er wieder ihr fröhliches Lachen, die vergnügte Unbeschwertheit herbei.

Im Frühling kaufte sich Franziska ein Fahrrad. Sie belohnte sich damit für eine lange Übersetzung, bei der sie sich besonders geschunden hatte. Die Vorstellung, als eine der ersten Frauen auf einem Fahrrad durch Schwabing zu fahren, es vor dem Café Stephanie abzustellen, umringt von Neugierigen, die ihr neidvoll zusahen, wie sie es mit einem Strick am Baum festband, bereitete ihr Vergnügen. Wenn sie auf ihrem neuen Rad durch die Straßen fuhr, mit langem Hals und geradem Rücken auf ihrem Sattel saß, die morgens sorgsam hochgesteckte Frisur in Auflösung begriffen, den Rock mit Wäscheklammern zur Seite drapiert, um ihn von Kette und Speichen fernzuhalten, war sie glücklich. Egal wie finster ihr zumute war, auf dem Fahrrad konnte sie sich nicht dagegen wehren, über das ganze Gesicht zu lachen. Sie musste einfach lachen, der Fahrtwind strich ihr die Gesichtszüge glatt, ebnete alle Kummerfalten. Sie fuhr Kurven, bremste, um dann wieder zu beschleunigen, einhändig oder freihändig fuhr sie aus Lust, oft ohne Ziel. Die Leute auf dem Trottoir blickten ihr mit sehnsuchtsvoller Neugierde nach, oder sie schüttelten missmutig den Kopf über solchen Übermut.

Abends dann wieder Monsieur. Anders als sonst, saß er nicht in seinem Sessel und schwieg oder schlief, sondern war ganz offensichtlich gereizt, hatte schlechte Laune. Er ging ruhelos im Zimmer auf und ab und warf ihr Verschwendungssucht vor, machte ihr immense Vorwürfe, dass sie sich den kleinen Vorschuss, den sie von Langen bekommen hatte, nicht für die Miete im nächsten Monat zurückgelegt hatte, sondern sofort in den nächsten Laden gegangen war und sich solch ein unvernünftiges und dazu auch noch höchst gefährliches Gerät gekauft hatte. Undamenhaft fand er das, lächerlich frauenrechtlerisch und geschmacklos.

Franziska sackte in sich zusammen. Alle Freude über das neue Fahrrad und das Glücksgefühl, das es ihr bereitete, hatte der Monsieur mit seinen griesgrämigen Vorhaltungen zerstört.

»Geh jetzt und komm nicht wieder!«, sagte sie, äußerlich vollkommen ruhig und bestimmt. Sie hatte jetzt keine Lust, sich zu rechtfertigen, sie hatte nur plötzlich das Gefühl, dass es ihr nicht gut tat, mit ihm zusammen zu sein. Sie spürte jetzt sehr deutlich, dass er sie hinabzog, ihr alle Kraft, allen Mut nahm. Wortlos legte er den Schlüssel, den er die ganze Zeit immer bei sich getragen hatte, auf den Tisch und ging hinaus, ohne sich noch einmal umzudrehen. Franziska weinte die ganze Nacht.

In den ganzen ersten Bubijahren war Franziska gezwungen zu übersetzen, was sie in die Finger bekam. Am Montag dreiunddreißig Seiten, am Dienstag achtunddreißig, am Mittwoch zweiundvierzig. Dann hundert Seiten Abschrift, die noch nachts begonnen werden mussten, weil die Zeit drängte. Oft übersetzte sie ein ganzes Buch innerhalb einer Woche, und wenn sie morgens um vier damit fertig geworden war, radelte sie sofort zum Verlag, kassierte und nahm den neuen Auftrag gleich wieder mit. Gleich darauf suchte sie ihre Gläubiger auf und bezahlte ihre Schulden oder das, was im zerschlissenen Büchlein des Kellners Arthur angeschrieben stand. So ging es Monat um Monat, ihre finanzielle Misere schien ausweglos. Bubi begann zu laufen, zu sprechen, und er hatte inzwischen gelernt, auf den Topf zu gehen. Man konnte ihn jetzt keine Sekunde mehr allein lassen, seine Neugier kannte keine Grenzen: Blumenerde oder Scheuersand, hohe Stühle, Fensterbrett, Stecknadeln und Tintenglas – alles wurde ausprobiert und auf seinen Geschmack hin untersucht. Das Leben war anstrengend, und Franziska hatte lernen müssen, sich aufzuteilen zwischen ihrem Kind und ihrer Arbeit.

Ihre drei lustigen Schauspielschüler hatte Franziska lange

nicht mehr gesehen. Eines Tages stieß sie zufällig auf ein kleines Inserat in der Zeitung: »Luise, wo bist du? Kleeblatt.«

Luise, das war sie selbst. In den Theaterstunden damals hatten sie sich Spitznamen zugelegt, aus den Stücken, die sie gerade probierten. Mit selbst verordneter Unternehmungslust beantwortete sie die Zeitungsanzeige. Kurz darauf traf sie sich mit den drei Freunden von damals. Sie hatte sich auf das Treffen gefreut und sich davon auch einiges erwartet, musste aber die Erfahrung machen, dass Luise nicht mehr ganz so viel Spaß an der Sache hatte wie zu Beginn. Das Abenteuerliche fehlte, das Neue, Aufregende. Auch die Kollekte fiel an jenem Abend mit hundert Mark etwas magerer aus als in früheren Zeiten, den Herren saß das Geld nicht mehr so locker in der Tasche wie damals.

An den Wochenenden zog es Franziska jetzt immer häufiger aufs Land. Mit dem Bubi an der Hand bestieg sie die Eisenbahn und fuhr in Richtung Süden, entweder nach Starnberg an den schönen See oder nach Schäftlarn im Isartal oder auch etwas weiter weg, nach Holzkirchen. Sie musste sich auslüften, die Stadt war ihr oft über, die Sehnsucht nach Natur, frischer Luft und dem weiten Himmel war groß. Auch der Bubi liebte das Land: Kühe und Schafe auf der Weide, Pferde mit Reitersmann und ohne, Mooskissen und Wurzelwerk, Schmetterlinge, Marienkäfer – alles erfreute Bubis Herz. Er juchzte und sauste los, entwand sich Franziskas Hand, auf die er in der Stadt so ungern verzichtete, ließ sich ins taunasse Gras fallen und sah den Wolken nach. Franziska breitete eine Decke aus, legte sich neben ihn und versuchte, auf alle Fragen eine Antwort zu finden und ihm die Welt zu erklären: Woher kommt die Sonne, und wohin geht sie? Wo sitzt der Gott, und warum kann man ihn nicht sehen? Ist den Kühen nicht langweilig, den ganzen Tag auf der Wiese? Warum lachen Tiere nicht?

Manchmal hatte Franziska Kopfschmerzen, wenn sie sich in der Nacht vorher zu sehr verausgabt, zu viel durcheinander getrunken, zu viel geraucht, zu viel getanzt und getobt hatte und erst gegen Morgen wieder nach Haus gekommen war. Dann lag

165

sie matt neben ihrem Sohn auf der Decke und wusste auf die vielen Fragen keine Antwort. Bubi war dann sehr besorgt, brachte Zweige und Blätter, aus denen er ihr ein Kopfkissen baute, schleifte Tannenzweige heran, um sie zuzudecken, kochte ein Süpplein aus Pfützenwasser, Löwenzahnmilch und Gänseblümchen. Das bekümmerte Bübchen legte die Hand auf ihre Stirn und machte ein ganz trauriges Gesicht. »Die Mamai soll nicht krank sein!«

Wenn er so voller Sorge war, sich alle Mühe gab, es ihr so bequem und recht zu machen wie möglich, dann ging es Franziska schon gleich viel besser. Die zierlichen, immer klebrigen Kinderhände auf ihrer Stirn waren besser als jede Medizin, ersetzten sogar das schlimme, seligmachende Morphiumpulver, das sie hin und wieder nahm, bei ganz schlimmen Migräneanfällen, oder zuweilen einfach so. Franziska liebte es, wenn ihr Söhnchen beunruhigt war, sie mit ernsten Augen ansah und sagte: »Mausi hat die Mamai lieb. Aber die soll lustig sein!« Dann hielt sie es nicht mehr aus auf ihrem pieksenden Kopfkissen und unter ihrer stacheligen Decke, dann sprang sie auf und kugelte mit ihrem Bubi den Abhang hinunter, hielt ihn ganz fest, drückte ihn an sich, fest, fest, bis ihnen beiden die Luft wegblieb. Wonne, Glück und Seligkeit!

An solch einem Tag, Franziskas Migräne hatte sich unter Bubis Zauberhänden gerade verzogen, begegneten sie auf einem Waldweg irgendwo zwischen Hohenschäftlarn und Grünwald einem Mann, der Franziska schon in München einmal über den Weg gelaufen war: Es war Ludwig Klages.

Franziska kannte ihn vom Sehen, er war ihr aufgefallen, als sie ein paar Tage zuvor im Café Luitpold war. Da saß jener Klages am Tisch zusammen mit fünf Männern, die ihn sichtlich bewunderten und an seinen Lippen hingen. Sie hatte allein am Tisch in der Ecke gesessen und die Männerrunde in aller Ruhe betrachten können: Alle waren jung und sahen gut aus. Franziska sah die Männer gestikulieren und mit Vehemenz aufeinander einreden. Klages war der Mittelpunkt, und die anderen buhlten um seine Gunst, das konnte man sehen, auch wenn man nicht verstand, was gesprochen wurde. Hin und wieder steckten sie die Köpfe zusammen, flüsterten, tuschelten, gingen dann wieder auseinander und lachten aus vollem Halse, klopften sich auf die Schenkel, laut und dröhnend.

Ludwig Klages also kam gerade des Wegs, mitten im Wald, wo man einen wie ihn eigentlich nicht vermutete, denn er hatte – jedenfalls äußerlich – etwas ausgesprochen Städtisches, Kosmopolitisches, Weltmännisches in seinem Gehabe. Kleider und Haarschnitt waren äußerst gepflegt, das Gesicht glatt rasiert, die Zigarette hielt er zwischen dem kleinen Finger und dem Ringfinger, Zeichen seiner egozentrischen Eleganz. Er inhalierte den Rauch lange und tief, entließ ihn mit einem kleinen Stöhnen und einer Mimik, die nicht etwa Genuss, sondern Abscheu, fast Ekel signalisierte. Manch einer interpretierte diese Geste als Ekel vor der Welt, Ekel vor den Menschen. Klages war ein Mann, der es sich herausnehmen konnte, leise und undeutlich zu sprechen, denn er ging davon aus, dass jedermann konzentriert lauschte, sobald er das Wort ergriff.

Viel wusste Franziska nicht über ihn. In gewissen Zirkeln wurde sein Name häufig im Zusammenhang mit dem Kreis der Kosmiker erwähnt, mit Alfred Schuler, Stefan George oder Karl Wolfskehl. Es wurde gemunkelt, dass er die Juden nicht mochte und die Menschheit in wertvolle und minderwertige Rassen aufteilte. Er widmete sich, wie es hieß, voller Inbrunst und Emphase den Mysterien des Blutes und, wie es sich für einen ehrgeizigen Philosophen gehört, den letzten Gründen des Seins. Dafür war er in Schwabing bekannt. Bekannt war er auch für seine schwärmerisch-okkulte Sprache, seine pathetischen Formulierungen. Franziska hatte zwar noch keine seiner Schriften gelesen, sich aber immer wieder fest vorgenommen, in Klages' mystische Gedankenwelt einzutauchen, sobald ihr die täglichen Pflichten ein wenig Zeit und Muße ließen.

Klages war nicht allein im Wald. Er wurde von zwei Freunden eskortiert, von denen Franziska den einen, Roderich Huch, bei dem Klages sich eingehakt hatte, kannte. Die beiden stützten sich gegenseitig, versuchten sich Halt zu geben auf den feuchten, glitschigen Wurzeln, die sich wie schwarzglänzende Adern über den dunklen Waldweg zogen. Hinter ihnen, beide Arme rechts und links von sich weggestreckt wie ein Seiltänzer, dem die Balancestange fehlte, ging Hans Hinrich Busse. So kamen die drei Männer Franziska entgegen, die einen kleinen Rucksack auf dem Rücken hatte und den Bubi an der Hand. Sie waren schon mit verlangsamtem Schritt und vorsichtigem Gruß aneinander vorbeigegangen, da spürte Franziska, wie Klages stehen blieb, sich umdrehte und sie von hinten fixierte.

»Haben Sie keine Angst so allein im dunklen Wald?«, rief er ihr nach. Franziska legte ihrem Sohn den Arm um die Schultern. »Wieso allein? Ich bin doch nicht allein!«

Huch und Busse kamen nun auch langsam etwas näher. Roderich Huch, der von einigen begeisterten Adoranten seiner Schönheit auch »der Sonnenknabe« genannt wurde, löste sich rasch von Klages' Arm, so, als sei er in flagranti bei einer Unschicklichkeit ertappt worden.

Klages stand nun ganz frei, stemmte die Arme in die Seiten, blickte nach oben und sagte: »Es naht ein Gewitter von Süden her. Dort hinten ist der Himmel schon bedrohlich schwarz!« Er deutete in die Richtung, wo er Süden vermutete. Franziska war sicher, dass er nach Osten zeigte, wollte aber nicht rechthaberisch sein. Sie breitete die Arme aus und reckte ihren Oberkörper dem schwarzen Himmel entgegen.

»Das kommt mir gerade recht, wenn es richtig braust und knallt! Ich liebe Unwetter!« Sie atmete tief ein, als versetze sie die gewitterschwangere Luft in einen rauschhaften Zustand. Klages sah ihr fasziniert zu. Dann trat er ganz nah an sie heran und fasste sie mit festem Griff an der Schulter.

»Das Weib im Bunde mit den Urgewalten! Phantastisch!« Franziska erschauderte unter seinem Griff, Gänsehaut am ganzen Körper, ihr Herz schlug hoch. Noch immer ließ er nicht los, umfasste ihre Schulter noch fester, wandte sich seinen Freunden zu: »Das Weib ist ganz es selbst erst in den dunklen Tagen sprengender Schauer, den großen Tagen des flammenden Alls.

Wenn uns das Weibliche lockt, so zieht es uns jedenfalls nicht hinan, wie Goethe meinte, sondern hinab ins untergründige Chaos, aus dem alles Lebendige stammt und in das es zurückkehren muss.«

Ohne Franziskas Schulter loszulassen und als wolle er das ganze Universum umgreifen, machte Klages mit dem freien Arm eine weit ausholende Bewegung, die er auslaufen ließ, indem er auf Franziska deutete. Franziska kam sich vor wie angepriesen auf einer Jahrmarktbude auf dem Oktoberfest. Weich ließ sie sich gegen Klages Brust fallen und lachte. Aber so viel weibliche Nähe schien ihm nun doch ein wenig zu viel zu sein. Er wich zurück.

»Sehen Sie, nicht ich, sondern Sie haben Angst, Klages!«

Sofort ließ Klages Franziskas Schulter los. Dann wandte er sich an seine beiden Begleiter und sagte in seinem gewohnten, leicht inokanten Ton: »Wenn man sich mit ihr gut stellt, kann einem nichts passieren. Nicht das Brausen des Sturms, nicht das Rauschen des Regens, noch des Donners Grollen wird uns etwas anhaben, wenn es von dem Weib in seine Schranken gewiesen wird!«

»Hier im Isartal können die Gewitter wirklich sehr plötzlich kommen«, sagte Busse nun etwas kleinlaut, »und dann wird man manchmal ganz schnell nass.« Er hob seinen rechten Fuß, so dass man die Schuhsohle von unten sehen konnte: »Das sind ganz, ganz dünne Ledersohlen!«

»Ja, ekelhaft, durchnässt bis auf die Haut! Wir sollten umdrehen und uns ein Dach über dem Kopf suchen!«, stimmte auch Roderich Huch ein und beugte sich hinunter zu Bubi, dankbar, so tun zu können, als ob er der Grund seiner Sorge sei. Mit einer schützenden Handbewegung strich er dem kleinen Rolf übers Haar und unterschob ihm mit der Frage sogleich die Antwort. »Nicht wahr, wir wollen uns unterstellen?«

Gemeinsam gingen sie zur nahe gelegenen Klosterschenke in Schäftlarn. Klages ließ Franziska nicht aus den Augen.

Bald darauf kam Klages Franziska besuchen. Diesmal war er allein. Es war elf Uhr morgens, sie saß über ihrer Übersetzung, und der Bubi spielte in der Küche am vergitterten Fenster und warf Spielsachen auf die Straße. Jedes Mal, wenn es ihm gelungen war, etwas durch das Gitter zu stopfen, quietschte er vor Vergnügen. Klages hatte einen Veilchenstrauß mitgebracht.

»Zum Dank, weil Sie uns neulich vor der ungestümen Natur beschützt haben.«

»Veilchen, die hab ich gern. Danke, das ist lieb!« Franziska wollte sich mit einem flüchtigen Kuss bei ihm bedanken, war schon mit ihrem Gesicht auf dem Weg zu seinem, brach dann aber ab, entfernte sich wieder, blickte zu Boden. Er stand so seltsam abweisend da, und sie verstand, dass er ihre spontane Zuwendung nicht ertrug, aus welchen Gründen auch immer. Sie konnte seinem Blick kaum standhalten, die Situation hatte ganz plötzlich etwas Bedrohliches. Trotzdem oder vielleicht gerade deswegen war Franziska drauf und dran, sich diesem Mann zu ergeben, ihm restlos zu verfallen.

»Sie werden noch oft Gelegenheit haben, sich zu revanchieren, mich könnte man doch täglich vor dem Untergang retten!«, sagte Franziska und wusste eigentlich selbst nicht, was sie damit meinte, nur, dass es ihr gelungen war, etwas zu sagen, was irgendwie schicksalhaft klang. Klages stand am Tisch, seine Augen schweiften über die aufgeschlagenen Bücher, Zettel, Notizen, und blieben an dem karierten Schulheft hängen, auf dem »Steinbruch – Biographisches« stand. Keinem anderen hätte Franziska verziehen, was Klages sich jetzt anmaßte: Er nahm das Heft und begann, gänzlich ungeniert darin herumzublättern. Franziska sagte nichts. Sie sagte nichts, weil sie nichts zu sagen wagte, weil sie sogar stolz war, dass er sich dafür interessierte.

In diesem Moment beschloss sie, diesen Mann in ihr Leben hineinzuziehen. Sie empfand eine eigentümliche Nähe und Vertrautheit zu diesem charismatischen Herrn, den sie doch kaum kannte. In den Cafés erzählte man sich, dass er der Schönheit des Roderich Huch verfallen sei, ansonsten ein mürrischer Eigenbrötler mit einer profunden philosophischen Bildung. Aber er zog die Leute an, vor allem die jungen Männer drängten sich um ihn, erröteten und waren dankbar für ein Augenmerk. Und er sah gut aus, nicht nur gut, sondern sehr gut. Franziska wollte ihn für sich haben, sich von ihm beherrschen lassen und ihn beherrschen, mit ebenjenen weiblichen Kräften, von denen er immer so hochtrabend redete. Sie nahm sich vor, Klages zu ihrem Geliebten zu machen, ihn zu umspinnen, zu umgarnen, zu fesseln, vielleicht sogar zu quälen. All das entschied Franziska in dieser einen Sekunde, als sie sah, wie Klages in ihren Aufzeichnungen blätterte.

»Kaffee?« Franziska stellte die Veilchen in Bubis silbernes Täuflingsbecherchen, denn sie hatte keine Vase.

»Nein, Tee, ich bin Teetrinker.«

»Hätte ich mir gleich denken können. Anständige Philosophen sind eher Teetrinker.«

Klages setzte sich auf den harten Holzstuhl, nicht in Monsieurs Sessel. Franziska bereitete in der Küche den Tee und beobachtete ihren Gast durch den Türspalt. Er saß an ihrem Tisch, überflog die zuletzt übersetzte Maupassantseite auf dem Stoß ganz oben, griff dann wieder zum karierten Heft, zündete sich eine Zigarette an, setzte sich bequem zurück und las. Es gefiel ihr, wie er sich breit machte, alles annektierte, wie er Neugierde und Interesse überhaupt nicht zu vertuschen versuchte, nur weil es sich nicht gehörte und als indiskret galt, in anderer Leute Papieren zu lesen. Auch als sie mit dem Teetablett aus der Küche zurückkam, las er weiter, als säße er an seinem eigenen Schreibtisch.

»Eine Menge Stoff, den Sie da verarbeiten müssen. Das wird nicht einfach sein.« Er reichte ihr das Heft. »Im Augenblick«, sagte Franziska, »komme ich sowieso kaum dazu. Die ewige Übersetzerei ...«

»... ist eine gute Vorübung zum Schreiben«, sagte er. »So sollten Sie das sehen!«

Franziska stellte das Tablett auf dem Tisch ab und trat von hinten an ihren Gast heran. Sie legte ihre beiden Unterarme gekreuzt um seine Brust und zog seinen Kopf ganz leicht gegen ihren Busen. Sofort spürte sie, wie er verkrampfte, den Hals steif machte und nur darauf wartete, dass sie von ihm abließ. Kaum gab sie mit den Armen etwas nach und verminderte den Druck ihrer Brust gegen seinen Hinterkopf, sprang er wie erlöst auf und blätterte weiter in ihrem Heft, als suchte er emsig nach einer Stelle, zu der er einen Kommentar abgeben wollte. Franziska verstand jetzt, dass dieser attraktive, charismatische Mann, dieser gut aussehende Ludwig Klages, den sie sich als Liebhaber angeln wollte, mehr an ihr als Schriftstellerin und literarischer Figur interessiert war denn als Frau aus Fleisch und Blut. Klages, das war wohl die bittere Wahrheit, hatte eine Scheu, vielleicht sogar Abscheu vor Frauen, sobald sie ihm zu nahe kamen.

Plötzlich aus der Küche ein gellender Schrei, dann ein kurzes Husten, ein Röcheln, Stille. Franziska stürzt herbei: Bubi auf dem Tisch mit der Petroleumflasche in der Hand. Ohne zu überlegen packt Franziska ihren Sohn, brüllt Klages an, er solle ihr helfen, das Kind zu halten! Kopfüber! Beine hoch! Schütteln! Sie steckt ihm entschlossen, energisch, brutal den Finger in den Mund, er ist schon ganz blau, bohrt ihn bis nach ganz hinten in den Hals, das Kind würgt, erbricht. Tränen, Japsen, Prusten, pfeifendes Luftholen, dann wieder ein Moment Ruhe. Bubi, den Kopf wieder oben, bei Franziska auf dem Arm, zittert am ganzen Körper, wimmert und röchelt jetzt leise. Franziska sitzt breitbeinig auf der Tischplatte. Tassen, Teller, Brösel, die Veilchen im Wasserglas, Bubis Flasche und ein angebissenes Marmeladenbrot – alles liegt verstreut um sie herum. Das gerettete, schluchzende Kind an ihrem Hals, ihrer Brust, verschwindet unter ihrer Umarmung. Klages ist ganz blass geworden, die Augen geweitet, den Schrecken auf die Stirn geschrieben, steht er da. Er wartet, kann nicht abschätzen, ob er noch gebraucht wird, erhält keine Anweisungen mehr, steht da und ist überflüssig. Franziska verschmilzt mit ihrem Kind, flüstert zärtlich beruhigende Worte in sein Ohr, ihr Gesicht in seinen Nacken ver-

172

graben. Klages geht zur Tür. Im Hinausgehen dreht er sich noch einmal um.

»Das ist ja enorm! Ganz enorm ist das!«

Franziska taucht kurz auf, fährt sich mit den Fingern durchs Haar, ein dankbarer Blick zum Himmel, dann wieder Bubi, nur Bubi.

Klages kam auf dieses Ereignis noch oft zu sprechen. Alles hatte ihn tief beeindruckt, Leben und Tod am seidenen Faden, der beherzte Griff der Mutter hinein in den Rachen des Kindes, ohne Überlegung, aus einem Urgefühl heraus. Danach die Innigkeit von Mutter und Kind, die nichts anderes zwischen sich duldet, die alles andere auf der Welt überflüssig macht. Klages analysierte das Geschehene, presste es in die Schablone seiner Philosophie; Er fürchte sich vor Franziska, weil sie so stark sei und in direkter Verbindung mit den Urgewalten stünde; er sprach von der Urseele in ihr, der opfernden Bereitschaft zum Mystischen, von der drehenden Swastika, der Blutleuchte, den kosmischen Kräften. Franziska hatte manchmal das Gefühl, dass sie nicht alles, was er da so schwärmerisch hervorbrachte, ernst nehmen sollte, allerdings wagte sie nicht zu lachen, wenn er sich in schwülen Formulierungen und hochtrabenden Umschreibungen sehr natürlicher, simpler Alltäglichkeiten erging. Dann aber konnte es passieren, dass ihr im nächsten Moment ein Schauer über den Rücken lief, wenn Klages sprach und sich sein Gesicht verdüsterte. In solchen Momenten spürte sie, dass er es ernst meinte, dass jede leiseste Anspielung, jede witzig gemeinte, salopp dahingesprochene Marginalie verkehrt war und schlecht ankam. Wenn er so ernst und konzentriert redete, aus den Tiefen seiner Weisheit schöpfte, war sie ihm irgendwie ausgeliefert, auch wenn sie manchmal kein gutes Gefühl hatte bei den Theorien, die er da vor ihr ausbreitete. Wenn er ihr seine Ansichten erklärte und sie nicht sofort folgte, ihn fragend oder skeptisch ansah, ließ er nicht locker, beharrte, setzte alles daran, ihre Zweifel auszuräumen und sie hundertprozentig zu überzeugen. Franziska fühlte, dass Klages eine hohe Meinung

173

von ihr hatte, vor allem war es ihre Existenz als Frau und Mutter, ihre Position im Kosmos, die ihn beeindruckte. Nach dieser Anerkennung war sie allmählich süchtig geworden. Bald konnte sie nicht mehr unterscheiden, ob sie Klages nicht in erster Linie deshalb liebte, weil er sie so vehement verehrte.

Klages kam jetzt fast täglich. Franziska hatte ihm anvertraut, dass die Aufzeichnungen und Notizen im karierten Heft, in die er indiskret Einblick genommen hatte, die Vorarbeit zu einem biographischen Roman, nämlich, in verschlüsselter Form, ihrer eigenen Biographie seien. Das interessierte ihn, da wurde er hellhörig, tauchte ein mit ihr in die Welt des Husumer Schlosses, ließ sich von der Mutter, den Geschwistern, den früheren Liebhabern, von Herstein, dem verlorenen Kind, ihrer verzweifelten Ehe erzählen. Sogar von Monsieur sprach Franziska, und dass sie von ihm nicht loskam, nachts noch immer auf ihn wartete, auf ihn und die wortkargen, rauschhaften Liebesnächte, für die sie bereit war, alles Negative zu ertragen, selbst die oft wochenlange nachfolgende Einsamkeit.

Klages fand alles »enorm«, bewunderte Franziska noch mehr als zuvor. Einmal, als sie wieder in lebhafter, farbiger Sprache über ihr Leben erzählte, kniete er plötzlich vor ihr nieder: »Was für ein Leben! Was für ein Durcheinander! Und bei allem erhalten Sie sich diese unvermischte Reinheit! Mutter und Hetäre, alle Elemente nordischen Heidentums sind in Ihnen vereint, strahlend, unbesiegbar, metaphysisch!«

»Ach, Klages, übertreiben Sie nicht! Oder machen Sie sich lustig?« Er stand auf, ging einmal im Zimmer auf und ab, blieb wieder vor Franziska stehen, kniete erneut nieder.

»Ich traf nie ein Weib wie Sie! Unvergleichlich! Eines, Franziska, müssen Sie mir versprechen«, und dann warf er mit theatralischer Geste den Kopf in den Nacken, »entwerten Sie sich nicht durch den Umgang mit Minderwertigem!«

Klages hatte seine Stimme erhoben, sie klang jetzt dünn und schneidend, hysterisch und unangenehm: »Sie sollten nur noch mit Menschen von wirklicher Bedeutung verkehren! Schützen Sie sich!« Im Nebenzimmer fing der Bubi an, leise zu weinen.

»Wenn mich einer um den Verstand bringt, ist mir egal, ob er bedeutend ist oder nicht. Da geht es mit mir durch!«, antwortete Franziska lachend und war froh, dass ihr Bubi dieses Gespräch erst einmal beendet hatte.

Klages kam meistens gegen Abend. Als Erstes ging er zum Tisch, nahm das karierte Heft und sah nach, ob etwas Neues darin stand. Franziska ließ sich von ihm beim Schreiben anleiten, wollte das Handwerk erlernen, wie man dramatisch zuspitzte, dann wieder retardierende Passagen folgen ließ, wie man Zeitsprünge einsetzte, worauf man bei Dialogen zu achten hatte. Sie schrieb die Stellen, die Klages nicht gefallen hatte, noch einmal, überarbeitete, unterwarf sich fast schon hündisch seiner Kritik. Der selbstverliebte Lehrer und seine wissbegierige Schülerin kamen sich geistig sehr nah. Manchmal, so fand Franziska jetzt manchmal, zu nah. Wenn er so intensiv in sie drang, sie aushorchte, ihr Innerstes hervorholte und überprüfte, wünschte sie sich, alles widerrufen und die Preisgabe ungeschehen machen zu können. Sie wurde aggressiv, spröde und unnahbar und verlangte ganz plötzlich, dass er verschwand. Klages verstand, fühlte, dass sie Distanz brauchte, ließ sie zwei Tage in Ruhe und kam erst einmal nicht mehr darauf zu sprechen.

Fast gleichzeitig mit Klages lernte Franziska einen anderen Mann kennen, der ihr, auf ganz andere Weise, aber ebenso wie Klages, sehr nahe stand. Er hieß Albrecht Hentschel, war groß, blond, stark und schön und verblüffte sie, als er ihr direkt und schnörkellos sagte, dass er sie haben wolle, mit Haut und Haar. Das gefiel ihr, sie nannte ihn Adam, denn er machte in erotischen Dingen keine großen Umwege, sondern kam schnell zur Sache, verlangte Liebesbeweise, die über süße Worte hinausgingen, und beschenkte Franziska verschwenderisch mit ebensolchen. Er war Paläontologe und Geologe und erzählte von Griechenland, von der Insel Samos und den aufschlussreichen Gesteinsschichten, die er bald erforschen wollte. Franziska sollte mit ihm auf die Insel kommen. Er wollte sie zu der Reise einladen, sie sollte die Sonne genießen und an ihrer Biographie schreiben, und das Bübchen sollte auch dabei sein.

Adam war liebevoll, fürsorglich und zartfühlend, er kümmerte sich um den tropfenden Wasserhahn und um die Schranktür, wenn sie klemmte. Auch er kam fast täglich. Er setzte sich zu Bubi in die gepolsterte Spielkiste und unterhielt sich mit ihm. Wenn er da war, schien die Sonne, und es wurde mild und warm, auch wenn es draußen regnete und stürmte.

Einmal kam Adam, entgegen seiner Gewohnheit, abends um zehn, nicht vormittags. Klages saß im Sessel und rauchte. Als Adam eintrat, waren alle drei befangen. »Jetzt fehlt nur noch Monsieur«, sagte Franziska, »dann wären wir vollzählig.« Klages und Adam verstanden sich auf Anhieb. Beide bemerkten schnell, dass sie keine Konkurrenten waren, weil Franziska an jedem ganz unterschiedliche Eigenschaften schätzte. Auch in weltanschaulichen Dingen war man sich schnell einig; etwa über die Theorie, dass nur die Auferstehung des Heldentums die Welt noch retten könne. Und als Adam dann noch eine Flasche Tiroler Roten aus der Manteltasche holte und ein paar Zigaretten, wurde es ein lebhafter Abend. Die beiden Männer wurden Freunde, und Franziska fühlte sich zwischen ihnen reich beschenkt und wunderbar beschützt. Sie hielt Hof, und wenn die beiden um ihre Gunst wetteiferten, in geistreichen Tiraden über die Mängel des jeweils anderen urteilten und die eigenen Qualitäten anpriesen, war sie glücklich.

Im Café Größenwahn hatte Franziska schon viel über die wöchentlichen Jours bei dem Dichter Karl Wolfskehl gehört. Die einen redeten über diese Treffen mit anerkennenden Worten. Manche, die schon teilgenommen hatten, gerieten gar ins Schwärmen und berichteten von tiefen Gesprächen in angenehmer Gesellschaft und Atmosphäre. Die anderen – es waren zumeist diejenigen, die niemals mit einer Einladung zu rechnen hatten – zerfetzten sich ihr Schandmaul und witzelten über die lächerliche Heldenverehrung und die aufgeblasenen Gespräche, die hochgezwirbelten philosophischen oder pseudophilosophischen Vorträge arroganter Privatgelehrter und über die

176

gesellschaftliche Wichtigtuerei bei diesen Rencontres. Auch über die Rolle des Dichters Stefan George wurde im Café viel gerätselt. Keiner wusste etwas Genaues, aber man munkelte, dass George in einem eigenen, von den Gesellschaftsräumen abgetrennten Zimmer Hof hielt. Es hieß, George ließe die Auserwählten, mit denen er zu reden wünschte, zur Audienz rufen. Man erzählte sich auch, dass einzig die Dichterin Ricarda Huch seinem Ruf nicht gefolgt sei, sondern geäußert habe, George müsse sich schon bequemen, zu ihr zu kommen, wenn er etwas von ihr wolle. Eine zweite Gelegenheit habe sich dann nicht mehr ergeben, war wohl auch von beiden nicht erwünscht, und somit haben sich die beiden niemals getroffen. Diese und andere Geschichten erzählte man sich hinter vorgehaltener Hand.

An einem verregneten Sonntag wurde Franziska von dem Schriftsteller und Philosophen Paul Stern, der ihr inzwischen ein zuverlässiger Freund geworden war, zu solch einem Jour mitgenommen. Wolfskehl, ein wohlhabender Bankierssohn, hatte ausreichend Geld, Charme und Bildung, um eine Atmosphäre zu schaffen, die eine Teestunde zu einem gesellschaftlichen Ereignis werden ließ, und so lud er, zusammen mit seiner Frau Hanna, gegen sechzehn Uhr zu einer Tasse Tee in die Schwabinger Römerstraße. Ein Mädchen in weißem Schürzchen und Häubchen öffnete die Tür, und da kam auch schon Hanna Wolfskehl, eine elegante, weltoffene und überaus souveräne Dame, auf sie zu und begrüßte die Neuangekommenen. Sie habe, so sagte sie, nachdem ihr Franziska vorgestellt worden war, bereits von ihr gehört. Es sei doch bekannt, dass sie der bunteste der Schwabinger Paradiesvögel sei, und sie, Hanna Wolfskehl, wäre geehrt, sie endlich bei sich zu sehen.

In den beiden großen, ineinander übergehenden Räumen standen etwa zehn zierliche Tische mit weißen Spitzentischdecken, weiß-blau gemustertem chinesischem Teegeschirr und kleinen Silberschalen mit Gebäck in der Mitte. Auf der Anrichte ein silbern glänzender Samowar, der leise vor sich hin sirrte. Hanna Wolfskehl hatte Franziska untergehakt und führte sie zu einem der Tische, wo Klages, Schuler und Busse bereits Platz genommen hatten.

»Darf ich vorstellen, das ist die Gräfin Reventlow. Sie ist heute zum erstenmal in unserem Kreis, und ich hoffe, Sie werden sie gut unterhalten!«

Dann drehte sie sich abrupt um und wandte sich Paul Stern zu, den sie an einem anderen Tisch platzierte.

»Was für eine Überraschung! So trifft man sich wieder!«, sagte Klages etwas säuerlich und vorwurfsvoll. Schon oft hatte er ihr von den Jours erzählt, hatte auch darüber gesprochen, sie einmal dort einzuführen, und jetzt war sie mit Stern gekommen! Das schien Klages überhaupt nicht zu gefallen. Die drei Herren erhoben sich ein paar Zentimeter von ihren Stühlen und unterbrachen für etwa zwei Sekunden ihr Gespräch.

Franziska sah sich nach weiteren bekannten Gesichtern um. Ihr Blick blieb an einer blau gestrichenen Tür hängen. Dahinter musste es sein, das berühmte Séparée, in dem Stefan George, abgesondert vom Rest der Gesellschaft, Hof zu halten pflegte. Hanna Wolfskehl bediente ihren glänzenden Samowar selbst, jetzt kam sie mit einer Tasse für Franziska und setzte sich einen Moment neben sie.

»Wem möchten Sie vorgestellt werden?«, fragte sie.

Franziska setzte die Teetasse ab und sagte mit einem unüberhörbar süffisanten Unterton: »Ich habe gehört, dass auch Stefan George hier verkehrt …«

Hanna Wolfskehl saß auf einmal ganz gerade, ihr Gesicht wurde merkwürdig starr. Dann beugte sie sich zu Franziska hinüber, kam ihr sehr nahe und legte den rechten Zeigefinger an die Lippen: »Pst!« Es war ihr offenbar peinlich, dass Franziska den Namen des großen Dichters so leichtfertig im Munde führte. »Den Meister«, sagte die Gastgeberin streng, »kann man nicht so einfach kennen lernen!«

Dann wechselte sie wieder in ihre normale, freundliche Tonart, winkte ihren Mann heran und sagte: »Das ist Karl Wolfskehl. Karl, das ist …«

»Die schöne Gräfin«, fiel ihr Wolfskehl ins Wort, deutete eine Verbeugung an und küsste Franziska die Hand. »Was für eine Freude, Sie hier zu sehen!«

Inzwischen waren einige Gäste aufgestanden und hatten sich im hinteren Teil des Raumes um einen Tisch versammelt, auf dem einige Zeichnungen lagen. Der Künstler, ein bleicher, ausgemergelter Mensch, stand ein wenig abseits und verfolgte gespannt die Reaktionen auf seine Arbeiten.

»Phantastisch, der Goethe!«

»Der junge Schiller ist wirklich gut getroffen!«

»Ein prächtiger Kopf – ist das nicht Luther?«, hallte es durch den Raum.

Auch Franziska stand auf und begab sich zu jenem Tisch. Sie kannte den Künstler, hatte nie besonders viel von ihm und seiner Kunst gehalten und war auch jetzt, beim Betrachten der neuen Zeichnungen, nicht gerade begeistert. Auf das Stichwort »Luther« war Manfred Schuler herangekommen, Klages folgte ihm. Schuler, ein kleiner, dicklicher Mann mit herrischen, starren Gesichtszügen, die sich dann und wann für Bruchteile einer Sekunde zu einem steinernen Lächeln quälten, ging ganz nah an den Tisch, nahm eine der Zeichnungen hoch und sagte: »Nicht übel! Nicht übel. Was mich allerdings stört, ist das Motiv! Wenn ich recht unterrichtet bin, lautet der Titel des Zyklus ›Die großen Deutschen‹. Da wundert es mich doch, dass der Künstler diesen infamen Mönch in eine Reihe stellt mit unserem göttlichen Goethe. War es denn nicht Luther, der das Heidnische aus dem Christentum tilgte und es damit dem jüdischen Geist auslieferte?«

Es war jetzt ganz still im Raum geworden. Keiner sagte einen Ton, alle warteten, was geschehen würde, nicht einmal das leiseste Klirren der Teetassen war zu hören. Auf Schulers Stirn standen kleine Schweißperlen, das sonst bleiche Gesicht war zart gerötet. Er hatte sich auf die Zehenspitzen gestellt, damit das, was er zu sagen hatte, auch die erreichte, die sich weiter hinten im Raum aufhielten. Die anderen Gäste standen mit ihren Teetassen in der Hand verlegen herum, manche ahnten, dass nichts Gutes zu erwarten war, andere suchten mit ihrem

Blick den Gastgeber, von dessen jüdischer Herkunft fast alle wussten.

»Ist Ihnen eigentlich bekannt, junger Mann, dass dieser abtrünnige Mönch ein Jude war?«, sagte er und sah den Maler durchdringend an, wobei ihm die Lust, seine Ausführungen gleich weiter ins Detail zu führen, aus jeder Pore drang. »Geist ohne Substanz, das ist immer der Weg zum Nichts!«

Und dann kam er vom Geist und der Substanz zu den biotischen Schichten und spannte den Bogen zu Rom und Tiberius. Franziska fühlte sich unwohl und überlegte, ob sie gehen oder bleiben sollte. Neben ihr stand Klages und begann zu klatschen, einige folgten zögernd, andere schüttelten den Kopf oder tuschelten. Die Gastgeberin hatte noch die Tasse für den Redner in der Hand, wartete den Applaus ganz ab und fragte dann mit schneidender Freundlichkeit in die betretene Stille hinein: »Sagen Sie, Schuler, wie jüdisch wäre Luther, wenn er katholisch geblieben wäre?«

Franziska fand, dass dies die weitaus amüsanteste Bemerkung des Nachmittags war.

Während Schuler sich mit entschlossenen Schritten durch die Umstehenden seinen Weg zur Haustür bahnte, gingen alle wieder zu ihren Tischchen und an ihre Plätze zurück und nahmen vorsichtig ihre Gespräche wieder auf. Klages wirkte unruhig. Er blickte mit flackernden Augen um sich und zog nervös an seiner Zigarette. Als sich ihre Blicke trafen, zuckte Franziska ratlos mit den Schultern. Er steuerte auf sie zu und flüsterte ihr etwas ins Ohr. Zu Hause würde er alles erklären, jetzt müsse er schnell, und ohne Aufsehen zu erregen, gehen, wegen interner Streitigkeiten im Kosmikerkreis. »Wir treffen uns später in der Jahreszeiten-Bar!«

Klages zwängte sich an Franziska vorbei und ging eilig, ohne sich von irgendjemandem zu verabschieden, hinaus. Der bleiche Künstler legte alle Zeichnungen zu einem kleinen Stapel zusammen und wurde von der Gastgeberin, die drei sehr junge, hübsche blonde Knaben im Schlepptau führte, durch die blaue Tür in das geheimnisvolle »Hintere Zimmer« geleitet, damit auch der Meister in seinem Allerheiligsten die Köpfe der großen Deutschen begutachten konnte.

Franziska wechselte den Tisch, setzte sich neben ihren alten Vertrauten Paul Stern. Er war der Einzige, den sie fragen konnte, was das alles bedeuten sollte, und warum der Ton auf einmal kalt und gehässig war.

»Wolfskehl ist Jude – und es gibt hier ein paar dubiose Gestalten, die die Juden nicht mögen!«

»Aber wieso Luther? Der war doch selbst Antisemit!«

»Versteh doch, Fanny, jüdisch ist alles, was in diesen beschränkten Köpfen keinen Platz hat!« Stern sah alt und traurig aus.

Ein paar Tage später – es regnete noch immer – ging Franziska mit Adam die Belgradstraße hinunter. Es war schon fast dunkel, die Straße glänzte wie schwarzer Lack, und der Himmel war in giftiggelbe und dunkellila Streifen geteilt. Ein kalter, böiger Wind rüttelte an den Straßenschildern. Adam hatte den Arm um Franziskas Schultern gelegt, um sie vor Wind und Regen in Schutz zu nehmen. Als sie gerade am Kurfürstenplatz in die Hohenzollernstraße einbiegen wollten, hörten sie plötzlich hinter sich ungeduldige Schritte, die auf dem schmalen Bürgersteig an ihnen vorbei wollten.

Franziska blickte sich kurz um und sah drei dunkle Gestalten mit wehenden, schwarzen Umhängen. Der in der Mitte hatte seinen ebenfalls schwarzen Schlapphut tief ins Gesicht gezogen. Die drei wollten sich nicht aufteilen und benötigten die gesamte Breite des Bürgersteigs. Franziska zog Adam nach links an die Hauswand und bedeutete ihm mit einem kleinen Ruck am Arm, stehen zu bleiben und die anderen passieren zu lassen. Der Mittlere schien über irgendetwas sehr erregt und sprach mit singendem, rheinischem Tonfall und großer Eindringlichkeit und Lautstärke auf seine beiden Begleiter ein. Als die drei an ihnen vorbeigingen, ohne ihre Phalanx zu lösen, hörte Franziska: »… ja, bis vor drei Jahren konnte man sie noch für zwei Mark auf jeder Dult finden, aber jetzt haben die Juden alle aufgekauft, und unter zehn Mark sind gar keine mehr zu haben …«

Als sie auf einer Höhe mit Franziska und Adam waren, drehte sich der Mittlere kurz mit einem dahingeworfenen Gruß um. Franziska sah ganz deutlich das glatt rasierte Gesicht, das einer Totenmaske glich, und die auffallenden hellen Augen. Auch die beiden anderen grüßten kurz, und schon waren sie vorbei und bogen um die Ecke. Man sah nur noch die fliegenden Zipfel der Umhänge.

»War das nicht Stefan George«?, fragte Franziska und drückte sich, weil es sie schauderte, fest an Adam. Der blickte dem entschwindenden Dreigestirn hinterher, als sei der Heilige Geist in ihn gefahren.

»Pst!«, machte er und legte Franziska den Zeigefinger auf die Lippen.

8. KAPITEL

Kurz nach ihrem neunundzwanzigsten Geburtstag reiste Franziska mit Adam und dem Bubi auf die Insel Samos. Nach dreieinhalb Wochen waren sie angekommen, müde und erschöpft von der langen Reise und froh, endlich am Ziel zu sein. Ihren Aufbruch in München hatten sie zelebriert: ein feierliches, wehmütiges Abschiedssouper im Künstlerhaus mit den Freunden, und dann ging es zum Ostbahnhof in den Zug Richtung Wien. Adieu, bleibt gesund, kommt heil wieder, schreibt mal und vergesst uns nicht! Klages hatte noch am Perron gestanden, bis sein weißes Taschentuch hinter der Kurve verschwunden war. Er hatte Franziska zu der Reise nach Griechenland geraten, hatte mit ihr gesprochen, sie darin bestärkt, dass solch eine Ortsveränderung den notwendigen räumlichen Abstand zum Schreiben ihres Romans bieten würde. Außerdem sei Albrecht Hentschel ein liebevoller, unkomplizierter und zuverlässiger Gefährte für eine Reise wie diese. Franziska freute sich darauf, der Großstadt zu entfliehen, sie sehnte sich nach weiter Landschaft und blauem Himmel, Wind und Luft und Meer und Ruhe.

Auch zu Klages wollte sie mehr Distanz schaffen, damit er sich nicht in jeden Spalt ihres Lebens hineindrängte. Sie hatte es satt, ihm als zu Fleisch gewordenes Symbol für menschliches Leben zu dienen, als wandelndes Mutterrecht, den farbenprächtigen, vitalen Hintergrund für seine Theorien abzugeben. Mit der Zeit waren ihr seine intellektuellen Höhenflüge und die regelmäßigen, immer wohlbegründeten Eingriffe in ihren Alltag über geworden. Und seine angespannte Hilflosigkeit bei der geringsten körperlichen Annäherung fand sie inzwischen auch nicht mehr amüsant. Franziska hatte sich Klages ausgeliefert, aus freien Stücken und ohne dass sie ihn dafür hätte verantwortlich machen können, darüber ärgerte sie sich noch mehr als über die ewigen »Elementarvergießungen« und das »kosmische, mystische Brennen«. Zu alldem brauchte sie Distanz, musste neu darüber nachdenken, was sie mit so einem Mann eigentlich anfangen sollte. Manchmal hatte sie sich schon dabei ertappt, nicht mit ihrem eigenen, sondern mit seinem Kopf zu denken, Dinge zu beurteilen, mit seiner Denkweise, seinem Maßstab. Was würde Klages dazu sagen, wie würde ihm dies und jenes gefallen, würde er diesen oder jenen Menschen goutieren oder nicht?

Da hatte es sich gut gefügt, dass Adam sie zu der mehrmonatigen Reise nach Griechenland einlud. Er wollte an Gesteinsgrabungen teilnehmen, sich mit anderen Paläontologen austauschen, und Franziska tat es wohl, dass er sich weder um ihren Roman noch die »enormen« Abgründigkeiten in ihrem Leben kümmerte. Klages' spitzfindige, ewig philosophisch begründete, intellektuelle Definitionen lagen ihm fern; er war lebensklug und warmherzig, angenehm schnörkellos und wusste ziemlich genau, was er wollte und was nicht. Und er war körperlich und sinnlich, behandelte Franziska nicht kosmisch, sondern sehr irdisch als Frau aus Fleisch und Blut, schlief nachts in ihrem Bett, in ihrem Schoß und machte keinen Hehl daraus, dass er gleichzeitig mit ihr auch eine andere begehrte. Adam hatte etwas, das Franziska lange Zeit vermisst hatte: Er strahlte Wärme, Nähe und Fürsorglichkeit aus. Wenn sie mit ihm zusammen war, gab er ihr das Gefühl, dass ihr nichts passieren konnte. Auch der Bubi mochte Adam. Manchmal bekam er von ihm ein schönes Stück Schiefer oder Granit mitgebracht, die legte er in eine kleine Holzschachtel, die er mit großen Ahornblättern ausgelegt hatte. Auch ein schwarzgrün schillernder verdorrter Kartoffelkäfer und ein verrostetes Laubsägeblatt befanden sich in dieser Schatzkiste, die in Bubis Reisegepäck obenauf lag.

Wien–Bukarest–Constanza–Konstantinopel – dann mit dem

Dampfer nach Vathy auf der Insel Samos. Es war heiß in Griechenland Ende Juni! Franziska hatte Schmerzen im Unterbauch, während der Reise musste sie zwischendurch immer mal wieder einen Tag mit dumpfen Schmerzen im Hotelzimmer liegen. Sie hoffte, dass es nicht ihr altes, ewiges Darmleiden war, das sich auf diese Weise wieder bemerkbar machte, sondern dass die Ursachen für diese Schmerzen andere waren, zum Beispiel die Unbequemlichkeiten und Strapazen einer so langen Reise; das ungewohnte, öltriefende Essen und die vielen schlaflosen Nächte in immer anderen Betten, auf harten Matratzen, zwischen Kakerlaken und Stechmücken.

Der Bubi trug jede Beschwerlichkeit mit dem Gleichmut eines Lastentiers. Wenn Franziska im heißen, abgedunkelten Zimmer lag, schnell atmete und vor Schmerzen stöhnte, saß er neben ihr auf dem Boden und spielte still, wartete geduldig, bis sie sich im Bett aufsetzen und mit ihm sprechen konnte. Wenn sie durstig war, lief er nach unten, ein Glas Trinkwasser aus der Gastwirtschaft zu holen. Adam war viel unterwegs, und der kleine Rolf hatte schnell begriffen, dass er einen großen Anteil der Pflichten übernehmen musste, die seiner gesundheitlich angegriffenen Mutter das Nomadenleben in der Fremde erleichterten.

Erst auf Samos ging es mit Franziskas Erholung voran. Noch schonte sie sich, legte sich nach dem Mittagessen für ein paar Stunden ins Bett, nahm sich zum hundertsten Mal vor, nicht so viel zu rauchen und alles dafür zu tun, dass ihre Nerven zur Ruhe kamen und sich ihre innere Aufgeregtheit legte. Wenn es am Abend etwas kühler wurde und die glühende Sonne endlich hinter dem Horizont ins Meer hinein verschwunden war, ging sie Hand in Hand mit ihrem Sohn unten am Quai entlang. Sie gingen an den Männern vorbei, die am Strand über ihre Netze oder im Café über die Dominosteine gebeugt, neugierig und zugleich scheu hinter ihnen herblickten, und den schwarz gekleideten Frauen, die gemeinsam am Brunnen Wäsche wuschen.

»Was für ein wunderbar geordnetes, einfaches Leben«, dachte Franziska dann manchmal, »jeder weiß, was er tun muss, welche Rolle er im Leben spielen soll! Alles scheint gefügt, von einer ordnenden Hand!«

Bubi hatte schon ein paar Freunde, die sich diesen Wanderungen anschlossen, dabei mit heiseren Stimmen auf ihn einredeten, wie wild gestikulierten, und zufrieden waren, wenn der kleine Junge aus Deutschland zu verstehen schien, was sie meinten. Franziska freute sich sehr an ihrem Bubi, der mit kräftigen Beinen tapfer durch den heißen Sand stapfte, dessen Rücken schon nach wenigen Tagen ebenso braun wie die der einheimischen Kinder war. Sie freute sich an seinen Sommersprossen und ganz besonders freute sie sich an seinen klugen Bemerkungen über Adam.

Diese kostbaren Minuten, wenn sie gegen Abend mit dem kleinen Rolf am Strand entlangging, halfen Franziska über ihre traurige, manchmal verzweifelte Stimmung hinweg. Es hatte Spannungen gegeben zwischen ihr und Adam, und die Spannungen kamen immer öfter. Die Atmosphäre war gereizt, sie warf ihm vor, dass er mit dem Bubi zu streng sei, er warf ihr vor, dass sie den Jungen daran hindere, selbstständig und unabhängig zu werden, und ihn zu sehr verzärtelte. Aber das war nur einer von vielen Gründen für die schlechte Stimmung. Viel schlimmer war, dass Franziska spürte, dass sie sich Adam gegenüber nicht in dem Maße öffnen konnte, wie sie es wollte. Jetzt, wo er so weit entfernt war, sehnte sie sich manchmal nach Klages, seiner Art, sich für sie zu interessieren und alles, auch das Innerste, Privateste aus ihr herauszuholen und zu bewerten. Gleichzeitig war ihr aber bewusst, wie stark sie unter ebendieser Eigenschaft gelitten hatte. Zu Adam hatte sie kein echtes Vertrauen. Dass er sie jemals wirklich verstehen könnte, hielt sie für unwahrscheinlich. Die Ebene, auf der sie sich mit anderen verstand, schien ihm ganz zu fehlen, dessen wurde sie immer sicherer. Sie fand es absurd, dass er den ganzen Tag in der Erde wühlte, um Gesteinsschichten und Erdzeitalter zu erforschen, und – wie sie fand – dabei seine eigenen, inneren Schichten so sehr vernachlässigte. Zwischen ihnen gab es viele Missverständnisse, gewollte und provozierte, aber auch versehentliche, aus

186

Unachtsamkeit entstandene. Außerdem plagte sie die finanzielle Abhängigkeit von Adam. Sie hatte kein eigenes Geld in der Tasche und niemanden in der Nähe, den sie anpumpen konnte, dadurch fühlte sie sich unfrei wie ein Hund an der Leine.

Franziskas innere Angespanntheit, ihre Launenhaftigkeit und Unausgeglichenheit wurden immer unerträglicher – für sie selbst, für Adam und Bubi. Sie litt an permanenter Schlaflosigkeit, beklagte sich über die Matratzen am Boden, die es dem Ungeziefer leichter als nötig machten, sie in der Nacht anzufallen. Sie träumte von großen Käfern, die klatschend von der Zimmerdecke auf den Steinboden fielen – oder war es gar kein Traum? –, sie glaubte zu hören, wie die Krabbeltiere mit ihren vielen Beinen in der Luft ruderten, um sich aus der hilflosen Rückenlage zu befreien. Nachts kühlte es kaum ab, aber um sich vor den sirrenden Mücken zu schützen, zog Franziska die Decke bis über beide Ohren, bekam keine Luft mehr und war nach wenigen Minuten schweißgebadet. Manchmal trank sie abends zu viel Retsina, um die lange, heiße Nacht zu betäuben und im dumpfen Schlaf nichts mehr zu spüren. Aber dann dröhnte gegen Morgen der Kopf, stechende, oft einseitige Schmerzen, die sie mit besänftigendem Morphium ins Nichts auflöste. Nach diesen Nächten stand Franziska morgens um vier auf dem kleinen Balkon vor ihrem Zimmer, rauchte ein paar Zigaretten, wartete auf die Wirkung des weißen Wunderpulvers und blickte hinaus auf das schwarze Meer. Sie stellte sich einen grauen, regnerischen Tag in München vor, Klages im Sessel, das karierte Heft mit den Aufzeichnungen in seiner glatten Hand, auf dem Tisch die dampfende Kanne Tee. Klages! Er war wieder ganz präsent in Franziskas Kopf. Und mit ihm kam die Sehnsucht nach München, nach der dünnen Eisschicht auf dem Kleinhesseloher See im Englischen Garten, nach den ausgelassenen Nächten mit den Freunden im »Stephanie«, den außergewöhnlichen Gesprächen mit Wolfskehl. Franziska hatte Sehnsucht nach Baschls sanfter Art, ihrem liebevollen Verständnis, auch nach dem treuen, weichen Diwan in ihrer Wohnung, sie hatte Sehnsucht nach Bratwürstln mit Sauerkraut und Kartoffelbrei!

Am Morgen des 1. September 1900, seinem dritten Geburtstag, stand der Bubi an ihrem Bett und pustete zart in ihr Ohr, damit sie endlich aufwachte. Er hatte sich schon die Badehose angezogen und spuckte einen Pfirsichkern in seine weiche, rosa Handfläche.

»Mamai geht jetzt mit dem Bubi baden!«

Sie gingen hinunter, über den Quai hinaus zu den Felsen, wo das Wasser klar war und die kleinen Wellen in der Sonne funkelten. Franziska legte sich auf den warmen Stein, streckte sich, machte sich ganz lang, küsste dem Bubi die duftende, klebrige Pfirsichhand und war versöhnt mit dem Süden, sie räkelte sich in der milden, ruhigen Luft, unter dem silbrigen Blätterhimmel der Olivenbäume.

»Warum kann ich nicht wenigstens hier einfach alles so genießen, wie es ist«, dachte sie, »warum will ich immer das, was ich gerade nicht haben kann, warum ist in meinem Leben alles zerrissen, zerstückelt, zerfetzt?«

Sie holte ihr kariertes Heft und den Bleistift aus der Basttasche, setzte sich so, dass ihre Fußsohlen die Wasseroberfläche berührten, und schrieb. Das erste Kapitel zu ihrem Roman »Ellen Olestjerne« beendete sie an jenem Vormittag.

Am Abend zuvor hatte sie sich lange mit Adam ausgesprochen. Sie hielten sich fest umarmt, beendeten feierlich ihr Liebesverhältnis und schworen sich ewige Freundschaft. Franziska war zumute, als hätten sich tausend gordische Knoten auf einmal gelöst. Diese in Griechenland besiegelte Freundschaft sollte dann auch wirklich sehr lange halten, sie überdauerte viele Lieben Franziskas, auch die zu Klages. Zum ersten Mal in ihrem Leben hatte Franziska es erreicht, eine Liebschaft in eine Freundschaft umzuwandeln. Sie dachte an Walter Lübke. Adam hatte ihr das gegeben, was sie sich von Walter so sehr gewünscht hatte, den festen Boden unter den Füßen, Distanz und Zärtlichkeit zugleich, ohne jede Fessel. Vielleicht aber war sie erst jetzt, mit fast dreißig Jahren, in der Lage, sich mit dieser Variante der Liebe anzufreunden, nicht immer das zu beschwören, was es nicht gab, und dabei die schönen Seiten zu ignorieren. Sie wusste, dass es in Adams Leben eine andere Frau gab, aber sie spürte auch, dass er für immer ihr Freund war, und zum ersten Mal fand sie das wichtiger als alle Aufregung um ein Liebesabenteuer. Franziska hatte sich verändert, durch die Freundschaft zu Adam war sie reifer, vielleicht sogar auch ein wenig gelassener geworden. Die Gewichte in ihrem Leben hatten sich verschoben.

Zwei Tage vor Weihnachten waren Franziska, Adam und Bubi wieder zurück in München. Sie fanden alles so vor, wie sie es vor fast einem drei viertel Jahr verlassen hatten. Auch Klages war noch da, stand, als hätte er sich die ganze Zeit nicht von der Stelle gerührt, mit seinem weißen Taschentuch wieder am Perron, um sie zu empfangen und ihre Ankunft zu feiern. Adam kehrte zurück in sein Leben und Franziska in das ihre. Die Lebensgemeinschaft auf Zeit löste sich auf. Franziska ging zum Kleinhesseloher See Schlittschuhlaufen, Adam wanderte im Wettersteingebirge. Sie arbeitete an einer neuen Übersetzung, er verschwand in seiner Institutsbibliothek; sie ging abends ins Café Größenwahn, er ins Luitpold. Vorbei war es mit so mancher Bequemlichkeit, Franziska musste das Alleineleben erst wieder lernen.

In der Neujahrsnacht, pünktlich um ein Uhr, klopfte es an ihr Fenster. Monsieur stand draußen, sagte gar nichts, sah sie nur an, mit tiefer Verzweiflung im Blick. Wie vertraut war ihr diese wortkarge Verzweiflung! Wie sehr sie sich über sein Kommen freute, zeigte sie nicht: sofort wieder das bekannte Gefühl; Hochspannung, Glückseligkeit. Sie ließ ihn ein. Keine Fragen, keine Antworten, in ihre Umarmung ergeben schliefen sie ein.

Monsieur kam jetzt wieder öfter. So wie früher schlüpfte er nachts, oft ohne ein einziges Wort, unter Franziskas Decke und verschwand am frühen Morgen. Die Tage, die den Nächten mit Monsieur folgten, waren immer eine Qual für sie, eine schmerzende Sehnsucht, diffus, aber besitzergreifend, musste bekämpft werden. Sie wusste, dass sie von Monsieur niemals würde loskommen können, aber sie wusste gleichwohl, dass sie sich

189

nach einem veritablen Mann sehnte, nicht nach einem Phantom. Sie sehnte sich sogar – und das gestand sie sich nicht einmal selbst ein – nach einem richtigen Ehemann, jedenfalls einem, der treu, liebevoll und fürsorglich wie Adam war und vielleicht noch ein paar Eigenschaften darüber hinaus hatte. Sich anlehnen können, einen um sich haben, der auch bei den kleinen Entscheidungen, die montags, dienstags, mittwochs anstehen, Verantwortung übernimmt! Franziska fühlte sich erschöpft und einsam, dem Leben nicht gewachsen. Und alt fühlte sie sich auf einmal! Wenn sie in den Spiegel sah, ganz nah heranging, um zu finden, was sie suchte, sich jede Pore einzeln vornahm, das Kinn auf den Hals presste und die Falten zählte, bekam sie zumindest eine blasse Ahnung davon, was bisher für sie gar nicht vorstellbar gewesen war, nämlich dass auch an ihr die Jahre nicht vorübergegangen waren, ohne Spuren zu hinterlassen. Ihr Kinn, ihre Augen, ihre Wangen, die Stirn, wiesen kleine Unebenheiten, Dellen, Kerben und Schatten auf, die bisher noch nicht da gewesen waren.

Erstaunlich, und auch ungerecht, dass sich das Alter auch bei ihr bemerkbar machte. Sie schob es auf ihre labile Gesundheit, den Zigarettenmorphinismus und ihr schweres Leben, und wenn der Bubi sie bei ihren Forschungsreisen vor dem Spiegel ertappte, so ließ sie sich schnell von ihm beruhigen: »Du bist die Schönste, meine Mamai!«

Dann fuhr sie sich durchs Haar, reckte den Hals, befeuchtete die Lippen und presste sie aufeinander, damit sie rot wurden, zupfte die hellblaue Bluse mit dem Matrosenkragen zurecht, war wieder zufrieden.

Im Frühjahr verbrachten Franziska und Bubi viel Zeit in Schäftlarn, dem Ort mit dem schönen Kloster, südlich von München, wo Freunde ein geräumiges Landhaus hatten. Franziska arbeitete an ihrem Roman, und der Bubi hatte alle Hände voll zu tun, den Geheimnissen des ländlichen Lebens auf die Spur zu kommen, seine Widrigkeiten und Köstlichkeiten zu erforschen; den verfallenen Geräteschuppen hinter dem Haus, die Schwalbennester im Kuhstall, die hohe Scheune voller Heu und Stroh und das Gekicher, das manchmal hinter den Strohballen zu hören war. Mutter und Sohn hatten lange Gespräche geführt über den einen lieben Gott und die vielen Götter, und Franziska hatte darauf bestanden, dass die vielen Götter doch viel schöner seien als der eine gräuliche liebe Gott, zu dem man nur in der dunklen, kalten Kirche und nicht im warmen, hellen Sonnenschein betete.

Eines Abends, als es dunkel war, machten die beiden ein Opferfeuer für die Götter, denn Franziska war an diesem Tag mit einem weiteren Kapitel ihres Romans fertiggeworden.

»Du musst etwas hineinschmeißen, was dir lieb und teuer ist!«, sagte Franziska zum Bubi. »Sonst nützt es nichts!«

Bubi ging nach oben und holte einen kleinen silbernen Moccalöffel mit der Gravur »Rolf, 1. September 1897«. »Den opfere ich, der ist mir lieb und sehr teuer! Und was opferst du?«

Franziska holte aus ihrer Tasche ein kleines goldenes Amulett heraus. »Das hat mir meine beste Freundin in der Schule einmal geschenkt.«

Sie warfen ihre Opfergaben in die Flammen, dann begannen sie um das Feuer herumzutanzen.

»Ha hi! Ha hi!«, sang der Bubi. »Es gibt keinen Gott! Ha hi! Ha hi!« Sie überlegten, was die Götter wohl mit ihren Gaben anfangen würden, und wenn der Bubi Gaben meinte, sagte er »Gabeln«. Franziska nahm ihn in den Arm und erdrückte ihn fast vor lauter Wonne. Den Fehler aber korrigierte sie nicht.

»Ha hi! Ha hi!«, sang der Bubi und war schon ganz schwindelig.

»Es gibt nur Götter!«

Am nächsten Morgen gingen sie gleich nach dem Frühstück hinunter zur Opferstätte. Da lag der Moccalöffel, etwas schwärzlich angelaufen, in der Asche, und daneben blinkte das Amulett in der Sonne.

»Die Götter haben unsere Gabeln nicht haben wollen!«, rief der Bubi und schien nicht besonders enttäuscht.

»Oder sie trinken keinen Mocca«, orakelte Franziska. Der Bubi blies die Asche weg, rieb den Löffel mit einem Zipfel sei-

191

nes Nachthemds wieder blank und trug ihn zufrieden ins Haus zurück.

Irgendwann, irgendwo im Fasching – vielleicht war es bei Wolfskehls antikem Maskenumzug, bei der Elendkirchweih oder bei den Elf Scharfrichtern – im Jahre 1903 hatte Franziska zwei Männer kennen gelernt: Der eine wurde auf der Stelle ihr Geliebter, den anderen wählte sie zum Freund. Der eine war ein polnischer Fürst, von Beruf Kunstgewerbler, Puppenspieler und Glasmaler, und hieß Bogdan von Suchocki; ein athletischer, etwas gedrungener, prächtiger Mann mit blondem struppigem Haar und blauen Augen, einer, der laut und plump und ungehobelt auftrat und mit sich und seiner Männlichkeit zufrieden war. Franziska war beeindruckt. Der andere das genaue Gegenteil, ein feingliedriger, dunkelhaariger, hellhäutiger Mann mit weißem Mondgesicht, spitzer Nase und hoher Stirn. Er lächelte hintergründig, als er Franziska ohne Umschweife fragte, ob er ihr bald einmal aus seinem soeben fertiggestellten Gedichtband »Verlorene Gespielen« vorlesen dürfe. Dieses seltsame, rundköpfige Geschöpf, dieses glatte, unmännliche Mondgesicht hatte sie schon im George-Kreis oder sonst irgendwo gesehen. Er hieß Franz Hessel oder Hesselfranz.

Wer von ihnen als Erster die Idee mit einer gemeinsamen großen Wohnung hatte, wussten die drei später nicht mehr. Sie hatten sich kennen gelernt und dann eigentlich erst einmal nicht mehr getrennt. Suchocki und Hessel waren Franziskas neue Familie. Der ungehobelte polnische Edelmann und der bleiche, feinsinnige Ironiker boten ihr Schutz und Wärme. Sie fühlte sich nicht mehr einsam, verlebte mit ihnen nicht nur die Faschingssaison, sondern auch den Frühling und den Sommer.

Hessel wohnte noch im langweiligen, saturierten Solln, einem stillen Reiche-Alte-Leute-Vorort im Süden Münchens, in einem Haus mit Garten. Fast jedes Wochenende fuhren Franziska und Bubi mit der Straßenbahn hinaus ins Isartal zum Hesselfranz, oder der Franzl kam nach München, und sie fuhren zum Chiemsee. Dort nisteten sie sich oft wochenlang im Gut

Schloß Winkl ein, das einem Freund von Suchocki, dem Grafen von Orlowski, gehörte. Franziska hatte am Chiemsee das Paradies gefunden, nach dem sie schon lange gesucht hatte. Hier war die Luft frisch und würzig. Sie wanderte über die Felder und durch den Wald, bei jedem Wetter. Auch für ihre Arbeit waren die Tage am Chiemsee ideal, dort hatte sie die dringend nötige Ruhe und Muße.

Es war Franziska, die das L-förmige Haus in der Kaulbachstraße 63 in Schwabing aufgetan hatte, das von allen »das Eckhaus« genannt wurde. Über entfernt bekannte Leute hatte sie davon erfahren und umgehend Suchocki und Hessel davon erzählt, dann war alles sehr schnell gegangen. Sie überlegten und rechneten und kamen zu dem Schluss, dass sie mit einem gemeinsamen Haushalt jeden Monat viel Geld einsparen könnten, ja sogar ein Hausmädchen zu finanzieren wäre. Das Haus war einstöckig, aber relativ weitläufig und geräumig. Es hatte eine große, gut eingerichtete Küche und viele kleinere Zimmer, die sie unter sich aufteilten. Dabei fielen auch noch ein paar Gästezimmer ab, denn man war sich einig, dass man Freunden in Not immer ein Dach über dem Kopf bieten wollte, auch wenn die Not nur darin bestand, nach einer durchzechten Nacht den Heimweg zu scheuen.

Am Tag des Umzugs regnete es. Franziska saß auf den gepackten Kisten in ihrem alten Wohnzimmer mit den roten Tapeten in der Dietlindenstraße und weinte. Die feuchte Kälte des Novembers kroch durch alle Ritzen. Franziska weinte und ärgerte sich, denn sie fand es geschmacklos und sentimental, auf gepackten Umzugskisten sitzend zu weinen. Sie weinte, weil wieder ein Abschnitt ihres Lebens zu Ende war, sie weinte über ihr vergangenes Leben und das zukünftige, ungewisse. Und als der Bubi den schwärzlich angelaufenen Moccalöffel, den die Götter verweigert hatten, aus seiner Schatzsammlung hervorholte und auf das Fensterbrett legte, flossen die Tränen noch mehr. Es waren Tränen der Rührung, weil ihr zum ersten Mal auffiel, dass der Bubi einen ausgeprägten Sinn für große, dramatische Momente im Leben hatte.

»Den Löffel leg ich denen noch mal hin, dass sie lieb mit uns sind!«, sagte Bubi und legte den Arm um Franziskas Hals.

»Ach, mein geliebtes Göttergeschöpf, sie sind doch lieb mit uns, die Götter.«

»Aber warum weinst du dann?«

»Ich weiß auch nicht, es kommt einfach so. Ich bin ja eigentlich froh!«

Wie ein weiser alter Mann schüttelte der Bubi langsam und bedächtig den Kopf.

»Versteh ich nicht.«

»Ich auch nicht.«

In diesem Moment kam Suchocki. Er sah das bestürzte Bübchen und seine zerflossene Mutter.

»Onkel Such«, sagte der Bubi, »wir müssen etwas für die Götter tun.«

»Nicht für die Götter, sondern für deine Mama!«

Er nahm Franziska wie ein Baby auf den Arm und wiegte sie hin und her, drehte sich mit ihr im leeren roten Zimmer. Er drehte sie, bis ihr schwindelig wurde, und sagte, dass er sie jetzt mitnähme in die Kaulbachstraße und sie nie mehr allein ließe, er sich um alles kümmern würde, sie von nun an unter seinem Schutz stünde. Er und der Bubi würden sie pflegen, wenn sie krank sei, und für sie kochen, und der Hesselfranz könnte ihr seine Gedichte vorlesen. Franziska schluchzte, es wurde immer schlimmer, nun musste sie auch noch aus Rührung über Suchocki weinen.

»Komm!«, sagte der, »was der Hesselfranz besitzt und ich verdiene, das reicht für uns alle. Mach dir keine Sorgen!«

Er war mit einem Leiterwagen gekommen, der unten auf der Straße stand. Sie packten die Kisten darauf und zogen um.

Als sie mit dem polternden Wägelchen in die Kaulbachstraße einbogen und vor dem niedrigen alten Haus mit der grünen Holztür und der altmodischen Glocke standen, war Franziska wieder froh. Die Tränen waren versiegt, sie blickte erwartungsvoll in die Zukunft, freute sich auf das Leben in Gemeinschaft mit den Freunden, frei von finanziellen Sorgen. Sie zogen den Leiterwagen durch den Laubengang und über den gepflasterten Hof. Hessel wartete oben in der Küche, hatte die Gläser schon eingeschenkt für die kleine Einzugsfeier. Sie luden die Kisten ab und stellten alles in den großen Atelierraum, den Franziska für sich ausgesucht hatte. Hessels Räume befanden sich oben neben der Küche, und im Parterre wohnte Suchocki. Und für die zahlreichen Freunde des Hauses gab es noch einige kleinere, halbdunkle Räume mit Matratzen und großen Kissen auf dem Boden.

Bald war das Haus eingeräumt. Jeder der drei hatte zwei Zimmer für sich, die Küche mit der zum Innenhof liegenden Veranda wurde gemeinsam genutzt. Bereits nach wenigen Tagen hatte sich in Schwabing herumgesprochen, dass sich in der Kaulbachstraße 63 etwas Unerhörtes tat, dass sich dort eine Frau mit Kind und zwei Männern in bisher nicht gekannter Kühnheit über die Normen bürgerlichen Zusammenlebens hinwegsetzte. Wenn Franziska abends im Café Stephanie die Runde drehte, war die Neugier groß: Wie geht denn das, zwei Männer und eine Frau? Und dazu noch das Kind! Und wer machte den Haushalt? Wer kocht? Wer putzt? Wer macht die Betten? Wer kommt für den Mietzins auf, wer für das Essen? Einerseits waren diese Fragen ernst gemeint, man war wirklich interessiert zu erfahren, wie ein solches Zusammenleben organisiert war. Andererseits ließen sich aber auch gewisse missgünstige Untertöne nicht leugnen. Franziska meinte sogar, hie und da so etwas wie Neid herauszuhören; dass sie gewagt hatte, genau das zu tun, wovon andere immerzu nur redeten. Und natürlich gab es auch böse Zungen, die behaupteten, sie habe sich auf dieses Experiment eingelassen, um sich von den beiden Männern aushalten zu lassen.

»Na und?«, sagte Franziska, wenn sie darauf angesprochen wurde. »Was kann es Schöneres für einen Mann geben, als ein Talent wie mich zu fördern!«

Dabei trug auch Franziska durchaus ihren Anteil bei, dass der Haushalt funktionierte: Sie kaufte ein, kümmerte sich um eine gewisse Ordnung und Übersichtlichkeit in der Küche, legte fest, zu welcher Tageszeit gemeinsam gegessen wurde. Sie war zunächst die von allen anerkannte Herrscherin des kleinen Imperiums. Von Suchocki wusste man, dass er ein leidenschaftlicher und genusssüchtiger Koch war. Er liebte es, während des Essens in schwärmerischer Weise und ausführlich über das Essen zu reden. Hessel hatte mehr Geld als die beiden anderen, und deshalb war es auch nur gerecht, dass er mehr als die anderen in die gemeinsame Kasse einzahlte. Und weil er ein Schöngeist war, der lieber Gedichte schrieb, als sich mit profanen Überlegungen zur Haushaltsführung zu beschäftigen, ließen ihn Franziska und Suchocki damit in Frieden. Hessel veranstaltete Lesungen im Haus. In Georgescher Manier – monoton, ohne Höhen, ohne Tiefen, liturgisch, beschwörend – rezitierte er eigene Gedichte und Gedichte anderer Autoren. Das zog sogleich diejenigen an, die sich auch sonntags zum Jour fixe bei Wolfskehls einfanden – so mischten sich die Schwabinger Kreise.

Im Freundeskreis waren die Kommentare zum Experiment Kaulbachstraße unterschiedlich. Manche kritisierten Franziska, meinten, dass sie sich solche Eskapaden schon wegen ihres Kindes nicht erlauben sollte: Die »gschlamperten Verhältnisse« seien Gift für den Bubi. Andere prophezeiten, dass die drei sich schon nach kurzer Zeit entsetzlich auf die Nerven gehen und sicherlich bald völlig zerstritten sein würden. Man wisse doch, wie das sei, wenn der eine seine Ruhe haben wolle, während nebenan ein fröhliches Gelage stattfinde. Franziska setzte sich über solche Unkenrufe hartnäckig hinweg.

»In ein paar Jahren macht ihr uns das alles nach«, sagte sie zum Baschl, das voller Bewunderung war, weil Franziska mit leichter Hand tat, was sie sich nur in ihren kühnsten Träumen vorzustellen wagte. Viele fanden das Experiment aufregend und revolutionär, vielleicht auch ein wenig anrüchig – auf alle Fälle faszinierend. Egal, wie man in Schwabing das Unternehmen Kaulbachstraße beurteilte, wer dazugehören und mitreden wollte, musste im »Eckhaus« verkehren. Manche blieben einen Abend, eine Nacht, andere mehrere Tage oder sogar ein paar Wochen. Es war ein ständiges Kommen und Gehen, die Gespräche oben in der Küche dauerten oft bis tief in die Nacht hinein und wurden am nächsten Nachmittag fortgesetzt, nachdem man das von Suchocki zubereitete englische Frühstück eingenommen hatte. In der Faschingssaison ging es im »Eckhaus« besonders hoch her. Bevor man gemeinsam zu den einschlägigen Bällen und Redouten aufbrach, versammelte man sich oben in Küche und Veranda und kostümierte sich. Es gab drei Kisten und zwei Koffer mit den ausgefallensten Kostümen. Hier wurden spanische Königinnen und Hofschranzen zum Leben erweckt, Pierrots und römische Gladiatoren, Faune und Cäsaren, germanische Waldschrate und Rübezahl mit seiner bleichen Tochter. Man ging zu zehnt, zu zwölft los und kam nachts spät oder morgens früh, meistens um ein paar laut singende Trabanten vermehrt, wieder zurück.

Auch Franziskas Männer, die aktuellen, die halbverflossenen, die ewig nicht zum Zuge kommenden und die gelegentlichen, alle waren irgendwann im »Eckhaus« zu Besuch. Monsieur, noch immer in Zylinder und Pelerine, kam nachts und ging frühmorgens. Den ichsüchtigen Klages, grünlich blass und wichtigtuerisch, sah man immer am Spätnachmittag, oft mit Adam, der seinen Meister Klages inzwischen so sehr bewunderte, dass er darüber alles zu verlieren drohte, was Franziska an ihm gemocht hatte. Friedrich Huch und sein schöner Vetter Roderich, Otto Falckenberg und Karl Wolfskehl, mit dem Franziska inzwischen eine Liebesreise nach Italien unternommen hatte, und der ihr noch immer täglich drei Briefe schickte – sie alle besuchten das »Eckhaus« regelmäßig. Zu den Gästen zählte auch Wolfskehls schlimmster Feind, der intrigante, dickliche Alfred Schuler, der selbstgefällig jeden, der ihm nicht passte, als jüdisch und zionistisch brandmarkte. Aber auch Paul Stern, enger Vertrauter und Vaterersatz für Franziska; und immer wieder der Schriftsteller Oskar Schmitz, der jahrelang und unverdrossen um Franziska buhlte. Einmal ist sogar Frank Wedekind vorbeigekommen, Franziskas großer Schwarm, einer der wenigen, für den sie wohl bei der kleinsten Avance alles hätte stehen und liegen lassen. Wedekind musste nur eine Augenbraue hochziehen, um alle ihre erotischen Phantasien in Bewegung zu setzen.

Diese und andere Männer flogen ein und aus wie die Spatzen, wie die Tauben auf dem Dach. Den Nachbarn gefiel das natürlich nicht. Sie holten die Ordnungshüter, wenn sie meinten, dass es dort drüben zu wild zuginge. Hinter Gardinen verborgen, versuchten sie durch ein offenes Fenster, eine halb offene Tür, etwas Anzügliches zu erspähen, flüsterten einander hinter vorgehaltener Hand zu, was sie gesehen zu haben glaubten oder gern gesehen hätten. Das Sündenbabel in der Nr. 63 war bald in aller Munde.

Im Winter gingen sie Schlittschuhlaufen. Von der Kaulbachstraße war man schnell im Englischen Garten, am Kleinhesseloher See, der bereits nach wenigen Nächten mit Frost eine stabile Eisdecke bot. Besonders an den Wochenenden war hier ganz Schwabing auf den Beinen. Die Damen standen im warmen Kostüm mit langem Rock, dem Fuchs um den Hals, die kalten Hände tief im pelzbesetzten Muff vergraben, in kleinen Grüppchen plaudernd beisammen und kratzten spielerisch, tief ins Gespräch versunken, selbstvergessen mit den Kufen. Oder sie fuhren elegante Bögen, auch paarweise, manchmal allein. Etwa in der Mitte des Sees formte sich, immer an derselben Stelle, ein großer Kreis, denn dort unterwarfen sich alle einem ungeschriebenen Gesetz und fuhren in einer Richtung hintereinander her. Nur die Kinder störten die geheimnisvolle Ordnung, sie taumelten, fielen hin, zogen sich gegenseitig mit vergnügtem Quietschen zu Boden. Auch die Herren, im langen Mantel, manche mit Hut oder wollener Mütze, andere mit rot gefrorenen Ohren, kurvten auf der Eisfläche herum, zu zweit, zu dritt, im nachdenklichen Gespräch oder einzeln, ganz der Bewegung hingegeben. Die Sportlichen, die Draufgänger, erschreckten absichtlich eine umworbene Dame, fuhren, die Hände auf dem Rücken, mit gespielter Verträumtheit auf sie zu, wichen erst in letzter Sekunde aus, entschuldigten sich wortreich und galant, versuchten auf diese Weise ins Gespräch zu kommen. Die Nichtgeübten setzten angestrengt einen Fuß vor den andern, den Blick starr vor sich aufs Eis gerichtet, mit ausgestreckten Armen mühsam die Balance haltend, ängstlich darauf bedacht, jede kleinste Unebenheit im Eis zu umfahren. Man traf sich, man sah sich, grüßte rechts, grüßte links, winkte sich zu, wich sich aus, verbarg sich hinter einem breiten Rücken, um nicht gesehen zu werden, oder fiel einander lachend um den Hals. Wenn man Glück hatte, entdeckte man einen alten Freund, einen, den man lange nicht gesehen hatte, fuhr eine Weile nebeneinander her, hatte sich einiges zu erzählen, blieb dann und wann stehen, damit der Redefluss nicht beeinträchtigt wurde durch die Atemnot, die den Unsportlichen schnell befiel. Manche fuhren zu dritt oder viert, hielten sich an den Händen, und wenn einer stürzte, zog er die anderen zu Boden, so dass sie übereinander fielen.

An einem dieser kalten, strahlenden Sonntagvormittage, der Himmel war tiefblau, saßen Franziska, Hessel, Wolfskehl und Suchocki auf einem Baumstamm an der Uferböschung des Kleinhesseloher Sees und schnallten sich, zwar in bester Laune, aber mit müden Bewegungen, die Schlittschuhe an. Sie waren erst am frühen Morgen von einem Maskenball bei Heiselers nach Haus gekommen, hatten ein paar Stunden geschlafen und dann, um wieder auf die Beine zu kommen, eine Flasche Sekt geleert und eine mit Kokain präparierte Zigarette geraucht. Anschließend brach man auf zum Kleinhesseloher See. Auf dem Weg machte sich der Hesselfranz, der hin und wieder überraschend den Clown spielte, einen Spaß und ahmte Klages und Schuler in ihren Kostümen nach. Mitten auf der Straße stand er, den Mantel um die Schultern geworfen wie eine römische Toga, zwei dürre Zweige hinter die Ohren geklemmt, reckte den Hals und sah ins Leere mit jenem pathetisch starren Blick, der so typisch für Klages war. Gleich darauf schrumpfte er auf Schulers gedrungenes Körpermaß, zog den Mantel zu einem germanischen Lendenschurz hoch, ließ den Hals zwischen den Schultern verschwinden und posaunte: »Als die Juden frech geworden, wide wide witt bumm bumm! Wollten sie Germania morden, wide wide witt bumm bumm!«

Die anderen krümmten sich vor Lachen, lachten immer noch,

als sie den kleinen See im Englischen Garten erreicht hatten und sich auf einem Baumstamm die Schlittschuhe anschnallten.

»Schaut doch mal da drüben!«

Suchocki deutete mit dem Kinn auf die Eisfläche, weil er beide Hände brauchte, um Franziskas Kufen an ihren Schuhen festzuschnallen. Jetzt sahen alle, was Suchocki als Erster entdeckt hatte. Das Gelächter brach jäh ab, die vier saßen stumm nebeneinander und betrachteten das Bild, das sich ihnen darbot.

Zwei Gestalten, die eine groß, die andere klein, zuerst nur schemenhaft, aber bereits unverkennbar, kommen näher, werden größer, bahnen sich mit parallelen, weit ausholenden Schritten, anmutigen Schwüngen, jede Bewegung einander angepasst, Seite an Seite, mal nach rechts, mal nach links ausscherend, einen Weg durch das Getümmel auf dem Eis. Die beiden sind so sehr auf ihren Gleichschritt konzentriert, dass sie nichts um sich herum wahrnehmen, nichts sprechen, nichts hören, nichts sehen – ganz verliebt scheinen sie zu sein in ihre aufeinander abgestimmte, elegante Bewegung. Gebannt verfolgen die vier auf dem Baumstamm das einträchtige Paar, und auf einmal, ohne dass ein Wort gewechselt wurde, haben sie den gleichen Gedanken. Sie schließen, ihre Schnallen, drehen die Schrauben fest, knöpfen Mäntel und Jacken zu, ohne die beiden Tänzer aus den Augen zu lassen. Sie gehen aufs Eis, fassen sich an den Händen, folgen immer noch stumm den beiden anderen, nähern sich, fahren vorbei, kommen wieder heran, bilden eine Mauer, auf die beiden zu, teilen sich, zwei zu zwei, das elegante Paar darf passieren. Dann fassen sie sich wieder bei den Händen, bilden einen Kreis, steuern auf die beiden zu, öffnen den Zirkel, haben sie schon umzingelt, fahren herum, schneller, immer schneller, die Kufen kratzen auf dem Eis, die Gesichter fliegen an den Eingeschlossenen vorbei, keiner sagt ein Wort. Klages und Schuler in der Mitte, irritiert, dann in stiller Panik. Klages steht säulengerade, blickt, die Augen weit aufgerissen, ins Leere; der zu Fettleibigkeit neigende Schuler verliert sein Gleichgewicht, die Kufen rutschen nach vorn weg, er landet mit einem schmerzhaften Aufjaulen auf seinem Steiß. Wolfskehl,

Hessel, Suchocki und Franziska bleiben stehen, brechen in schallendes Gelächter aus. Klages, selbst unsicher geworden, hilft Schuler auf die Beine, greift ihm unter die Arme, stellt ihn mit Mühe wieder auf seine Kufen und klopft ihm den Schnee vom Hosenboden.

»Nicht einmal hier ist man sicher vor diesem Judenpack!«, zischt Schuler und reibt sich sein Hinterteil.

Wolfskehl fährt ganz nah an ihn heran und bremst mit quergestellten Kufen, dass der Schnee staubt: »Einem semitischen Steiß macht so was nichts aus!«

Im späten Frühjahr des Jahres 1904 war Franziska wieder schwanger. »Wir bekommen ein Kind, Suchocki. Sag sofort, dass du dich freust!«

Suchocki konnte das Glück nicht fassen. Noch am selben Nachmittag ging er zum Viktualienmarkt und kaufte für ein Festmahl ein: Rebhühner und Wacholderbeeren, eingelegten Kürbis und Frühkartoffeln, Forellenfilets und Rumtorte. Dann ging er noch ins Leihhaus und löste Franziskas silbernen Armreif mit den kleinen Rosenblüten aus.

»Es trifft sich gut«, sagte Franziska, als er nach Hause kam, »dass gerade du der Vater bist, denn ich liebe dich!«

Suchocki trug sie jetzt, noch mehr als schon zuvor, auf Händen. Er gab Acht, dass sie sich nicht körperlich verausgabte, nichts Schweres hob, nicht zu schnell die Treppe hinunterlief; aufmerksam wachte er darüber, dass sie genügend aß und nicht zuviel rauchte. Auch der Bubi und Hessel freuten sich sehr. Im »Eckhaus« war man sich einig, dass der Bubi einen Kameraden zum Spielen brauchte.

An Franziskas Schwangerschaft nahmen alle Bewohner des Hauses gleichermaßen Anteil, die ständigen, die vorübergehenden, die immer wiederkehrenden: Anfälle von schlechter Laune, Müdigkeit, Mattigkeit, Heißhunger auf saure Gurken und Birnenkompott, abrupt einsetzende Zustände von Depression, in denen sich Franziska in ihr Zimmer zurückzog und für niemanden zu sprechen war – alles wurde ihr verziehen. Sie gingen äußerst rücksichtsvoll mit ihr um, sie verstanden, verziehen, und vergaßen, wenn es nötig war. Franziskas Seelenverfassung schwankte hin und her, gestern hell und morgen düster, mal sah sie ihre Zukunft rosa, mal verwaschen grau, mal schwarz. Wenn sie allerdings daran dachte, wie schrecklich ihr vor Bubis Geburt zumute gewesen war, wie verzweifelt hoffnungslos, einsam und todesnah sie sich gefühlt hatte, wie sie nachts nicht schlief, weil sie nicht wusste, was werden sollte, räkelte sie sich auf ihrem Diwan, rollte sich zusammen wie eine Katze, schnurrte, schloss die Augen und war mit sich, ihrem Leben und dem, was sie erwartete, einverstanden.

Alle wollten mithelfen, einen Namen für das Kind zu finden. Franziska erinnerte sich, wie ihr damals, bei Rolf, nur Mädchennamen eingefallen waren, wie sie überhaupt nicht mit der Möglichkeit ihres Bubi gerechnet hatte. Jetzt wollte sie es nicht mehr darauf ankommen lassen und klüger sein. Also: Theodor, Adolf oder Alfred, auch Gerhard wäre schön, oder Luitpold oder Gert. Auch der Bubi wollte mitmachen bei diesem Spiel. Er ging erst einmal die Namen derer durch, die ihm bekannt und wichtig waren: Ludwig, Paul und Adam oder Monsieur?

»David oder Jakob, das sind auch schöne Namen«, sagte der Hesselfranz, und Suchocki, der sich noch am wenigsten beteiligt hatte, fand den Namen Bogdan schön. An jenem Abend saß die Großfamilie noch lange in der Küche. Es wurde spät, und als sie ins Bett gingen, hatten sie nicht nur fünf Namen zur Auswahl, sondern auch noch eine Reise nach Italien geplant. In Italien sollte das Kind zur Welt kommen, am liebsten in Florenz oder Rom, und die ganze Familie, bestehend aus Suchocki, Hessel und dem kleinen Rolf, sollte mit, alle wollten dabei sein, wenn sie ein Kind kriegten.

Die Familie fuhr nach Forte dei Marmi, einer kleinen Stadt am Golf von Genua. Es war August, als sie dort ankamen, und schrecklich heiß. Sie mieteten eine winzige Wohnung in einem klapprigen Haus, nicht weit vom Strand, damit auch der Bubi seinen Spaß haben konnte. Franziska hatte sich reichlich Arbeit mitgenommen, Romane und Essays, die in rasendem Tempo übersetzt werden mussten, weil die Erscheinungstermine im Langen-Verlag bereits festlagen. Schon am frühen Morgen, wenn der Himmel milchig und die Luft noch diesig, der Sand kühl und das Licht silbern war, ging Franziska hinunter und setzte sich in der kleinen Strandhütte an die Arbeit. Mittags war Bubizeit. Franziska hatte ihn in Deutschland vom Schulbesuch befreien lassen und mit ihm vereinbart, dass sie ihn jeden Tag mindestens zwei Stunden lang unterrichtete. Sie wollte den deutschen Behörden beweisen, dass das schulische Pensum mit Leichtigkeit, ohne Zwang, ohne Furcht einflößende Autoritäten, ohne seelische Angst und Not im privaten Unterricht zu schaffen sei. Franziska hatte längst beschlossen, ihr Kind niemals einer öffentlichen Erziehung zu überlassen. Sie hatte Anträge gestellt, ihn von der Schule zu befreien, und sich außerdem vorgenommen, bis zur höchsten gerichtlichen Instanz zu gehen, um den Bubi vor der Schulpflicht zu bewahren. Zu groß war ihre Angst, man könne ihn verbiegen, verwirren und seine Kindheit stören; es graute ihr davor, ihn aus der Hand zu geben, einem fremden – möglicherweise vom preußischen Erziehungsmodell überzeugten – Lehrer anzuvertrauen, mit anzusehen, wie ihr Bubi, ihre einzige Maus, ihr Göttertier, von fremden Händen geformt wurde und sich von ihr entfernte, ihr für immer entglitt.

Italien! Hier gehörte der Bubi ganz ihr, hier würde sie ihr Kind zur Welt bringen, hier wollte sie konzentriert und ruhig leben, sich besinnen auf die Dinge, die wichtig und wertvoll waren; hier plante Franziska einige Monate zu bleiben, ein neues, ein anderes Leben zu beginnen. Frei von mediokren, engen Gedanken, würde sie sich nur noch dem Mann widmen, den sie liebte, und ihren Kindern. Sie wollte ein Leben führen, das rein war und blütenweiß, sanft und weich, großherzig, liebevoll, ein Leben ohne Schmerz und ohne Groll. Vorsätze! Vorsätze! Aber das Leben, die äußeren und inneren Umstände, ihre Gesundheit, ihre Nerven, ihre Gedanken spielten nicht mit. Nicht wie sie es erwartet hatte. Franziska ging es oft nicht gut. Die Hitze

203

setzte ihr zu, fast täglich hatte sie pochende schrille Kopfschmerzen. Wenn sie aus dem Haus ging, fürchtete sie sich davor, ohnmächtig zu werden, hinzufallen, das Kind in ihrem Leib zu gefährden. Ihr Kind! Manchmal glaubte sie gar nicht mehr daran, dass es ein warmes, weiches, lebendiges Kind war, das sie da mit sich herumtrug. Schwer und kalt und hart war es, ließ sie eher an die Wackersteine der sieben Geißlein denken, jedenfalls an etwas, das weh tat und sie bei jedem Schritt zu Boden zog.

Immer öfter brauchte Franziska jetzt das weiße Morphiumpulver, damit das Blei in ihrem Bauch leichter wurde, damit die Kopfschmerzen verschwanden und mit ihnen die vergifteten Gedanken, die düsteren Träume. Was war aus ihren hellen, strahlenden Vorsätzen geworden, ein neues, mildes, leichtes Leben zu beginnen? Tagelang lag sie danieder, geplagt vom schlechten Gewissen, dass die Zeit ihr zwischen den Fingern zerrann und der Bubi ohne Unterricht war, ihre Übersetzung nicht fertig wurde. Suchocki kam und ging. Er führte sein eigenes Leben, war geduldig und liebevoll – und ausgesprochen unabhängig. Meistens war er, begleitet von Hessel, mit dem Rad unterwegs, kam oft tagelang nicht zurück aus Carrara, Massa oder Viareggio. Dann hatte er, wie er sagte, geschäftlich zu tun, Verhandlungen in Pisa oder Lucca wegen eventueller Auftritte als Puppenspieler oder über Abnahmezahlen, Stückpreise, Gewinnspannen seiner bemalten Gläser, die er an die Besitzer kleiner Andenkenläden verscherbeln wollte.

»Irgendwo muss das Geld doch herkommen«, sagte er, wenn er zurückkam. Franziska, mit vorwurfsvoller Falte auf der Stirn, war schlechter Stimmung und nicht bereit, über Geld zu reden. Er wurde grantig, packte sie an den Handgelenken, schüttelte sie, brüllte sie an, drehte sich auf dem Absatz um und verschwand. Nach solchen Szenen kam er dann erst spätnachts zurück, roch nach Zigarettenrauch und Wein, legte sich neben sie und bat sie um Verzeihung. Diese Momente waren die schönsten! Franziska verzieh sofort, nahm seinen Kopf und legte ihn auf ihren harten Bauch.

»Es sind doch nur noch drei Monate, Such, dann löst sich alles, dann haben wir das Kind. Vielleicht sollten wir weg von hier, vielleicht sollten wir alleine nach Rom gehen und den Franzl hier lassen!«

Franziska hatte plötzlich das Gefühl, dass ihr eine Ortsveränderung gut täte, eine neue Wohnung ohne Hessel, Leben in der Großstadt, Theater, Museen, interessante Menschen, aber sie fühlte sich zu schwach. Zwischen ihr und Franz Hessel hatten die Spannungen in letzter Zeit zugenommen. Sie war launisch und ungerecht, warf ihm an den Kopf, er sei geizig, kleinkariert und spießig; außerdem ärgerte sie sich darüber, dass er ihr einen großzügigen Umgang mit seinem, Hessels, Geld und Verschwendungssucht vorwarf, und sich nicht bereit erklärte, eine größere Wohnung zu mieten. »Zwei Zimmer für vier, bald fünf Personen! Franzens Großzügigkeit kennt keine Grenzen«, spottete Franziska. »Der Bankierssohn mit der Krämerseele lässt es sich und seinen Freunden so richtig gut gehen!« Auch ihre guten Vorsätze, sich nicht gehen zu lassen, bewahrten sie nicht vor ewig schlechter Stimmung. Sie konnte den Hessel einfach nicht ertragen, seine Anwesenheit machte sie nervös, sie konnte sich selbst nicht leiden und war miserabler Laune. Es waren Kleinigkeiten, für die sie ihn regelrecht hasste, und sie fühlte sich schlecht dabei: Er hielt die Zigarette falsch, bewegte sich affig, redete gestelzt. Es nervte sie, wie er sie bewunderte und auf ihre immer dreisteren Provokationen schlaff reagierte, seine Unerwachsenheit, seine Verwöhntheit machte sie aggressiv – und sein Geld! Franziska konnte sich gegen ihre eigene Ungerechtigkeit nicht wehren, im Gegenteil, sie warf dem Hesselfranz auch noch vor, dass er der Grund dafür war, dass sie sich selbst nicht ausstehen konnte.

Franziskas Nerven lagen blank. Tags hatte sie Angst vor der Zukunft, nachts fürchtete sie sich vor ihren Träumen. Sie wälzte sich nervös im Bett herum, versuchte die Schmerzen beim Drehen ihres voluminösen Körpers auf der Matratze zu ignorieren, es graute ihr davor, das Blei hin- und herzuschubsen, den kalten, harten Klotz zu bewegen. Der Arzt kam und verbot ihr, aufzustehen, hinauszugehen, zu arbeiten. Er verbot ihr das Sitzen, das Stehen, das Gehen, verordnete stilles Liegen. Ein Leben auf dem Totenbett. Suchocki war jetzt nicht mehr so viel unterwegs, er bewegte sich kaum mehr fort von ihr, höchstens schnell zum Markt, zum Fleischer, zum Käseladen. Manchmal hörte sie bei offenem Fenster, wie er unten mit den Leuten auf der Straße redete, den jungen Mädchen Anzüglichkeiten hinterher rief, mit den Männern über die Weinernte sprach. Sie hörte, wie der Bubi die Kinder belehrte, dass seine Mama ein kleines Kind bekäme und er einen Bruder und der Suchocki einen Sohn. Sie hörte, wie die Nachbarn, der Wirt und der Kellner aus der Trattoria gegenüber und die beiden dicken Wäscherinnen sich freuten auf das Kind, sich vielleicht mehr freuten als sie selbst: Es wird sicher so schön wie der Bubi!, sagten sie und strichen mit ihren groben, schwieligen Bauernhänden über Rolfs blondes Haar. All das hörte sie, wenn das Morphiumpulver sie noch nicht ganz und gar mitgenommen hatte auf die leichte Reise.

Am frühen Morgen des 30. September war alles vorbei. Zwei Mädchen hatte Franziska geboren, das eine kam tot zur Welt, das andere, Sybillchen, lebte einen kurzen langen Tag. Franziska konnte lange danach an nichts anderes mehr denken als an die kleine Stimme, das dünne Wimmern, das schwache Zetern, das nicht für diese Welt bestimmt war. Aus ihrem rechten Busen drückte sie zwei Tröpfchen Milch in den winzigen Mund, hoffte, dem zarten Wesen von der eigenen wenigen Kraft etwas abgeben zu können. Doch die wenige Kraft reichte nicht aus. Natürlich nicht. Franziska nahm noch wahr, wie der Arzt seine Tasche packte und zur Tür ging, sie sah, wie Suchocki sein Töchterchen in Watte einpackte, sich mit ihm auf Bubis Bett legte, die Hände, den Kopf, die Brust anhauchte, als wolle er seinem Kind mit seinem Odem zum Leben verhelfen. Dabei liefen ihm die Tränen herunter, auf Sybillchen in der Watte, auf Bubis Bett. Der Bubi stand da, in seinem weißen Nachthemd zitternd an der Tür, die Augen weit aufgerissen.

»Warum sind die jetzt schon rausgekommen, die waren doch noch gar nicht fertig!«

Der Hesselfranz ging mit ihm ins andere Zimmer, versuchte mit hilflosen Antworten, zaghaften Erklärungen das erschrockene Bübchen zu beruhigen. Auch seine Stimme bebte, auch er konnte die Tränen nicht zurückhalten.

Franziska liegt in heftigen Schmerzen, biegt sich, krümmt sich, will sich strecken, aber sie kann nicht. Sie öffnet den Mund, will schreien, es kommt kein Laut heraus. Monsieur kommt, hat ein dickes, hässliches, kleines Mädchen in blauem Kleid und Mützchen auf dem Arm. Man sagt ihr, dass es ihr Kind ist. Franziska brüllt sie an, so ein missglücktes Kind will sie nicht, sie schlägt die Decke zurück, will aufstehen: überall kleine Knochen von den Zwillingen auf dem Laken, dazwischen springen Laubfrösche herum, winzige Käfer.

Als Franziska aus ihrem schweren, ohnmächtigen Morphiumschlaf erwachte, sah sie gerade noch, wie Suchocki das Wattepaket hinaustrug. Sie hörte ihn auf der Treppe schluchzen, unten die anderen Stimmen. Sie war allein. Sie konnte nicht mehr unterscheiden zwischen Wachen und Schlafen, sie griff nach den überkleinen Händchen, Füßchen, schloss die Augen, war wieder ganz wach.

»Sie haben sie in einen weißen Puppensarg gelegt«, sagte der Bubi. Er war zurückgekommen, um ihr zu erzählen, was draußen geschah, jetzt saß er auf der Bettkante und biss von seinem Apfel ab. »Sybillchen ist jetzt tot, Mamai. Du musst jetzt ganz brav sein und liegen bleiben, soll ich dir sagen.« Er legte ihr seine klebrige, kühle Hand auf die Stirn, für ein paar Sekunden war alles gut.

9. KAPITEL

Die Erschütterung bebte noch lange nach. Eigentlich hatten sie bis zum Frühjahr in Italien bleiben wollen, eigentlich hatte Franziska mit dem Bubi und dem neuen Baby im warmen, linden Süden überwintern wollen – eigentlich hatten sie alles ganz anders geplant. In ihrer stummen Trauer hielten sich Franziska und Suchocki aneinander fest. Seitdem Franziska ihren Such, diesen polternden polnischen Haudegen, so zart, so verletzt und bis ins Innerste getroffen, so verzweifelt und verloren erlebt hatte, liebte sie ihn mehr und anders. Jetzt hatte sie nicht mehr das Bedürfnis, ohne Fesseln, frei und unabhängig zu leben; das, was ihr früher das Wichtigste gewesen war, rückte in den Hintergrund. Sie wollte sich ein Leben ohne Suchocki, den Vater ihrer beiden toten Töchter, nicht mehr vorstellen. Suchocki sagte, dass er das Bild nicht mehr loswurde, wie seine beiden Töchter, zitternd und durchsichtig wie frisch geschlüpfte Vögel, nackt, ohne Federn, ohne Kraft, ohne Schutz, in ihren weißen Särgen lagen. Das Bild war ihm ständig vor Augen, Tag und Nacht. Für Franziska barg jeder Schlaf einen neuen, entsetzlicheren Alptraum, als hätten sich alle Schreckensgeister dieser Welt in ihrem Kopf eingenistet. Sie stöhnte im Schlaf, schrie und schluchzte, und manchmal stand der Bubi in seinem weißen Hemd am Bett, legte die Hand auf ihre Stirn, streichelte sie, sprach beruhigend auf sie ein.

Im November kehrten sie zurück nach München und installierten sich wieder im »Eckhaus« in der Kaulbachstraße. Sie versuchten, in die Schwabinger Welt einzutauchen, das Leben von früher wieder aufzunehmen und in den Alltag zurückzufinden. Aber Franziska hatte sich verändert. Sie ging jetzt weniger in die Cafés, dafür ging sie fast täglich zu Gruhle in die Mandlstraße. Gruhle war Psychiater, und Franziska hatte sich einige Zeit vor ihrer Italienreise mit ihm angefreundet. Sie brauchte die langen Gespräche mit ihm für ihr inneres Gleichgewicht, das so stark ins Wanken geraten war. Mit einer direkten, präzise gestellten Frage vermochte er, die fest verankerten Schleusen in ihr zu öffnen, tief eingegrabene Empfindungen hervorzuholen. Bei Gruhle war Franziska sicher, dass alles, und sei es das Intimste, Innerste, Privateste, unter Verschluss blieb, und es tat ihr wohl, die Gedanken, die sie schon lange nicht mehr schlafen ließen, zu benennen und mit ihm zu besprechen. Manches wurde ihr erst klar, wenn sie darüber redete.

Allein in den Gesprächen mit Gruhle gelang es ihr, sich von der bedrückenden Vorstellung zu befreien, dass sie selbst am Tod der Zwillinge schuld sei. Die schweren Schuldgefühle war sie seit jenem Tag, da sie in Italien in die weißen Puppensärge gelegt wurden, nicht mehr losgeworden. Gruhle tat eigentlich nichts anderes, als ihr mit großem Ernst und freundschaftlichem Interesse zuzuhören. Er spielte nicht und ließ nicht mit sich spielen. Immer wenn sie von der Mandlstraße den kurzen Weg zurück in die Kaulbachstraße ging, fühlte sie sich ruhig und gefestigt. Die flirrende, ewig an ihr reißende Nervosität war wenigstens für ein paar Stunden gedämpft. Nach den Gesprächen mit Gruhle schienen Ängste und Selbstzweifel in Luft aufgelöst, kein Problem unlösbar, kein Hindernis unüberwindlich. Dabei gab Gruhle ihr keineswegs Ratschläge, Verhaltensmaßregeln oder Anleitungen, er ging, wenn sie gemeinsame Spaziergänge im Englischen Garten unternahmen, nahezu wortlos neben ihr her, stellte immer mal wieder eine direkte Frage und hörte ansonsten zu. Zu Gruhle hatte Franziska das allergrößte Vertrauen.

Die Gewichte in ihrem Leben hatten sich verschoben. Immer öfter stellte sich Franziska die Frage, was sie eigentlich noch anfangen wollte mit ihrem Leben. Sie konnte nicht mehr so drauflosleben wie früher, Zeit erschien ihr plötzlich kostbar, die Lebenszeit begrenzt, nicht zum gedankenlosen Verschwenden bereitgestellt. Sie wurde vorsichtiger, abwägend, zögernd, sie tastete sich ängstlich nach vorn, bevor sie eine Entscheidung traf. Das, was sie ihre Nervosität nannte, war ihr ärgster Feind. Manchmal hatte sie das Gefühl, dass ihre Haut nicht etwa schützende Hülle, sondern ein fadenscheiniges, brüchiges Gewebe war, und dass die Nerven obenauf lagen, reizbar, überempfindlich. Wenig war übrig geblieben von ihrer spontanen Lebenslust, ihrer Freude an bedenkenlosen Ausschweifungen. Ihr aggressiver Spott war melancholischer Nachdenklichkeit gewichen. Das aufgeregte Treiben der Bohème reizte sie nicht mehr, alte Freunde mit egozentrischen Allüren gingen ihr zunehmend auf die Nerven.

Trotz der quälenden inneren Unruhe wirkte sie nach außen gesetzter, seriöser. Und wenn sie allzu sehr in Monotonie am Schreibtisch zu versinken drohte, musste sie sich nun eigens verordnen, was ihr früher tägliches Glücks- und Lebenselexier gewesen war. Dann tauchte sie für ein paar Stunden irgendwo in Schwabing unter, vergnügte sich mit einem oder mehreren Männern und kehrte erst im Morgengrauen ins »Eckhaus« zurück. Franziska brauchte diese Ausbrüche immer noch, aber das überschäumende Gefühl von Lebens- und Liebeslust wollte sich nicht mehr einstellen, ihre rauschhafte Gier nach Glückseligkeit war verkümmert. Manchmal stand sie neben sich, betrachtete sich von innen, von außen, von der Seite, schüttelte den Kopf und wusste selbst nicht, wie sie sich finden sollte. Franziska hatte sich verändert, das war nicht zu übersehen. Jetzt musste sie nur noch lernen, sich so zu gefallen, wie sie jetzt war.

Mehr als sie sich selbst machten ihr die anderen zu schaffen. Hessel ging Franziska inzwischen gewaltig auf die Nerven, sie musste sich zusammennehmen, um ihm nicht allzu deutlich zu zeigen, wie unangenehm sie ihn fand.

»Das Schlimmste ist sein Geiz. Wenigstens könnte er mich in Seide wickeln und mir ein Pferd schenken und dann abwarten, ob ich ihm geneigt sein werde!«

Hessel hatte sich etwas zuschulden kommen lassen, was in

Franziskas Augen ein unverzeihlicher Vertrauensbruch war. Sie war für ein paar Wochen nach Holland gereist, währenddessen hatte Hessel dem Hausmädchen die Schlüssel zu Franziskas Atelier abgeluchst und dort, in ihrem Bett, in ihren Decken, auf ihren Laken – vielleicht sogar auch noch in Bubis unschuldigem Bett –, zwei seiner Geliebten untergebracht. Für so etwas hatte Franziska plötzlich kein Verständnis mehr. Zwei wildfremde Frauen in ihrem Bett, womöglich ungewaschen und mit billigem Parfüm besprüht – der Gedanke daran war ihr unerträglich. Infam und unverschämt fand sie das. Mit oder ohne Hessel – darauf kam es schon gar nicht mehr an. Als sie Kathi zur Rede stellte, hielt sich Hessel im Nebenzimmer auf, er musste also ihr lautes Schimpfen und die Vorwürfe, die sie Kathi wegen der Weitergabe des Schlüssels machte, mit angehört haben. Was Franziska besonders empörte, war, dass der Hessel auch noch zu feige war, Kathi zur Hilfe zu kommen und die Schuld auf sich zu nehmen.

Dieser Vorfall bedeutete für Franziska das eigentliche Ende der Ära Kaulbachstraße. Die Gemeinschaft bestand nicht mehr wirklich, wenngleich man noch eine Zeit lang unter einem Dach lebte. Das Haus war groß genug, dass man sich aus dem Weg gehen konnte. Franziska hatte alle Hände voll zu tun mit ihrem Bubi und mit sich selbst. Und sie fing wieder an zu malen. Ihr alter Traum, mit der Malerei doch noch einmal ihr Leben bestreiten zu können, war wieder erwacht. Außerdem schrieb sie kleinere Texte und übersetzte größere, vor allem dachte sie ausgiebig darüber nach, wie sie zu Geld kommen könnte, um sich aus der demütigenden Abhängigkeit zu befreien. Suchocki war häufig weg, und wenn er zurückkam, benahm er sich wie ein eifersüchtiger Ehemann, witterte hinter jeder Ecke einen Nebenbuhler, raste und tobte oder war tagelang beleidigt. Wenn er betrunken war, was nicht selten vorkam, wurde er in seinen Eifersuchtsanfällen auch noch gewalttätig, be drohte Franziska einmal sogar mit dem Messer.

Rabiate Umgangsformen und schlechter Stil waren eingekehrt in »das Eckhaus«, die Wahlfamilie wurde allmählich zur

Qual. Bevor sie darüber sprachen, sich zu trennen, hatte jeder für sich bereits beschlossen, seine eigene Richtung einzuschlagen. Franziska suchte nach neuen Zielen, nach inneren und äußeren, sie dachte über Möglichkeiten nach, wie sie sich und dem Bubi das Leben schön machen konnte, vielleicht sogar im Ausland, in Griechenland, in Italien, im Tessin. Sie sehnte sich nach Wärme und Freiheit – so wie früher und doch ganz anders.

Einer, der ihr früher hin und wieder beim Träumen geholfen hatte, war Oskar Panizza, der Nervenarzt und Gotteslästerer. Dieser aggressive Eiferer, der sich ständig von Feinden umstellt fühlte, wurde in Franziskas Gegenwart zum phantasievollen Tagträumer, der sie, wenn sie deprimiert war, mit farbenprächtigen Visionen arkadischen Lebens aufheitern konnte. Inzwischen war Panizza in die Nervenheilanstalt des Doktor Würzburger in der Nähe von Bayreuth eingeliefert worden. Man hatte ihn entmündigt und im Sinne des bürgerlichen Gesetzbuches für geisteskrank erklärt. Per gerichtlichem Beschluss war er unter Vormundschaft seines Bruders Felix gestellt worden, seine wirren Proteste blieben ohne Wirkung. Panizza litt schon seit Jahren unter Wahnvorstellungen, die sich wie ein Netz mit immer engeren Maschen um seine Persönlichkeit legten, in dem er sich verfing und verhedderte, aus dem er sich nicht mehr befreien konnte. Franziska verehrte diesen Mann, verehrte ihn wegen seiner Verletzlichkeit, wegen der maßlosen Wut, mit der er sich gegen die ihn bedrängenden Gewalten zur Wehr setzte, wegen seiner phantastischen Träumereien und seiner gotteslästerlichen Ausfälle, die ihn wiederholt ins Gefängnis gebracht hatten. Mit seinen bitterbösen Angriffen auf die Glaubenslehren und den satirischen Attacken gegen einen altersschwachen und rachsüchtigen Gott und alles andere, was den Christen heilig war, hatte er große Aufmerksamkeit erregt. Besonders in der Bohème schmückte man sich gern mit Redewendungen aus Panizzas Werken wie etwa dem »Liebeskonzil« oder der »Unbefleckten Empfängnis der Päpste«.

Als Franziska im Zug nach Bayreuth saß, um Panizza in der Nervenheilanstalt zu besuchen, war ihr nicht wohl. Sie hustete wieder schrecklich. Wenn sie den Kopf drehte, wurde ihr schwindelig, ihr Magen, die Speiseröhre, die Luftröhre, alles schien miteinander verknotet. Franziska hatte sich bei Freunden nach Panizzas Zustand erkundigt, und was ihr berichtet wurde, machte ihr Angst. Am Bahnhof kaufte sie einen Strauß Veilchen, außerdem hatte sie ein Exemplar ihres Romans in den Rucksack gesteckt, obwohl sie nicht wusste, ob er noch in der Lage war, sich auf ein Buch zu konzentrieren.

Es war noch ein ganzes Stück zu Fuß bis zur Nervenheilanstalt Herzogshöhe zurückzulegen. Franziska hatte gar nicht bemerkt, dass es wieder zu schneien begonnen hatte. Sie stapfte mit ihren dünnen Stiefeln durch den Schnee. Plötzlich blieb sie stehen, hustete, musste verschnaufen, sich an einen Baum lehnen. Um sie herum war es mit einem Mal totenstill; der Schnee schluckte jedes Geräusch, kein Vogel rief, kein Hund bellte, nichts regte sich, die Flocken fielen lautlos. Franziska setzte den Rucksack ab und sah sich um. Vor ihr, hinter ihr alles weiß. Oder blau? Oder rosa? Goldene Punkte flimmerten vor ihren Augen, auf den Ohren Wattekissen. Was ist, dachte sie, wenn ich hier ohnmächtig werde? Sie rieb sich die kalten Wangen, die eisigen Ohren, die Finger wie aus Glas. Sie trampelte mit den Stiefeln auf den Schnee, sie beugte sich nach vorn, zur Seite, zurück, ließ den Oberkörper kreisen, bog den Hals, den Kopf nach rechts, nach links. Nichts. Sie spürte sich nicht mehr, sie war dabei, sich im Schnee und der Stille abhanden zu kommen. Sie reckte die Arme in die Luft, hatte auf einmal das Bedürfnis zu schreien. Und sie schrie. Lange und laut, dabei setzte sie einen Schritt vor den anderen. In dem Moment sah sie eine Gestalt auf sich zukommen. Es war eine alte Bäuerin, in dunkle wollene Tücher gehüllt, die ihr entgegenkam. Sie musste wohl Franziskas Schrei gehört haben, sie musste gesehen haben, wie die fremde Frau aus der Stadt die Arme rang. Abscheu, Häme und Angst lagen auf ihrem Gesicht. Obwohl der Weg breit genug für einen Heuwagen war, drückte die Alte sich, als müsse sie Platz machen, am äußersten Rand des Weges an Franziska vorbei. Ein argwöhnischer, furchtsamer Blick, schließlich drehte sich das verhüllte alte Weib noch einmal um und rief aus sicherer Entfernung: »Zur Nervenanstalt geht's da vorn links, dann übers Feld, dann sans scho do!«

Franziska drehte sich auch noch mal um, wollte der Alten noch hinterher rufen, dass sie zur Anstalt wolle, um jemanden zu besuchen. Aber sie konnte keine Worte finden.

»Die hat bestimmt geglaubt«, dachte Franziska, »die warten dort schon auf mich.« Sie lächelte ein ganz kleines bisschen und ging nun zielstrebig in die angedeutete Richtung.

Panizza saß auf seinem Bett, die Füße baumelten herab wie bei einem Kind, er hatte sich rechts und links mit den Armen abgestützt. Das Bett war akkurat gerichtet, das Kopfkissen unberührt, ohne Mulde, die Decke, das Leintuch gerade gezogen. Panizza war ordentlich angezogen, nicht im Schlafrock, an den Füßen trug er Pantoffeln, er war unrasiert. Die Schwester auf dem Flur hatte Franziska zu ihm geführt und ihr gesagt, dass er schon seit dem frühen Morgen auf seinem Bett saß und auf sie wartete. Franziska war verlegen, gab ihm die Veilchen und einen angedeuteten Kuss auf die Wange.

»Wie geht es, Panizza?«

Er antwortete nicht, sah sie nur an und grinste.

Am liebsten hätte Franziska ihre überflüssige Frage zurückgenommen, denn wie kann es einem, der stundenlang auf seinem Anstaltsbett sitzt und auf Besuch wartet, schon gehen. Sie setzte nochmals an. Nur um irgendetwas zu sagen, log sie: »Panizza, ich soll Grüße ausrichten von Wolfskehl und Wedekind. Das haben die mir in München aufgetragen, als sie hörten, dass ich Sie besuche.«

Aber Panizza schüttelte den Kopf und sagte mit einer Stimme, die klang, als sei sie jahrelang nicht benutzt worden. »Grüße, Grüße. Sie lassen mich also grüßen ...«

Franziska räusperte sich, als hätte sie selbst den Belag auf den Stimmbändern. Sie war immer noch unsicher, wie sie mit ihm sprechen sollte, konnte noch nicht einschätzen, ob er sie verstand oder ob er schon so krank war, dass er die gesprochenen Worte nicht mehr miteinander in Verbindung bringen konnte.

»Was tun Sie hier den Tag über? Gehen Sie spazieren? Lesen Sie? Mit wem können Sie hier reden?«

Panizza sah ihr in die Augen. Sein Ausdruck wechselte von einer Sekunde zur nächsten. Mal war es ein dumpfes Starren, mal klappten die Augenlider halb herunter, als wolle er schlafen, dann wieder riss er die Lider hoch, machte die Iris frei und sah Franziska mit einem flackernden, lebhaften, spitzbübisch zwinkernden Blick an. Er beugte sich so weit nach vorn, dass er fast von der Bettkante herunterrutschte, und flüsterte mit rauer Stimme: »Sie schikanieren mich, die Detektive! Überall sitzen sie, hinter den Bäumen und Büschen im Park, nachts gießen sie mir das Türschloss mit Gips zu! Heute morgen hatte ich kein Wasser im Waschbecken, jetzt schneiden sie mir das Wasser ab! Ausländische Detektive sind das, die mit Pfeifen und Trillern in meine Ohren kriechen und mich klein kriegen wollen. Überall klingelt und pfeift es.« Dann rutschte er von der Bettkante herunter und schlurfte zum Fenster. »Kommen Sie, sehen Sie, wenn Sie genau gucken, können Sie ihre Rockzipfel hinter den Bäumen erkennen!«

Franziska ging zum Fenster und hielt mit ihm Ausschau nach den Detektiven. Es fiel ihr jetzt leichter, mit ihm zu reden, sie sah, wie einsam und verloren er war und dass es keinen Ausweg gab.

Sie blieb noch bis zum Abend, ließ sich ganz auf Panizza ein, bestätigte die Rockzipfel hinter den Bäumen und die Trillerpfeifen. Er lebte in einem anderen Land, dort zählten andere Wahrnehmungen, dort träumte man andere Träume, dort fürchtete man andere Gespenster. Franziska war traurig, denn früher hatten sie gemeinsam geträumt, das war jetzt nicht mehr möglich. Ihr Buch, das sie ihm hatte geben wollen, ließ sie im Rucksack.

»Kommen Sie bald wieder«, hatte Panizza ihr beim Abschied mit seiner rostigen Stimme gesagt und sich zu ihrem linken Ohr hinaufgestreckt, »und hüten Sie sich vor vergifteten Speisen!«

Als Franziska am späten Abend erschöpft und deprimiert nach Hause zurückkehrte, war im »Eckhaus« keiner mehr wach. Sie setzte den Rucksack ab, ließ sich, ohne den Mantel

215

und die nassen Stiefel auszuziehen, auf den Diwan fallen und zündete sich eine Zigarette an. Da sah sie einen Brief auf dem Tisch liegen mit Agnes' Handschrift auf dem Kuvert.

»Liebe Schwester«, stand da, »ich will Dir mitteilen, dass Mama gestern gestorben ist. Agnes.« Franziska sah, dass der Brief bereits eine Woche zuvor aus dem »Adeligen Kloster« in Preetz abgeschickt worden war. Die Mutter war also schon neun Tage tot! In jener Nacht schlief Franziska nicht in ihrem eigenen Bett, sondern sie legte sich zu Bubi auf die schmale Matratze. Schlafen konnte sie dort nicht, aber es war warm, und sein gleichmäßiges Ein- und Ausatmen verscheuchte die Einsamkeit.

Im Halbschlaf sah sie Mama. Kleingeschrumpft auf Zwergengröße steht sie vor ihr, versucht ihr mit der Hand übers Haar zu streichen, aber sie kommt nicht hinauf. Franziska kann sich nicht bücken, ihr Rücken fühlt sich an wie ein Stück altes Holz. So sehr sie sich auch bemüht, sich zu Mama hinunterzubeugen – es geht nicht. Sie sieht ihr in die kalten, alten Augen, in denen die Tränen stehen, aber nicht überlaufen können, sie will sie bei der Hand nehmen, aber die Finger brechen ab, sie sind aus Glas und Eis.

Am anderen Morgen hatte Franziska Zahnschmerzen. Ihre Wange, die rechte Kopfhälfte, das Ohr bis hinunter zum Hals, der Schmerz tobte und zog alles mit. Sie nahm ein bisschen Morphium, legte sich wieder ins Bett und dachte an ihre Mutter. Die knappen Worte, der schroffe Ton in Agnes' Brief holten vieles von dem hervor, das Franziska längst vergessen und für immer besiegt glaubte: das alte Gefühl des Ausgeschlossenseins; draußen stehen und nicht hineindürfen, an die Tür klopfen und keinen Einlass finden. Mit ihrer Mutter hatte sie in den letzten Jahren hin und wieder korrespondiert, manchmal war sogar eine kleine Geldsendung aus Preetz gekommen. Zu einem Besuch hatte sich Franziska allerdings nicht entschließen können. Jetzt war es endgültig: Mama war tot, Franziska konnte sie nicht mehr sehen, nicht mehr mit ihr sprechen. Ein ganzes Leben verpasster Gelegenheiten. Trotzdem: Franziska staunte, wie distanziert sie Agnes' Nachricht aufgenommen hatte, Gefühle von Heimweh und Wehmut, aber keine echte Trauer wie damals, als ihr Vater starb.

Ein halbes Jahr später, im Mai 1906, starb Franziskas Bruder Ludwig an Nierenkrebs. Das war für sie viel schlimmer als der Tod der Mutter. Gerade mit Ludwig hatte sie in den letzten Jahren wieder Kontakt aufgenommen, sie tauschten sich aus, schrieben lange Briefe in denen sie über die Welt und die großen Fragen der Politik diskutierten: Wie kann die Politik die Welt verändern? Wie kommt man durch politisches Handeln zu mehr Gerechtigkeit? Wie könnte eine Gesellschaft aussehen, in der es allen besser geht? Ludwig hatte in den letzten Jahren als Reichstagsabgeordneter der »Deutschsozialen Partei« mehr in Berlin als auf Gut Wulfshagen gelebt. Seine Ehe mit der Cousine Benedikte, zu der er sich aus Familienraison bereitgefunden hatte, war über ein konventionelles Arrangement der Vernunft nicht hinausgekommen. So konnte sich Ludwig mit Haut und Haar in die Politik stürzen, seine Aufmerksamkeit galt vor allem den Landwirten, deren Interessen er vertrat. In sozialpolitischen Fragen stand er den Sozialdemokraten nah, in weltanschaulichen Fragen war er aber im Laufe der Zeit nach rechts gerückt, ohne bei den Konservativen eine Heimat gefunden zu haben. Weithin bekannt wurde er, als er sich gleich zu Beginn seiner Karriere als Abgeordneter mit dem Reichskanzler von Bülow ein Rededuell über die »Marokko-Frage« lieferte.

Und nun lag Ludwig im Sterben. Ausgerechnet Ludwig! Die Geschwister hatten ihm seinen letzten Wunsch erfüllt und sich alle um sein Sterbebett in einem Krankenhaus in Wiesbaden versammelt. Sogar Catty, der jahrelang jeden Kontakt gemieden hatte und mit Franziska nichts mehr zu tun haben wollte, hatte sich diesem Wunsch gebeugt und war gekommen. Als sie sich um Ludwigs Bett versammelten, hatte er nur noch zwei Tage zu leben. Schwach und bleich und ohne Bewusstsein lag er in den Kissen. Die Arme waren so dünn, die Haut über den hervorstehenden Wangenknochen gelblich grün, die blutig aufgesprungenen Lippen leicht geöffnet. Franziska schossen auf der Stelle die Tränen in die Augen, als sie vor ihm stand, sie musste sich abwenden, ertrug den Anblick nicht. Und trotzdem war sie dankbar. Einmal gehörte sie dazu, einmal wurde sie von einem familiären Ereignis nicht ausgeschlossen!

Ludwigs Sterben war eine Qual. Er atmete nicht, er stöhnte. Für jeden der vielen bitteren Momente in seinem kargen, lieblosen Leben gab er ein abgehacktes, verkrampftes Stöhnen von sich, durch das er sich befreien wollte von dieser Welt, das ihm die Last des Ertragenen von der Seele räumte, damit er unbeschwert in die andere Welt gleiten konnte. Irgendwann, ganz plötzlich, spürte Franziska, dass er schon nicht mehr da war, dass er zwar noch in seinem Bett lag – sein Stöhnen immer zaghafter und sein Herz immer schwächer – aber Ludwig hatte seinen Körper schon verlassen.

Abends ließen die Geschwister die Cousine Benedikte noch eine Stunde allein mit ihrem Ehemann. Stumm gingen sie in ein Weinlokal in der Wiesbadener Innenstadt, tranken gierig das erste Glas Rotwein, darauf sofort das nächste. Als die Anspannung nachließ, sprachen sie ein wenig miteinander, kamen aber über ein paar flüchtige Freundlichkeiten nicht hinaus. Das Einzige, was die vier Geschwister, Agnes, Ernst, Catty und Franziska, noch verband, war die Trauer um Ludwig. Ihre Leben hatten sich weit voneinander entfernt, sie hatten sich nichts zu erzählen. Nachts kam dann die Nachricht von Ludwigs Tod, und sie gingen noch einmal zu ihm. Man hatte ihm einen großen Strauß mit roten Rosen auf die Brust gelegt, sein mageres gelbes Gesicht verschwand fast dahinter, die Hände waren gefaltet und umschlossen die dornigen Stiele. Franziska sah, dass das rechte Auge nicht ganz geschlossen war, sie versuchte, sich mit ihrem Blick in den kleinen Spalt hineinzudrängen, um vielleicht einen Zipfel von jener anderen Welt zu erspähen, aber es gelang nicht. Ludwig lächelte weise: »Nicht traurig sein, Fanny.«

Franziska nahm sich Ludwigs Rat zu Herzen. Sie setzte sich über die Trauer hinweg, gab stattdessen ihrem Fernweh nach und reiste mit dem Bubi nach Griechenland, wo sie einige Monate verweilten, danach verbrachten sie ein paar Monate in

Rom. Die Lebensgemeinschaft im »Eckhaus« in der Kaulbachstraße hatte sich vollends aufgelöst. Alle litten unter der Auflösung, dabei hatten alle sie betrieben – der Traum vom gemein-
schaftlichen Wohnen war ausgeträumt. Franziska sah keine
Vorteile mehr im Zusammenleben mit dem Hesselfranz, auf
den sie nur noch allergisch reagieren konnte und sich deswegen
schlecht und schuldbeladen fühlte. Suchocki hielt sie zwar immer noch für den einzigen Mann für eine Liebe auf Dauer, aber
mit seinen Ausbrüchen und unberechenbaren Anfällen von Ei-
fersucht oder anderen übertriebenen Gemütszuständen machte
er ihr Angst. Nein, zusammenleben wollte sie mit Suchocki
auch nicht mehr. Als ihre alte Freundin Baschl, Helene von
Basch, ledig schwanger wurde und nach einem möglichst adeligen Mann suchte, der ihr aus der Bredouille helfen konnte, fädelte Franziska ein, dass der Fürst Suchocki das Baschl heiratete – allerdings gegen eine gewisse Summe, von der auch
Franziska einen seriösen Anteil abbekam. Die Eltern vom
Baschl waren zufrieden, der Fürst schien ihnen ein gesellschaft-
lich passabler Schwiegersohn und standesgemäßer Retter aus
einer höchst peinlichen Lage.

Was aber für Franziska und Suchocki zuerst wie ein Spiel
aussah, wie ein spaßiger Coup aus einer Faschingslaune heraus,
sollte bald bitterer Ernst werden. Juristisch zog die Eheschließung auch die Adoption des Kindes nach sich, und das Baschl
war nicht bereit, auf ebendiese Adoption zu verzichten. Jetzt
war der arme Suchocki selbst arg in Bedrängnis geraten, denn
seine ohnehin marode finanzielle Lage vertrug keine weitere
Belastung. Als er nicht mehr weiter wusste, wanderte er im
Herbst 1907 nach Amerika aus, lebte einige Zeit in New York
und Chicago, um dann schließlich nach Mexiko aufzubrechen,
wo Albrecht Hentschel, Franziskas alter Adam, sein Glück in
den Silberminen suchte. Die alten Freunde aus München, Suchocki und Hentschel, träumten, wie viele andere in jenen
Tagen, in den Silberminen Mexikos von Reichtum und Abenteuer, ein Traum, der schon bald an der unromantischen Wirklichkeit zerbrach.

Mit stetig wachsendem Missmut hielt sich Franziska immer noch mit Übersetzungen für den Verlag Albert Langen über Wasser. Aber sie wurde älter, und je älter sie wurde, desto unwürdiger empfand sie ihr armseliges Leben, die nervenaufreibende Balance am Rande des Existenzminimums. Was sie früher als notwendige Begleiterscheinung des Bohème-Lebens hingenommen, sogar als unkonventionell und schick empfunden hatte, war jetzt, da der vierzigste Geburtstag immer näher rückte, nur noch zermürbend und verletzte ihren Stolz.

Alle ihre Versuche, an Geld heranzukommen, waren fehlgeschlagen, auch der letzte, das »Glasprojekt«. Vor seiner Abreise nach Amerika hatte ihr Suchocki sein Geschäft mit den Gläsern vermacht. Er hatte Franziska die verschiedenen Techniken des Glasmalens beigebracht und ihr außerdem sein gesamtes Material mit Kundenstamm – Antiquitätengeschäfte und Lokale – vererbt. Zu Beginn ließ sich die Sache noch ganz gut an. Kathi Kobus, die Wirtin des »Simpl« in der Türkenstraße, bestellte 30 Gläser mit dem Mopsmotiv der Zeitschrift »Simplicissimus«; wohlhabende Freunde ließen sich dann und wann zum Kauf eines Bierseidls oder eines Humpens mit kleiner oberbayerischer Landschaftsvignette überreden. Aber auf die Dauer war das keine ausreichende Geschäftsbasis. Franziska merkte immer deutlicher, dass sie für diese Art des Handelns kein Talent hatte und Neigung schon gar nicht. Wie bereits ihre früheren Versuche, ein Milchgeschäft zu eröffnen oder mit einer Versicherungsagentur zu reüssieren, schlug auch dieses Projekt ganz und gar fehl.

Eines Tages hatte sie genug. In einem Anfall von Wut und Verzweiflung packte sie alles – die unbemalten und die bemalten Gläser, Pinsel, Farbtöpfchen, Lösemittel, Lackgläschen – in die zwei großen, ebenfalls von Suchocki zurückgelassenen Koffer, warf die Haustür hinter sich zu und ging, schwer bepackt mit den klirrenden Gepäckstücken hinunter in den Hof. Dort lud sie die Fracht auf den kleinen Leiterwagen und zog sie durch den Englischen Garten bis zum Bootsverleih am Kleinhesseloher See. Es war ein sonniger Frühsommertag, und die Spaziergänger, die ihr entgegenkamen, schüttelten den Kopf über die zarte, energische Frau, die mit entschlossen nach vorn geschobenem Kinn zwei riesige klingelnde Koffer hinter sich herzog.

»Geben Sie mir für zwei Stunden ein Ruderboot!«, sagte Franziska dem Bootsverleiher und wies ihn an, ihr die Koffer hineinzuheben.

»Wenns nach Amerika auswandern wolln, dann müssens immer weiter nach Westen rudern!«, rief der Mann ihr hinterher und spürte gleich, dass seine Bemerkung bei der Dame nicht so gut ankam. Noch lange sah er ihr hinterher, wie sie sich in die Ruder legte und in rascher Fahrt entfernte. Noch lange rätselte er, was sich wohl in den schweren Koffern befunden haben mochte.

Als Franziska weit genug hinausgerudert war, versenkte sie die feinen ledernen Koffer aus polnisch-fürstlichen Beständen mitsamt ihrem wieder einmal misslungenen Geschäft in dem schwarzgrünen Wasser des Kleinhesseloher Sees.

»Ruhet in Frieden, und lasset euch bei mir nicht mehr blicken!«, rief sie ihrer gläsernen Erbschaft nach. Ein paar weiße Luftbläschen, ein gluckerndes Geräusch, dann war alles weg. Franziska steckte sich eine Zigarette an, legte sich nach unten auf die Bodenplanken des Kahns und sah in den Himmel, den schnell ziehenden Wolken nach.

»Ja, wo san denn Ihre Koffer?« Der Bootsverleiher reichte Franziska die Hand, half ihr beim Aussteigen und warf das Tau mit einer vorbereiteten Schlinge lässig über den bemoosten Pfahl.

»Die habe ich versenkt.« Franziska lächelte geheimnisvoll.

»Was, de schena Koffer? Und glei alle zwoa?« Der Mann machte ein gequältes Gesicht, seine Augen suchten immer noch nach den Koffern, aber das Boot war leer.

Franziska sprach jetzt ganz leise und zog ihn vertraulich an der Schulter etwas näher zu sich heran: »Ich habe meine Schwiegermutter partout nicht in dem einen Koffer unterbringen können, und da musste ich – so Leid es mir tat – zur Säge greifen und sie auf zwei verteilen.«

Abends im Café Stephanie hatte sie mit ihrer Geschichte großen Erfolg. Alle am Tisch lachten, trotzdem war Franziska traurig. Zusammen mit den Gläsern, den Pinseln und Farbflakons hatte sie einen alten Traum versenkt, den Traum vom großen Geld. Auf dem Heimweg war sie sehr deprimiert. Zu Hause saß der Bubi in seinem Bett und wartete auf sie.

»Mamai, wo warst du nur so lange?«

»Ich hab das ganze Zeug vom Such im See versenkt.«

Franziska setzte sich an sein Bett und strich ihm über die Stirn. »Wir müssen uns etwas anderes ausdenken, wie wir zu Geld kommen, das mit den Gläsern war auch wieder nichts«, sagte sie und kämpfte gegen die Tränen. Der Bubi legte seine Arme um ihren Hals.

»Wenn ich groß bin, dann krieg ich so viel Geld, dass du dich drin wälzen kannst.«

Einige Tage später traf Franziska einen Mann wieder, den sie schon seit Kindertagen aus Lübeck kannte und mit dem sie sich die ganzen letzten Jahre, wann immer er in München war, getroffen hatte. Es war Erich Mühsam, der Apothekersohn aus Lübeck, der zu Schulzeiten gar nicht zählte, weil er sieben Jahre jünger war und den älteren selbstverständlich nicht das Wasser reichen konnte.

Jetzt war das anders. Erich war ein kluger, witziger Mann, dem immer schneller als allen anderen eine kleine polemische Bemerkung einfiel; einer, der gegen den Strom schwamm und dafür schon ein paarmal hatte büßen müssen. Mit seinem bärtigen Gesicht und den wachen Augen hinter der Nickelbrille, der großen Nase und dem strubbeligen, störrischen Haar war er sogar in Schwabing eine auffällige Erscheinung. Er kleidete sich immer korrekt, doch war alles, was er trug, zerschlissen, verknittert, abgeschabt. Den Kleidungsstücken sah man an, dass sie schon bessere Zeiten gesehen hatten, aber Mühsam trug sie mit Grandezza. Was Franziska faszinierte, waren seine überraschenden Polemiken, seine klugen, stets präzise formulierten Urteile, die er in seiner ganz eigenen Sprache vortrug. Er hatte ein schnelles, freches Mundwerk, hielt sich nie zurück mit kessen, manchmal unverschämten, aber immer geistreichen Witzeleien, und war in der Münchner Bohème ein begehrter Gesprächspartner.

Mühsam war in seinem Leben schon viel herumgekommen, bevor er kurz zuvor in München sesshaft geworden war. Er hatte in Paris gelebt und in Italien, auch in der Schweiz, in Ascona am schönen Lago Maggiore, wo sich auf dem Monte Verità eine Kolonie von Anarchisten aus ganz Europa angesiedelt hatte. Vom Tessin hatte Mühsam immer schon geschwärmt, es sei der einzige Platz auf der Welt, wo es sich leben ließe, in jeder Beziehung!

Franziska traf Mühsam im Kabarett zu den »Elf Scharfrichtern«. Sie wollte sich bei dem neuen Programm ein wenig zerstreuen und zumindest an diesem Abend nicht wie sonst ständig darüber nachdenken, warum sich ihr Leben nur noch im Kreis drehte. Nach der Vorstellung saß sie mit Mühsam, Wedekind und Otto Falckenberg im Café Luitpold. Mühsam erzählte, dass er in Wien Karl Kraus kennen gelernt habe und niemals vorher einem intelligenteren Mann begegnet war. Er versuchte Karl Kraus nachzumachen, scheiterte aber am Wiener Dialekt, der dem Lübecker einfach nicht gelingen wollte. Die anderen amüsierten sich, aber Franziska war auffallend still an jenem Abend.

»Was ist los mit dir, Fanny, du sagst heute gar nichts?«, fragte Mühsam plötzlich und beugte sich quer über den Tisch zu ihr.

»Nichts ist los, das ist es ja!«, sagte Franziska mit traurigen Augen.

»Dann müssen wir eben dafür sorgen, dass was los ist! Komm, wir gehen noch in die Jahreszeiten-Bar!« Er nahm Franziskas Hand. Die anderen hatten sich schon zum Gehen erhoben, setzten sich aber wieder.

»Nein, nein, nicht so, das ist es nicht«, sagte Franziska in ungewohnt ernstem, ruhigem Ton. »Ich meine, mit meinem Leben ist nichts los. Ich kann hier nicht mehr leben und woanders

223

auch nicht! Ich weiß nicht, wo ich hin will, und ich weiß auch nicht, was ich anfangen soll. Ich weiß nur, dass mir alles immer unerträglicher wird und dass ich Geld brauche. Ich habe dieses armselige Leben satt!«

Das war also das Problem! Falckenberg und Wedekind steckten die Köpfe zusammen und schmiedeten einen Plan.

»Wir müssen einen Mann für sie finden!«

»Und zwar einen reichen!

»Wenn ein einziger reicht ...«

»Sonst halt zwei, einen fürs Herz und einen fürs Geld!«

»Und einen fürs Bett.«

»Gut, also drei.«

»Leider will sie sich ihre Männer immer selber aussuchen ...«

»Ja, anstatt uns mal mit der Aufgabe zu betrauen!«

»Fest steht: Es sollte keiner aus deinen Kreisen sein. Die haben kein Geld!«

»Wieso? Meine Kreise sind auch deine Kreise!« Plötzlich rief Mühsam dazwischen: »Schluss jetzt mit dem ziellosen Geschwätz! Ich hab einen!«

Und dann erzählte Mühsam von einem guten Freund, der dringend eine Frau suchte, weil sein Vater ihn zu enterben drohte, falls er nicht standesgemäß heiratete. Wedekind und Falckenberg hakten ein. »Das klingt ja phantastisch, aber wo liegt die Leiche im Keller?«

»Vielleicht riecht er schlecht oder hat einen Buckel!«

»Solange der Buckel vergoldet ist ...«

»Nun quatsch doch nicht immer dazwischen, lass doch den Erich mal erzählen!«

Und Erich erzählte. Er erzählte von seinem Freund aus Ascona, dem Baron von Rechenberg-Linten, und dessen Familie, die aus dem Baltikum stammte und auf einer standesgemäßen Verehelichung des einzigen männlichen Nachfahren bestand. Alexander von Rechenberg sei allerdings das schwarze Schaf der Familie und im ganzen Tessin und darüber hinaus als Trunkenbold verschrien. Sein immerhin beträchtliches Erbe konnte er nur antreten, wenn er sich mit einer Frau aus alter adeliger Fa-

milie verband, und zwar bevor sein Vater – inzwischen achtund-
siebzig – das Zeitliche segnete. Allerdings, darauf musste er hin-
weisen, spielte das Stück in Ascona, was bedeutete, dass Franziska sich wohl dazu bequemen musste, ins Tessin zu ziehen.

Noch hüllte sich Franziska in Schweigen. Auch ihre Gesichtszüge verrieten den drei Männern nicht, wie sie Mühsams
Plan fand. »Nun«, sagte sie plötzlich und lächelte maliziös, »ich
werde mich irgendwann zu den Plänen äußern, aber vorerst
muss ich mich zur Beratung mit mir selbst zurückziehen, das
müssen Sie verstehen, meine Herren.« Dabei versuchte sie, so
offiziell wie möglich auszusehen, um einer vorschnellen Ein-
schätzung, in welche Richtung wohl ihre Neigung ging, keine
Chance zu geben. Nur ihre Augen blitzten.

Zwei Tage später pochte Mühsam an Franziskas Tür. Er wollte noch mal auf seinen Vorschlag zurückkommen.

»Welchen Vorschlag?«

Franziska wusste im ersten Moment gar nicht, was er meinte. Mühsam hatte noch am selben Abend seinem Freund Alexander ein Telegramm geschickt und soeben Antwort erhalten:
Alexander fühlte sich sehr geschmeichelt und sei im Prinzip mit
solch einem Coup einverstanden.

»Rechenberg und Reventlow«, Mühsam war begeistert, »du
brauchst nicht mal deine Initialen ändern, Fanny! Was das allein bei der Tischwäsche einspart …« Mühsam kicherte, ein
teuflisches Hexenmeistergekicher. Franziska konnte nichts sagen. Was sie zwei Tage zuvor noch für eine Schnapsidee, für ein
Wortgeplänkel von drei Spaßvögeln gehalten hatte, bekam ganz
plötzlich einen realistischen Anstrich. Mühsam wurde ernst:
»Wirklich, Fanny, du solltest dir die Sache gut überlegen. Er
trinkt vielleicht ein bisschen viel, aber er ist ein netter Kerl, dafür leg ich meine Hand ins Feuer!«

Beim Einschlafen stellte sich Franziska vor, wie sie vor dem
Altar steht. Neben ihr ein schwankender, verbeulter Baron mit
einem dunkelblauen Samtkissen auf der flachen, zittrigen Hand,
auf dem zwei goldene Ringe liegen. »Ich will dich«, sagt er, und
seine Schnapsfahne weht ihr trotz Tüllschleier um die Nase.

Am Morgen frühstückte sie mit Bubi. »Du schaust so fröhlich, meine Mamai«, sagte er und tunkte seine Semmel in die Milch.

Franziska erzählte ihm, dass sie vielleicht bald umziehen würden, sie aber erst einmal alleine reisen müsste und schauen, wohin. Vielleicht in ein feines Haus mit Garten, in dem sie tun und lassen könnten, was sie wollten. Sie könne endlich schreiben, ein Buch nach dem anderen, und der Bubi bekäme ein Huhn, das die Eier fürs Frühstück legt. Vorerst aber müsse sie ihr Bubiherz für eine kurze Zeit bei Freunden in Österreich unterbringen. Wenn alles geregelt wäre, würde sie ihn nachholen.

»Und du lässt mich ganz bestimmt nicht zurück, du holst mich wirklich?«, sagte der Bubi plötzlich, und die Tränen rollten.

Franziska stand auf, ging um den Tisch herum, kniete vor ihm nieder, legte ihren Kopf in seinen Schoß. Auch sie weinte. Dann umarmte sie ihn, erdrückte ihn fast, schluchzte in sein Ohr: »Du bist doch das Liebste, was ich hab auf der Welt.«

In der Nacht vom 15. auf den 16. Oktober 1910 saß Franziska im Zug, der aus Berlin kam und nach Paris fuhr. In München war sie immer ruhiger geworden, die Geschichte mit Rechenberg war ihr nicht mehr aus dem Kopf gegangen, aber entscheiden mochte sie sich nicht. Sie war nach Berlin gereist, hatte ihren Bruder Ernst besucht und das Schloss Sanssouci besichtigt und saß jetzt im Nachtzug nach Paris. Sie hoffte auf eine Anstellung als Kassiererin bei der großen Münchner Kunstgewerbeausstellung im Grand Palais. Außerdem versprach sie sich von Paris, dass sie dort den richtigen Entschluss für ihr weiteres Leben treffen würde. Sogar auf den Hesselfranz, den viel geschmähten und doch irgendwie geliebten, freute sie sich. Er hatte sich inzwischen in Paris niedergelassen und ihr angeboten, bei ihm zu wohnen. Franziska blickte durch die schwarzen Scheiben des Zuges, sie sah sich selbst in der Spiegelung des Fensterglases, grau und mager. Sie dachte an die letzten Stunden mit Bubi, wie er stumm seine Sachen in einen Rucksack gepackt und ihr mit wackeliger Stimme und zitterndem Kinn zum Abschied nachgerufen hatte: »Nicht traurig sein, Mamai! Wir haben uns bald wieder!«

In den ersten Tagen in Paris war Franziska wie gelähmt. Den ganzen Tag lag sie matt auf dem Chaiselongue, eine dünne Wolldecke über sich gebreitet. Sie wollte, sie konnte nicht ausgehen, obwohl sie sich fest vorgenommen hatte, sich zu zerstreuen, um schließlich ganz unbefangen und ohne Druck die richtige, wichtige Wahl zu treffen. Aber was sie sich vorgenommen hatte, funktionierte nicht. Schwermütig lag sie da, trank Pfefferminztee und ließ sich vom Hesselfranz bemitleiden und bewundern. Dann begann ihre Arbeit im Grand Palais. In der Früh musste sie zeitig aus dem Haus und mit dem Fahrrad von Hessels Wohnung, die im Montparnasse-Viertel lag, zum Grand Palais, auf der anderen Seite der Seine, fahren. Die Tage waren so anstrengend und ermüdend, dass sie nicht eine Sekunde Zeit hatte, über ihr Schicksal nachzudenken.

Wenn sie abends bei einbrechender Dunkelheit wieder nach Montparnasse zurückfuhr, machte sie an einer ganz bestimmten Stelle am Seineufer halt, um ganz für sich zu sein. Sie setzte sich auf die steinerne Mauer und blickte auf den schwarzen Fluss, auf dem sich tanzend die Lichter der Stadt spiegelten. Manchmal traf sie dieser Anblick so mitten ins Herz, dass sie sich nicht vorstellen konnte, je von hier wegzugehen, und sie dachte darüber nach, wie sie es anstellen konnte, hier, in der schönsten Stadt der Welt, bleiben zu können und mit dem Bücherschreiben genug Geld zu verdienen, dass sie bald den Bubi nachholen könnte. Aber wenn dann der kalte Novemberwind durch die Nähte ihres Mantels blies oder der Nieselregen sie bis auf die Haut durchnässt hatte, wuchs die Sehnsucht nach dem warmen Süden, der Seidenluft, den Palmen am Lago Maggiore.

Als sie Mühsams Absender auf dem Telegramm las, das der mürrische Postbote ihr bis in den sechsten Stock hinaufgebracht hatte, wusste sie, dass die Würfel gefallen waren und sie nicht mehr selbst zu entscheiden brauchte. Sie öffnete den Umschlag und war vor Aufregung selbst ganz außer Atem:

»Die Sache eilt! Nimm in zwei Tagen Zug nach Locarno. A. holt dich ab. E. M.«

Die ganze Nacht saß Hessel an Franziskas Bett. Sie hatten einen roten Seidenschal über die Lampe gelegt, damit das Licht nicht blendete, sie sprachen darüber, dass es die richtige Entscheidung war und sicher alles gut würde.

Am nächsten Morgen saß Franziska im Zug nach Locarno.

10. KAPITEL

Es war Abend, als der Zug ächzend im Bahnhof von Locarno einfuhr. Franziska war hellwach. »Immer ist keiner da«, dachte sie und sah sich auf dem Perron um, »immer, wenn ich irgendwo ankomme, ist keiner da, der mich abholt.«

Aber schon hörte sie hinter sich Schritte. Ein großer, eleganter Herr mit breiter Brust und aufrechter Haltung, die helle Leinenjacke lässig über die Schulter geworfen, trat auf sie zu und hielt ihr einen Oleanderzweig mit großen, dunkelrosa Blüten hin. »Gräfin Reventlow?«, fragte er mit geschmeidiger, melodischer Stimme.

Franziska antwortete nicht, nahm den Zweig, dachte einen Moment, dass er doch recht passabel aussah, ihr neuer Ehemann, gar nicht das versoffene Genie, das sie erwartet hatte.

»Verzeihen Sie, ich bin nicht der Baron, ich bin Ernst Frick. Der Baron lässt sich entschuldigen, er ist unpässlich.« Der elegante Herr nahm Franziska den Koffer ab und schob sie dem Ausgang zu. Franziska hatte noch immer kein Wort gesagt. Draußen wartete der Wagen.

Frick schien über alles Bescheid zu wissen, denn während sie im Wagen die Straße entlang fuhren, machte er kleine Andeutungen über die bevorstehende Verehelichung, die alle Seiten zufrieden stellen würde, das Ei des Kolumbus. Bis sie selbst eine Wohnung gefunden hatte, bot er ihr an, bei ihm und seiner Freundin zu bleiben. Dort konnte sie in Ruhe Ausschau halten nach einer Bleibe, vielleicht sogar mit Blick auf den See.

»Wenn man schon morgens beim Aufstehen den Blick auf

den Lago Maggiore hat, kann eigentlich nicht mehr viel schief gehen im Leben«, sagte er und deutete auf die Silhouette der Berge am anderen Ufer, die in der einbrechenden Dunkelheit vom graphitgrauen Himmel kaum mehr zu unterscheiden war.

»Meine Güte, mir ist im Leben schon so viel danebengegangen, dass es auf einmal mehr oder weniger auch nicht mehr ankommt. Wenn sich allerdings durch die schöne Aussicht auf den See mein Leben doch noch zum Guten wenden lässt – um so besser!«

In gewisser Weise war Franziska erleichtert, dass nicht Rechenberg selbst sie abgeholt hatte, ihr in diesem Stück noch ein wenig Aufschub gewährt wurde, bevor sie sich zum zweiten Mal in ihrem Leben auf ein Spiel einließ, dessen Ziel der Traualtar war: damals, beim Pferderennen in Langenhorn, als Walter die Wette gewonnen hatte, und jetzt, da es zwar nichts zu wetten, aber einiges zu gewinnen gab. So wollte sie es sehen: das Leben – ein Spiel mit ungewissem Ausgang, die Hauptdarstellerin agiert an unterschiedlichen Schauplätzen, zum Beispiel am Lago Maggiore. Und damit es kein Trauerspiel wird, gibt es auch Szenen voller Witz und Schabernack. Wie etwa die, die sie jetzt zu spielen hat. Franziska war mit einem Mal gut gelaunt und zuversichtlich.

»Man soll die Dinge nicht schwerer nehmen, als sie sind, wir sind doch allesamt Figuren in einem Spiel, dessen Regeln wir nicht verstehen, nicht wahr? Ich jedenfalls bin froh, im gelobten Land zu sein und Sie zu haben, lieber Frick! Mit oder ohne Aussicht, ich habe bereits jetzt das Gefühl, dass nichts mehr schief gehen kann!« Sie lehnte sich zurück, ließ ihren schweren Kopf nach hinten in den Nacken fallen und blies wohlig lächelnd den Rauch ihrer Zigarette durch die Nasenlöcher.

Bevor Franziska ihren späteren Ehemann zum ersten Mal zu Gesicht bekam, vergingen noch zwei Wochen. Sie wohnte bei Frick und seiner Freundin Frieda Groß, die sie aus München kannte. Frieda Groß war die Ehefrau des bekannten Psychologen und Freudschülers Otto Groß, von dem sie schon seit längerer Zeit getrennt lebte. Franziska kannte die Geschichte, die in der Schwabinger Bohème über Groß erzählt worden war: Er soll eine junge, zarte, unschuldige Malschülerin namens Sofie Benz zuerst in seinen Bann, dann in die Kokainsucht getrieben haben, damit er seine eigene Sucht besser ertrüge und nicht einsam und allein vor die Hunde ging. Franziska mochte Frieda Groß, eine unkomplizierte Frau, blond, freundlich, mit weißen Zähnen, blauen Augen und Sommersprossen auf der Nase. Mit ihrer ungekünstelten, direkten Art schien sie das Leben im Griff zu haben, auch in dunklen Stunden. Frieda und Ernst waren angenehme, freundschaftliche Gastgeber. »Hier im Tessin kommen eigentlich alle irgendwann mal vorbei, allein schon aus Neugierde, um zu schauen, wie die Nackerten da oben auf dem Monte Verità herumgraben. Viele bleiben dann sogar länger als geplant, manche für immer«, sagte Frieda, während sie mit großzügigen, routinierten Handgriffen ein Zimmer für Franziska aufräumte und eine Matratze auf dem Boden ausrollte.

Franziska kannte die berühmt-berüchtigte Kolonie der Vegetarier und Anarchisten nur aus Erich Mühsams einerseits schwärmerischen, andererseits mokant-ironischen Schilderungen. Allein die Neugierde auf die neuen Lebensformen auf dem Monte Verità hätte sie nicht an den berühmten See locken können. »Da sind doch meine Interessen sehr viel praktischer«, sagte Franziska. »Mich lockten der blaue Himmel und die Palmen, die laue Luft und das lukrative Eheversprechen eines baltischen Barons, den ich allerdings noch nicht zu Gesicht bekommen habe!«

Ein Treffen zwischen Franziska und Rechenberg hatte mehrmals abgesagt werden müssen, bis es endlich klappte: Sie waren in einer Gastwirtschaft im nahen Ronco verabredet, um zuerst zu Mittag zu speisen und sich dabei ein wenig kennen zu lernen und dann, beim Kaffee, das weitere Vorgehen für den bevorstehenden Ehe- und Erbschaftscoup zu besprechen. Die Mittagszeit, so hatte man ihr gesagt, eigne sich besser für solch ein wichtiges Treffen als der Abend, da wisse man nie, in welchem Zustand und auf welcher Stufe der Alkoholisierung sich

231

der Baron befände. Franziska ging zu Fuß nach Ronco, denn es war, obwohl schon Ende November, noch angenehm warm. Immer wieder blieb sie stehen, sah sich um, horchte, in die Stille, roch die warme, weiche Luft, riss der Eiche, der Birke und dem Olivenbaum ein Blatt ab, freute sich über die schönen Farben. Der See glitzerte durch die Bäume, an manchen Sträuchern waren noch kleine rote Blüten oder Beeren, obwohl die Blätter schon gelb und braun gefärbt waren.

Rechenberg wartete draußen vor der Wirtschaft. Er stand an die kornblumenblau gestrichene Holztür gelehnt, eine kalte Zigarettenkippe im Mundwinkel, die karierte Schirmmütze nach hinten geschoben, so dass die Stirn und die zusammengekniffenen Augen nicht verdeckt waren. Als er Franziska kommen sah, nahm er sofort die Hände aus den Hosentaschen, zog seinen derben dunkelblauen Pullover mit der Geste eines schüchternen Kindes unten am Bund noch ein wenig in die Länge und ging ihr ein paar Schritte entgegen.

»Sie sind die Gräfin aus München? Willkommen!« Er nahm ihre Hand und deutete mit einer galanten, ganz selbstverständlich wirkenden kleinen Verbeugung einen Handkuss an.

»... und schon seit zwei Wochen in Ascona!« Franziska spürte, wie ihre Hand in seiner riesigen, harten, klobigen Hand verschwand. Rechenberg sagte nichts darauf, hatte vielleicht die kleine ironische Anspielung auf die immer wieder verschobenen Treffen nicht verstanden. Er formte seine linke Hand zu einer Muschel und legte sie an sein Ohr, als fordere er Franziska auf, noch etwas zu sagen. »Ja, aus München!«, sagte Franziska jetzt lauter und etwas hilflos. Sie konnte nicht abschätzen, ob er sie akustisch nicht verstanden hatte oder ob er vielleicht nicht folgen konnte. »Wir waren ja schon ein paarmal verabredet, jedoch Sie waren nicht disponiert ...«, sagte sie jetzt etwas lauter.

»Ja, Sie haben sich gut installiert ...«, wiederholte Rechenberg ihren Satz und blickte scheu zu Boden. Franziska war verwirrt. Ratlos. Sie konnte nicht einschätzen, woran es lag, dass sie aneinander vorbeiredeten. Rechenberg drehte sich abrupt um und schob sie sanft, aber resolut ins Wirtshaus.

In der Gaststube war er der König. Sofort wurde ein Tisch aufgedeckt, mit gestärkter, weißer Tischdecke und großen Servietten, Weingläsern für weiß und rot, Oliven, aufgeschnittener Wurst und frischem Brot. Der Wirt kam herbei, begrüßte Rechenberg mit Umarmung und Schulterklopfen, zog ihm freundschaftlich die Schirmmütze ins Gesicht, nahm ihm die Kippe aus dem Mundwinkel und steckte eine frische Zigarette hinein. Dann gab er der Wirtin, die hinter dem Tresen stand, ein Zeichen, dass es losgehen konnte, und die Wirtin rief etwas in die Küche, wovon Franziska nur »presto, presto« verstand. In kürzester Zeit wurden Platten mit gebratenem Huhnchen, Fisch, Rinderbraten, Nudeln, Risotto, Paprikaschoten, Tomaten und Steinpilzen herbeigetragen. Rotwein, Weißwein, Grappa, Orangenlikör, alles, was das kleine Gasthaus zu bieten hatte, wurde aufgetragen.

Franziska hatte jetzt, da um sie herum so viel passierte, genügend Zeit, ihren späteren Ehemann zu beobachten. Er saß da, sagte fast nichts, bewegte sich unbeholfen, ein bisschen plump, aber doch auf rührende Weise graziös und vorsichtig. Immer wieder hielt er sich die zur Muschel geformte Hand an sein Ohr. Natürlich! Wegen seiner Schwerhörigkeit hatten sie bei der Begrüßung aneinander vorbeigeredet. Franziska hatte endlich verstanden, nahm entsprechend Rücksicht, brüllte nun in sein linkes, handmuschelverstärktes Ohr. Eine Unterhaltung, womöglich noch über Angelegenheiten, die nicht unbedingt publik werden sollten, war an diesem Ort nicht möglich. Sie aßen und tranken, die Wirtsleute setzten sich dazu, der Kellner und der Koch schließlich auch. Die Grappaflasche wurde schnell leer und die nächste nur zur Hälfte gefüllt. Rechenberg war jetzt nicht mehr so still; in fließendem Italienisch gab er Anekdoten zum Besten, über die die anwesenden Männer berstend lachten, obwohl die Geschichten allen bekannt zu sein schienen. Franziska spürte, wie hier alle mithalfen, dass der Baron gegenüber der Dame aus München eine gute Figur machte.

Als man aufbrach, wurde es schon dunkel. Rechenberg, der ein wenig schwankte, hakte Franziska unter. Sie gingen einen schmalen, steinigen Weg bis hinunter zur Hauptstraße, wo eine bestellte Droschke wartete.

»Jetzt haben wir gar nicht über unsere Angelegenheit geredet …«, sagte Franziska nun nicht ganz so laut in sein Ohr hinein.

»Da gibt's nicht viel zu reden. Wir heiraten, und dann machen wir halbe-halbe!«

Rechenberg blieb stehen und sah sie an. Seine Augen glasig, der Blick freundlich und immer noch schüchtern. Plötzlich kniete er ächzend vor ihr nieder, rutschte ein wenig, fiel fast um, musste sich auf dem steinigen Boden abstützen, ergriff ihre Hand und küsste sie. »Darf ich um Ihre Hand anhalten, du schöne adelige Dame?«, sagte er und lachte berstend, als hätte er eine Zote zum Besten gegeben.

Franziska ging auch in die Knie, war jetzt auf seiner Höhe, gab ihm einen Kuss auf beide Wangen und half ihm wieder auf. »Ja, Baron, ich denke, ich werde einwilligen. Außerdem schlage ich den Bankdirektor für die Predigt in der Kirche vor, und den Finanzberater Ihres Vaters als Trauzeugen!«

Rechenberg begleitete Franziska noch bis zur Droschke, wies den Kutscher an, sie zurück nach Ascona zu bringen, und verschwand schwankend in der Dunkelheit.

Das Paar war sich einig. Bald nach dem ersten Rendezvous wurde beim Notar ein Ehevertrag aufgesetzt, in Italienisch und Deutsch, demzufolge Franziska nach der Eheschließung die Hälfte des zu erwartenden Erbes ihres Mannes zugesprochen wurde, über welches sie ohne jegliche Gegenleistung oder Verpflichtung frei verfügen konnte.

Franziska war zufrieden, dass sich alles gut anließ. Auch gegenüber ihrem Schwiegervater, so sagte ihr das Gefühl, hatte sie beim Antrittsbesuch bella figura gemacht. Der alte Baron, ehemaliger russischer Gesandter in Madrid, jetzt zurück im Baltikum, war von der bevorstehenden Heirat seines Sohnes völlig überrascht. Jahrelang hatte er ihn bekniet, sich eine ebenbürtige Frau aus dem Hochadel zu suchen, selbst die Drohungen, ihn zu enterben, wenn ihm nicht einmal das gelänge, hatten nichts genutzt. Und plötzlich dann das Telegramm: »Möchte Ihnen meine Braut vorstellen. Alexander.« Der alte Baron reiste umgehend nach Locarno, wo er Franziska in seinem Hotel zum Tee empfing. Es bereitete ihm offensichtlich größtes Vergnügen, sich mit seiner zukünftigen Schwiegertochter auf französisch zu unterhalten.

»Je parle français avec une comtesse allemande dans une ville suisse, prenant le thé dans un hôtel italien – cela me plaît beaucoup. Je suis enchanté, Madame.«

»Je suis heureuse d'avoir eu le bonheur de faire votre connaissance, Monsieur«, antwortete Franziska gewandt und deutete einen kleinen Knicks an, wie sie es einst im Mädchenpensionat gelernt hatte. Keinen einzigen Fehler machte sie an jenem Nachmittag, sie beherrschte die Etikette einer gesitteten Teestunde mit dem alten Baron perfekt bis ins Detail. Das Einzige, was sie dabei nicht bedacht hatte, war, dass der alte Baron sich von Stund an Gedanken darüber machte, was wohl eine so wohlerzogene, weitläufig gebildete, dazu noch hübsche deutsche Gräfin aus bestem altem Adel mit seinem verbeulten, versoffenen tauben Sohn anfangen wollte. Er wurde misstrauisch, und das Misstrauen begann zu wachsen.

Inzwischen war auch der Bubi aus Österreich nachgekommen. Franziska hatte für sich und ihren Sohn ein billiges möbliertes Zimmer gemietet und sich rasch wieder an die Übersetzungen für den Langen-Verlag gemacht, denn das war, zumindest in jener Zeit, noch die sicherste und zuverlässigste Einnahmequelle. Bald fanden sie einen kleinen alten Vogelstellerturm aus grauem Granit, mit drei winzigen Räumen übereinander, die über Luken und Leitern miteinander verbunden waren. Hier, im »Roccolo«, verbrachten sie ihre Tage, arbeiteten, spielten, lasen und aßen, so dass sie nur nachts zum Schlafen in ihr dunkles, schäbiges Zimmer mussten. Die Tage waren wie Seide, außer dem Summen der Insekten und den lauten Stimmen der Vögel war nichts zu hören. In vollkommener Abgeschiedenheit lebten sie zwischen Lorbeerbüschen und Mimosenbäumen nahe den sanften Weinbergen, die sich den Hang hinauf ausbreiteten.

Franziska liebte diese Ruhe, den würzigen Duft der Erde, den hellblauen Himmel. Manchmal wusste sie nicht, ob sie alles nur träumte und in ein paar Sekunden erwachen würde, an einem regnerischen, dunklen Novembermorgen in München. Wenn sie auf dem kleinen Vorplatz ihres »Roccolo« unter der großen Kastanie lag und zwischen den Blättern den hohen Himmel sah, dachte sie an ihre Zeit in Schwabing, ans Eckhaus in der Kaulbachstraße, an Suchocki, den Hesselfranz, an Klages und Schuler. Manchmal schob sich alles zu einer zähen, gräulichen Masse zusammen, das Schöne war nicht mehr vom Hässlichen, das Traurige nicht mehr vom Frohen zu unterscheiden. Franziska befürchtete, alles könnte für immer absacken, aus ihrem Herzen, ihrer Seele verschwinden. Sie fasste den Entschluss, ihre Gedanken aufzuschreiben, damit ihr die Dinge nicht entglitten. Hier, aus der Distanz, da sie mit allem nichts mehr zu tun hatte, glaubte sie alles, was ihr in München widerfahren war, besser ordnen und bewerten zu können. Sie fing damit an, Aufzeichnungen für einen Roman zu machen.

Der Roccolo war nicht weit entfernt von dem Areal auf dem Monte Verità, wo sich die ausgemergelten Vegetarier, die langhaarigen, Tolstoi-bärtigen Gestalten in primitiven Hütten angesiedelt hatten, um von Kräutern und Früchten zu leben, die sie mit einfachen Schaufeln und Harken dem kargen Felsboden abrangen. Weitaus üppiger als das Vegetarische allerdings gediehen hier utopische Visionen von Gleichheit und Brüderlichkeit. Die Geschichten von den Naturaposteln und Weltverbesserern waren sogar bis nach München gedrungen. Die Vegetarier betrieben auf dem Hügel oberhalb Asconas eine so genannte Naturheilanstalt, die so prominente Kurgäste wie Hermann Hesse, August Bebel, Lenin, Trotzki oder Bakunin vorweisen konnte. Irgendetwas hatte Franziska bisher davon abgehalten, dem Sanatorium, oder wie Mühsam sagte »Salatorium«, einen Besuch abzustatten. Natürlich war auch sie neugierig, was es mit diesem Monte tatsächlich auf sich hatte, wollte mit eigenen Augen sehen, was dran war an all den widersprüchlichen Gerüchten, die ihr zu Ohren gekommen waren. Rechenberg hatte sie bereits bei ihrem ersten Zusammentreffen vor den »Grasfressern« und ihren krausen Ideen gewarnt. Seinem Bruder, so berichtete er, einem herzensguten, aber etwas naiven Menschen, hatten die da oben so gründlich den Kopf vernebelt, dass mit ihm gar nichts mehr anzufangen war. Andererseits konnte die kleine Gesellschaft der »vegetariani« ganz so, wie Rechenberg sie darstellte, wohl doch nicht sein, denn immerhin lebten dort auch anerkannte Künstler und Wissenschaftler, ernst zu nehmende Persönlichkeiten aus ganz Europa hielten sich zu mehrwöchigen Kuren im Sanatorium auf. Was die Anarchisten auf dem Berg von denen unten im Dorf und in Locarno trennte, das begriff Franziska bald, waren weniger theoretische Differenzen als die schlichte Tatsache, dass die einen streng vegetarisch lebten, die anderen gerne gut aßen und tranken. Aus diesem Grunde hatten auch Mühsam und Nohl während ihrer Jahre in Ascona nie oben auf dem Monte Verità gelebt, sondern unten im Dorf, wo man sich in den Trattorien und Grotti alle Genüsse der südlichen Tafel mit Freude einverleibte.

Der Weg hinauf zum Monte Verità war steil und steinig. Es war Mittag, und die Sonne brannte Franziska auf den Rücken. Immer wieder stellte sie sich unter eine Kastanie in den Schatten und ruhte sich ein wenig aus, dann erst konnte sie weitergehen, vorbei an den prächtigen Rosenbüschen und dem hellgrünen Wacholder, dann auf holprigem Pfad durch ein Kastanienwäldchen, hinter dem sich der Luftpark und die Gemüsegärtchen befanden. Danach kam ein breites Stück Heideland, von wo aus man den freien Blick auf das große Sanatoriumsgebäude hatte. Der kleine Rosenstrauß für Tatjana hatte den Aufstieg in der Vormittagshitze kaum überstanden. Franziska hatte Tatjana vor ein paar Tagen unten im Dorf bei einer Ausdruckstanz-Vorführung im Hotel Quattrini kennen gelernt. Tatjana war die Tochter eines russischen Großfürsten und etwa so alt wie sie selbst. Weil Tatjana zuviel Wodka trank, war sie auf den fürsorglichen Befehl ihres Vaters hin zu einer Entschlackungskur ins Naturheil-Sanatorium auf dem Monte Verità geschickt worden. Sie hatten sich auf Anhieb sympathisch gefunden und lange miteinander geredet, und Tatjana hatte ein wenig über die strengen Regeln und die freudlosen Eßgewohnheiten im Sanatorium geklagt.

»Ich bitte Sie, einmal zum Mittagessen mein Gast zu sein«, hatte sie Franziska vorgeschlagen, »dann sehen Sie selbst, wie grauenvoll gesund wir dort oben ernährt werden!«

Franziska war pünktlich. Tatjana stand schon oben an der großen Freitreppe und wartete auf die neue Freundin. Um Punkt zwölf Uhr war Essensausgabe. Man ging nach hinten in den großen Saal des Zentralgebäudes. An der Stirnwand, die den Saal von der Küche trennte, waren kleine Kästchen angebracht, für jeden Sanatoriumsgast eines. Diese Kästchen wurden von der Küchenseite aus mit kleinen Tüten bestückt, in denen sich allerlei Beeren, Nüsse, Äpfel, dazu etwas Gemüse, mal eine Karotte, ein Kohlrabi oder ein Stück Gurke, befanden. Dazu gab es eine Scheibe des berühmten Brotes, das im so genannten Reformkocher hergestellt wurde, ohne Salz und Hefe. Auch die anderen Kurgäste entnahmen den Kästchen ihre Ration und setzten sich an die grob gezimmerten Holztische in der Halle, auf deren Oberflächen dicke Glasplatten lagen, was als moderne, hygienische Maßnahme gepriesen wurde.

»Das Brot schmeckt besonders trostlos«, sagte Tatjana, nahm das Tütchen aus ihrem Fach und reichte es Franziska. »Eine abgeleckte Fensterscheibe ist dagegen herzhaft und würzig!« Dabei rollte sie ihre Kulleraugen und bohrte sich mit ihrem ausgestreckten Zeigefinger in das Grübchen in ihrer rechten Wange.

Den Nachmittag verbrachten die beiden Frauen mit den anderen weiblichen Kurgästen nackt beim Luftbad. Dort gesellte sich auch Ida Hofmann, die Leiterin des Sanatoriums, zu ihnen und wollte gar nicht wieder aufhören mit ihrer Schwärmerei über die Kolonie. Ida war eine Frau mit stämmigem Untergestell, ihr Körper wurde nach oben hin immer zierlicher, bis hinauf zu der kleinen, spitzen Nase und der engen Stirn. Ihr Lächeln, bei dem die Augen zu Sternchen wurden, verschwand

238

nicht einmal dann von ihrem Gesicht, wenn sie von den vehementen Auswirkungen der Rohkostnahrung auf den Magen- und Darmtrakt sprach. Sie hatte ein gemustertes Seidentuch geschickt in ihr dunkles, lockiges Haar geschlungen, was ihr bei aller Nacktheit eine dezente Eleganz verlieh.

»Na, wie gefällt es Ihnen hier oben bei uns?« Ida hatte ein großes weißes Leinentuch auf der Wiese ausgebreitet und demonstrierte die effektivste Position für ein Luftbad, sie legte sich in einem günstigen Winkel so auf die Seite, dass ihr breites Becken möglichst viel Luft und Sonne abbekam.

»Leider konnte ich mich mit der Askese nie so recht anfreunden, ich brauche hin und wieder ein ordentliches Schweinekotelett und ein Glas Tiroler!«, sagte Franziska und legte sich zwischen Ida und Tatjana aufs weiße Linnen.

»Wieso Askese?« Ida richtete sich auf und zog die Knie an die Brust. Die Sternchen jagten zum Himmel hinauf, ihre Stimme klang so melodisch, als stimmte sie ein Lied an. »Hier erweitern wir unser Bewusstsein und schärfen unsere Sinne für die wirklichen Genüsse des Lebens!« Darauf legte sie sich erschöpft aufs weiße Tuch zurück.

Auch Tatjana hatte den Versuch unternommen, es sich bequem zu machen. Wahrscheinlich war man dort, wo sie herkam, diese paradiesische Nacktheit nicht gewohnt, denn sie versuchte, mit dem rechten Unterarm und der linken Handfläche wenigstens die Spitzen ihrer Brüste und den Schoß möglichst unauffällig zu bedecken.

»Doch, doch, da hat Ida schon Recht, man hat hier auch noch andere Varianten des Genusses. Die schönen Klavierabende, die Vorträge über Pantheismus und Anthroposophie, die Dichterlesungen …« Ohne Kleider wirkte Tatjana plötzlich hilflos und brav. Alles was Franziska reizvoll an ihr gefunden hatte, das Kesse, das Freche, war zusammen mit den Kleidern abgelegt worden.

»Bleibt zu hoffen«, sagte Franziska und räkelte sich wohlig in der Sonne, »dass ein Fünkchen überspringt auf die Spießerwelt. Aber mit der Abstinenz sollte man es nicht zu weit treiben, wenn man die Leute gewinnen will!«

Um vier Uhr gab es Tee auf der Terrasse vor dem Gesellschaftshaus. Pfefferminztee, Eisenkrauttee, Kamillentee, Salbeitee, Hagebutten- und Früchtetee. Später wurde Franziska vom Bubi abgeholt. Die Teegäste, besonders die Damen, machten Franziska Komplimente wegen des schönen Sohnes. Groß sei er und stark, sagten sie, und dabei so freundlich und sanft. Der Bubi stand dabei, mit zu langen Armen, zu langen Beinen, und wusste gar nicht, wohin er gucken sollte, wählte schließlich die eigenen Fußspitzen. Franziska sah seine Ohren rot werden. Die Damen hatten Recht mit ihren Elogen, der Bubi war ein Prachtkerl, und Franziska blickte sehr, sehr stolz in die Runde. Mit seinen dreizehn Jahren war er kurz davor, ein Mann zu werden, in seinen Gesichtszügen wechselten kindlich weiche Pausbäckigkeit und der jugendlich männliche Schmelz einander ab. Als Mutter und Sohn durch das Kastanienwäldchen wieder zu ihrem Roccolo hinabstiegen, schwieg der Bubi lange. Plötzlich sagte er: »Irgendetwas stört mich an denen da oben.«

»Mich auch«, sagte Franziska, »mich auch. Und ich weiß noch nicht genau, was es eigentlich ist!«

Bald darauf, am 22. Mai 1911, wurde Hochzeit gefeiert. Der Bubi bekam in Locarno noch einen Matrosenanzug verpasst, Franziska ging im hellen Strandkleid zur Trauung. Tatjana hatte einen Blumenkranz für Franziskas Haar vom Berg mit heruntergebracht. In ihrem goldenen, tief dekolletierten Brokatkleid, wohl noch aus alten russischen Beständen, wirkte sie wie eine Fehlbesetzung auf der Bühne. Der alte Baron, am Vorabend aus dem Baltikum angereist, trug einen schwarzen Bratenrock und war der Einzige der Hochzeitsgesellschaft, der dem Anlass entsprechend gekleidet war. Der Bräutigam kam in einer zerknitterten, wenn auch sauberen dunkelblauen Baumwollhose und einem offensichtlich neuen weißen Hemd mit steif gestärkter Brust. Darüber trug er eine ärmellose schwarze Weste, die zwar zur Hose nicht recht passte, ihm aber eine gewisse Tanzstundeneleganz verlieh. Sein Gesicht wirkte wie poliert, die Haut rosig, weil er schon am frühen Morgen beim Barbier gewesen war, der auch die struppigen Haare mit Hilfe von Gelee und Wasser in eine Richtung, nämlich nach hinten, gekämmt oder eher geklebt hatte. Sogar seine Nase glänzte und war nicht so rot wie sonst, denn er hatte, außer einem kleinen Cognac zur Stütze am frühen Morgen, noch nichts getrunken. Auch die Geschwister des Bräutigams waren mit von der Partie: der Bruder, ein misstrauischer, mürrischer Mann, mit Haaren, die ihm bis auf die Schulter fielen. Er kam nur selten aus seiner steinernen Hütte vom Monte Verità herunter in die kleine Stadt und blickte düster, vielleicht war er ein bisschen verwirrt. Er hatte sich ebenfalls fein gemacht und Lavendelzweige in Rock- und Hosentaschen gesteckt, damit der modrige Geruch aus seinen Kleidern verschwand. Die Schwester in hochgeknöpfter, weißer Spitzenbluse mit durchgefädeltem Samtbändchen, das unter dem spitzen Kinn zu einer akkuraten Schleife gebunden war, machte ein pikiertes Gesicht und wechselte mit Franziska nicht ein einziges Wort. Frieda Groß und Ernst Frick hatten sich in helles, frisch gebügeltes Leinen gekleidet, waren vielleicht etwas zu salopp und zu sandfarben, um als seriöse Trauzeugen durchzugehen.

Vormittags um elf fand die zivile Trauung in Ronco statt. Der Bürgermeister war entweder nicht unterrichtet oder hatte den Termin vergessen, jedenfalls musste man ihn erst aus seinem Weinberg holen. Er machte ein bestürztes Gesicht, als er, von ein paar aufgeregten Dorfkindern umringt, den Berg herunterkam und die Hochzeitsgesellschaft schon versammelt sah.

»Arrivo subito! Sono quasi pronto!«, rief er, nahm Schaufel und Hacke von der Schulter, setzte die Umhängetasche mit dem kleinen Werkzeug ab und ging in sein Haus. Schon nach zwanzig Minuten kam er heraus, in seinem dunklen Anzug, der für Hochzeiten, Beerdigungen und sonstige berufliche Verpflichtungen im Schrank hing, mit weiß gestärktem Kragen, blank gewienerten Schuhen und nach Kernseife duftend. Mit seinen großen, klobigen Händen, die vom heftigen Bürsten unter kaltem Wasser rot waren, quälte er sich noch mit dem obersten

Hemdenknopf herum. Dann führte er, den rechten Arm senkrecht in die Luft gestreckt, die Gesellschaft durch die enge Gasse hinüber zum Rathaus.

Die Trauung war schnell absolviert, die Eheformeln und Jaworte sprach das Paar ohne zu Erröten, und an dem obligatorischen Kuss des Brautpaares nach dem »Si« war nichts zu beanstanden. Nur mit den deutschen Namen und Adelstiteln hatte der Bürgermeister seine liebe Not, sonst verlief alles ohne Zwischenfälle. Danach lud der alte Baron die Hochzeitsgesellschaft zum Mittagessen in die Trattoria ein. Franziska saß zwischen ihrem Mann und ihrem Schwiegervater an der langen Tafel, die Gedecke des Brautpaars waren mit einem Herz aus roten Rosenblüten umkränzt. Sie mussten sich noch einmal küssen: »Salute!«, »Prost!«, »Tanti auguri e figli maschi!«

Auch die »Teufelskerle«, einfache italienische Bauarbeiter und alte Freunde aus der Zeit, da der Bräutigam seinen Unterhalt als Straßenarbeiter verdiente, waren zum Hochzeitsmahl eingeladen worden. Die Gesellschaft aß, trank und war fröhlich. Hin und wieder legte der Bräutigam seinen Arm um die Braut, als müsse er unter Beweis stellen, was sie sich soeben im Rathaus versprochen hatten, nämlich dass sie – zumindest irgendwie – zusammengehörten. Jedenfalls hatten sie ein gemeinsames Interesse und ein gemeinsames Ziel.

Am späten Nachmittag fuhren sie in Pferdedroschken, von den Frauen in Ronco mit weißen Jasminblüten besteckt, zur kirchlichen Trauung. Rechenbergs Freunde kamen nicht mit, denn sie waren fast alle katholisch und es wurde nach protestantischem Ritus geheiratet. In Locarno gab es nur eine einzige protestantische Kirche. Da keiner wusste, wo diese sich befand und auf welchem Weg man zu ihr gelangte, musste an jeder Ecke angehalten werden, die Droschkenkutscher berieten sich mit den bereits angeheiterten Gästen, die vorgaben, ortskundig zu sein: großes Palaver, rechts, nein, links, hier muss es gleich sein! Endlich, mit eineinhalbstündiger Verspätung, konnte der Pfarrer mit dem Gottesdienst beginnen. Die Hochzeitsgemeinde war unkonzentriert; Wein, Wodka und Champagner hatten sichtbar

Spuren hinterlassen. Nur die Baronesse von Rechenberg, Franziskas vertrocknete, abweisende Schwägerin und der missgelaunte Bruder, der, wie alle überzeugten Monte Veritàrianer, keinen Tropfen Alkohol zu sich nahm, hörten mit penetrant zur Schau gestellter Konzentration an, was der Pfarrer predigte. Die anderen vergnügten sich auf ihre Weise, tauschten kleine Zeichen aus, wisperten, zwinkerten, schnitten Grimassen, kicherten, schnauften übertrieben laut oder taten so, als schnarchten sie leise. Alle, besonders der alte Baron und der Pfarrer, waren erleichtert, als auch hier das Jawort gesprochen, der Schlusschoral gesungen und die Zeremonie beendet war.

Das Brautpaar hatte die kirchlichen Feierlichkeiten mit einiger Contenance absolviert. Beide wussten, was auf dem Spiel stand. Franziska verkniff sich alle spöttischen und abfälligen Bemerkungen, zu denen sie das steife kirchliche Ritual sonst unweigerlich herausgefordert hätte. Alexander gab sich Mühe, feierlich dreinzuschauen und nur ja nicht zu stolpern, als sie unter den Orgelklängen wieder ins Freie schritten. Es war ganz offensichtlich, dass die Familie Rechenberg-Linten Franziska nicht gerade ins Herz geschlossen hatte. Franziska spürte das Misstrauen des Bruders, der Schwester, des Schwiegervaters. Nur wegen Alexander versuchten sie ihren Argwohn gegen sie ein wenig zu zügeln. Schwager und Schwägerin sprachen kaum ein Wort mit ihr, übergingen sie einfach. Dem Schwiegervater merkte Franziska an, dass er unsicher war, wie er sich ihr gegenüber verhalten sollte: Ihre Schönheit und ihre Ausstrahlung reizten ihn, einen charmanten Ton mit ihr anzuschlagen, andererseits wurde er den Verdacht nicht los, dass an ihrer Verbindung mit seinem Sohn etwas faul war.

Außer der Tatsache, dass sie einen neuen Namen trug, hatte für Franziska die Ehe zunächst keinerlei Konsequenzen. Sie wohnte weiter mit ihrem Bubi, der jetzt, zumindest in Gegenwart von anderen, Rolf genannt werden wollte, und der mit seinen vierzehn Jahren die Mutter um einige Zentimeter überragte, auf dem Roccolo. Das Geld zu ihrem wenig verschwenderischen Leben musste sie sich immer noch durch zermürben-

243

des Bücherübersetzen verdienen. Andere Gelder flossen nicht, der Erbfall war noch nicht eingetreten. Aber unzufrieden war sie nicht. Sie hatte jetzt mehr Muße und Ruhe zum Schreiben. Wenn sie nicht übersetzte oder ihren Rolf in Rechtschreiben, Mathematik und Geschichte unterrichtete, dann schrieb sie, schrieb all das auf, woran sie sich erinnerte und was ihr wichtig schien, fing Gedanken und Überlegungen in kleinen Texten ein, entdeckte die Freude, die es machte, wenn eine Satzkonstruktion bei der zweiten oder dritten Korrektur perfekt wurde. Ein gelungener Satz konnte sie den ganzen Tag lang in gute Laune versetzen. Die Lust am Schreiben wuchs. Franziska hatte noch viele Ideen für Erzählungen, Aufsätze, Artikel. Sie lebte und arbeitete friedlich auf ihrer kleinen Terrasse unter dem Kastanienbaum, sie war voller Zuversicht und begann einen Roman über ihre Zeit in Schwabing und die alten Freunde.

Schon einige Zeit zuvor hatte Franziska den Rechtsanwalt Mario Respini-Orelli aus Locarno kennen gelernt. Mario war ein großer Charmeur, dunkelblond, schlank, gepflegt; ein Mann, der seinen Erfolg bei den Frauen ausschöpfte und genoss. Obwohl er schon weit über die Vierzig war, lebte er immer noch mit seiner Mutter und seiner Schwester zusammen. Die beiden Damen kümmerten sich um den Haushalt, bügelten seine Hemden, kochten gut und reichlich, pflegten ihn, wenn er krank war, ehrten und achteten ihn als Familienoberhaupt. Als engagierter und viel beschäftigter Rechtsanwalt war er häufig unterwegs. Er war ein Mann, der mitten im Leben stand, ein Bohémien war er nicht. Respini-Orelli wurde Franziskas Geliebter, und doch war sie sich sofort darüber im Klaren, dass er nicht die große, leidenschaftliche Liebe war. Aber seine Anwesenheit war ihr angenehm, sie schätzte seine Zuverlässigkeit, seine Großzügigkeit und seinen Humor.

»Eine seriöse Dauersache, mit einem Stich ins Ewige«, so schrieb sie an die Freunde in München.

Ihren Ehemann sah Franziska selten, aber regelmäßig. Pünktlich an jedem Ersten des Monats erschien er mit einem Blumen-

244

strauß und diversen kleinen Geschenken: Zigaretten, hauch-
dünnen, zartbitteren Schokoladetäfelchen, Ingwer aus China
oder russischem Tee. Bei diesen Besuchen war er niemals betrunken, oft sogar ausgesprochen unterhaltsam. Franziska entdeckte allmählich, dass sich unter seiner rauen Oberfläche etwas sehr Schüchternes, Zartes, Fragiles verbarg. Langsam wurde er ein wenig zutraulich, hörte auf zu stottern, wurde um-
gänglicher. Vor allem die Anwesenheit des Bubi beruhigte ihn.
Er brachte dem Stiefsohn immer ein kleines Extrageschenk mit
und sagte ihm, dass er klug sei und stark und ein prächtiger
Kerl. Rechenberg wollte, dass er auf seinen Knien saß, was dem
Bubi sichtlich unangenehm war, denn er war viel zu lang und zu
schwer, und zu alt dafür war er allemal. Rechenberg hatte dann
seine Arme um den Jungen geschlungen, als suchte er Schutz
hinter dessen männlichen Rücken, hielt ihn wie einen Schild vor
sich, zum Schutz vor Verletzungen.

Bei einem dieser Teebesuche musste Franziskas Ehemann
und Miterbe eine kleine Beichte ablegen: Er habe da etwas
verschusselt, eine Rechnung vom Notar verschlampt, nichts
Schlimmes im Grunde, aber der Vater, Korinthenkacker und
Kleinkrämer, der er nun mal sei, habe sich darüber fürchterlich
aufgeregt und fast einen Herzanfall erlitten. Wahrscheinlich, so
Alexander, habe der Alte sowieso schon Lunte gerochen, jedenfalls, der langen Rede kurzer Sinn, der Vater habe das junge
Ehepaar auf das Pflichtteil gesetzt.

»Ja ... und was heißt das jetzt, in Zahlen ausgedrückt ...
›Pflichtteil‹?«, fragte Franziska nach einer kleinen Schreck-
sekunde und zündete sich nervös eine Zigarette an.

»Zwanzigtausend ... immerhin ... für jeden von uns«, antwortete Rechenberg mit gespielter Heiterkeit. »Ist doch besser
als nichts, oder?« Sein schlechtes Gewissen konnte er trotzdem
nicht verbergen. Seine Wangen waren jetzt leicht gerötet, der
Blick schuldbewusst wie bei einem Kind, das seinen Turnbeutel
verloren hat. Er verlangte nach einem Glas Cognac, trank es in
einem Zug aus, rief nach seinen Hunden und machte sich wieder auf den Weg hinunter ins Dorf. Franziska blickte ihm nach,

245

wie er leicht gebeugt mit schweren Schritten davonging. Welch ein merkwürdiger Mensch, dieser stotternde baltische Unglücksrabe! Und ausgerechnet mit dem hatte sie sich verbunden, um den Coup ihres Lebens zu landen!

»Wie gewonnen, so zerronnen ...«, seufzte sie. »Mit dem Geld ist's schon eine komische Sache!«

Von Oktober 1912 bis zum Frühsommer 1913 lebten Franziska und ihr Sohn auf Mallorca, im Haus ihres Vetters Viktor von Levetzow. Der Bubi reiste schon vor ihr wieder nach Ascona zurück, um eine Lehre beim Photographen Samuele Pisoni zu beginnen. Franziska hatte auch von Mallorca aus regelmäßig ihre Übersetzungen an den Langen-Verlag geschickt. Mit zunehmender Routine war ihr die Arbeit immer schneller von der Hand gegangen. Jetzt gönnte sie sich eine Pause, um ihren Schwabing-Roman »Herrn Dames Aufzeichnungen oder Begebenheiten aus einem merkwürdigen Stadtteil« zu vollenden. Hier, am herrlichen Strand von Palma, blickte sie zurück auf Wahnmoching, wie sie das Schwabing ihrer Bohèmejahre nannte, auf das Gemisch aus Künstlern, Schauspielern, Schriftstellern, Scharlatanen und Dandys, auf Maskenfeste, Teenachmittage und endlose Kaffeehausdebatten. Mit süffisantem Spott sezierte sie die Selbststilisierungen der Kosmiker und die lächerlichen Gesten selbst ernannter Genies und Propheten. Auch das Haus in der Kaulbachstraße mit seinen Bewohnern wurde nicht verschont. Zwar veränderte sie die Namen, aber die Charakterisierung der Personen war so gnadenlos eindeutig, dass es für Kenner leichtes Spiel war, sie zu identifizieren. Unter einem Sonnenschirm sitzend, den Blick aufs Meer gerichtet, ließ sie die Münchner Szenerie Revue passieren, schilderte das Leben der Bohème detailgenau, mit ironischer Distanz und Sympathie, urteilte mal sanft und verständnisvoll, mal bissig und unbarmherzig. Wenn sie an die Jahre in München zurückdachte, fühlte sie sich alt wie Methusalem. Dabei lag das alles noch gar nicht so lange zurück. Und dennoch kam es ihr vor, als wären seitdem Jahrzehnte vergangen.

Es war auf Mallorca, wo sie das Telegramm aus Ascona erreichte: »Vater tot. Testamentseröffnung in Bälde. Alexander.« Franziska nahm die Nachricht vom Tod des Schwiegervaters gelassen auf. »Das Geld macht wieder einen kleinen Schritt auf uns zu!«, schrieb sie in ihr Notizbuch. Als sie ein paar Wochen später nach Ascona zurückkehrte, erfuhr sie von ihrem Ehemann, dass die Erbschaft bereits durch die Bank Credito Ticino avisiert worden sei, nun müsse man nur noch hingehen und das Geld abholen. Franziska zog ihr rotes Kleid an, das sie sich zur Feier des eingetretenen Erbfalls in Mailand gekauft hatte, und ging, en famille, mit Mann und Kind zur Bank. Gemeinsam mussten sie sich gegen das schwere schmiedeeiserne Portal stemmen, um es zumindest einen Spaltbreit zu öffnen und einer nach dem anderen hindurchschlüpfen konnte.

»Sie machen es einem wirklich nicht leicht, an sein schwer verdientes Geld heranzukommen«, stöhnte Franziska und schob den Bubi durch den Spalt.

Der Bankdirektor kam ihnen schon entgegengeeilt. »Kommen Sie, kommen Sie, wir gehen in mein Büro!«, sagte er mit belegter Stimme und ging hastig voran.

Im Büro erfuhr die kleine Familie, dass das ererbte Geld nicht in bar, sondern in Aktien der Eisenbahngesellschaft Moskau–Kiew–Woronesch bereitgestellt sei. Rechenberg fing an zu fluchen und wie wild auf seinen verstorbenen Vater zu schimpfen. Was, um alles in der Welt, sollten sie mit diesen obskuren Aktien anfangen? Franziska erschrak, hustete, fasste sich aber schnell.

»Verkaufen!«, sagte sie. »Sie müssen die Aktien verkaufen!«

Der Bankdirektor stand hinter seinem Schreibtisch und trat nervös, als drückte ihn die Blase, von einem Bein aufs andere. »So schnell geht das nicht. Das dauert mindestens eine Woche, eher zehn Tage.«

Zehn Tage! Franziska und Alexander sahen sich an. Beiden war die Farbe aus dem Gesicht gewichen.

»Geht es wirklich nicht schneller?«, fragten sie heiser.

»Ich kann versuchen, die Verkaufsanweisung telegraphisch durchzugeben. Dann gewinnen wir vielleicht zwei Tage.«

»Und in der Zwischenzeit?« Rechenberg, der seinen Gläubigern voreilig angekündigt hatte, dass er noch am selben Tag seine Schulden begleichen werde, machte ein verzweifeltes Gesicht. Auch der Bankdirektor rang jetzt nach Worten. Er drehte und wand sich fürchterlich, als Rechenberg ihm klarmachte, dass er ohne einen Vorschuss das Büro nicht verlassen werde: »Und wenn es nur fünfhundert Franken sind …«

Sie bekamen den Vorschuss. Es war nicht viel, aber immerhin genug, dass es für ein paar Einkäufe und einen ausgelassenen Abend reichte. Als Erstes ging Franziska mit Bubi zum Schneider und ließ ihm einen Überzieher anmessen. Für sich selbst kaufte sie ein Paar Schuhe und ägyptische Zigaretten. Abends saßen sie im Hotel Quattrini und feierten. Der Miterbe Rechenberg hatte sich von seinem Anteil zwei Gewehre und eine Pistole gekauft. Nach dem achten oder zehnten oder zwölften Glas Rotwein schoss er vor Freude in die Luft, dass der Putz von der Zimmerdecke rieselte, woraufhin sich seine drei Hunde wie wild gebärdeten, Möbel umstießen und eine wertvolle Vase von einer Konsole rissen. Rechenbergs Freunde und Saufkumpane tranken, johlten, hatten ihren Spaß. Sie durften sich gehen lassen, denn einer der Ihren hatte eine Erbschaft fast in der Tasche. Fast.

»Geben Sie mir die Rechnung, ich zahle alles, ich zahle bar!«, lallte Rechenberg und wies den Kellner an, die Scherben aufzusammeln, damit sich die Hunde nicht verletzten. Aber als es ans Zahlen ging, stellte sich heraus, dass von Rechenbergs Anteil am Vorschuss schon jetzt nichts mehr übrig war.

Als Franziska und Rechenberg nach einer Woche wieder vor dem großen schmiedeeisernen Tor des Credito Ticino standen, fanden sie dieses verschlossen. Auch auf langes, heftiges Klingeln erschien niemand. Aus dem Café gegenüber trat der Besitzer, sah die beiden ratlos vor dem Tor stehen und rief. »Da gibt's nichts mehr zu holen! Questa banca e rovinata!«

Rechenberg und Franziska begriffen immer noch nicht. Der Cafébesitzer verschwand in seinem Lokal und kam gleich darauf mit der Zeitung zurück, die er ihnen unter die Nase hielt.

Da stand es schwarz auf weiß: »Credito Ticino banca rotta.«.
Der Zusammenbruch der Bank – und mit ihm der Zusammenbruch der großen, schönen Illusion.

In den folgenden Monaten reiste Franziska mehrmals nach München, in Verlagsangelegenheiten und um sich einer Nachoperation zu unterziehen. Jedes Mal, wenn sie zurückkam, fühlte sie sich unsicherer, war zunehmend alarmiert. Selbst enge Freunde, Schicksalsgenossen, mit denen sie früher einer Meinung gewesen war, mit denen sie offen über alles gesprochen hatte, redeten plötzlich in einem Ton, der ihr gar nicht gefiel. Die wachsende Fremdenfeindlichkeit, Hasstiraden gegen Frankreich und England und vieles andere beunruhigte sie zusehends. Am meisten aber traf sie, dass sich viele ihrer alten Freunde von der aggressiven chauvinistischen Stimmung hatten anstecken lassen.

»Es gibt Krieg«, sagte sie, als sie mit Frick und Frieda Groß im Quattrini zusammensaß. »Ich fühle, dass es Krieg geben wird!«

Frick und Frieda widersprachen. »Glaubst du wirklich, dass deutsche, englische und französische Arbeiter aufeinander schießen werden? Das ist doch absurd!«

Als aber dann wenige Wochen später der Krieg tatsächlich ausbrach und in allen Zeitungen zu lesen war, dass gerade die jungen Menschen mit großer Begeisterung an die Front zogen, war das Undenkbare wahr geworden. Nirgendwo hatte sich Widerstand formiert, nirgends war es zum Streik gegen den Krieg gekommen, nirgends hatten sich die Arbeiter der Einberufung widersetzt, nicht einmal in Frankreich, wo der Pazifist Jean Jaurès noch großen Einfluss hatte, bevor er, wenige Tage vor Ausbruch des Krieges, ermordet wurde.

Die kleine anarchistische Gemeinde in Ascona und Locarno war tief erschrocken und ratlos. Hier, in der neutralen Schweiz, waren sie sicher, sofern sie die neu eingeführte Sondersteuer für Ausländer aufbringen konnten. Besonders die jungen Männer lebten ständig in der Gefahr, ausgewiesen und in ihren Heimatländern eingezogen zu werden. Dies war auch der Grund, warum Franziska alle Hebel in Bewegung setzte, um für ihren gerade siebzehn Jahre alten Sohn die Entlassung aus der deutschen Staatsangehörigkeit zu erreichen. Es gelang ihr nicht, und der Bubi schien darüber nicht einmal traurig zu sein. Rolf zu Reventlow hatte begonnen, sich von seiner Mutter zu emanzipieren. Er teilte ihre pazifistisch-kosmopolitischen Überzeugungen nicht, betrachtete wie viele seiner Altersgenossen den Krieg eher als ein aufregendes Abenteuer und wäre wohl lieber heute als morgen dabei gewesen. Im Jahre 1915 ging er nach einem Streit mit der Mutter zurück nach Deutschland, verdiente sich eine Zeit lang als Filmvorführer in München seinen kargen Lebensunterhalt, wurde schließlich eingezogen und kam an die Westfront. Erst das unmittelbare Kriegserlebnis brachte ihn zur Vernunft und machte ihn zu einem überzeugten Pazifisten. Bald darauf fasste er den Plan zu desertieren.

Im Sommer 1917 nutzte Rolf einen Fronturlaub, um nach Konstanz am Bodensee zu fahren. Von dort benachrichtigte er seine Mutter und informierte sie über seinen Plan, mit dem Ruderboot vom deutschen Konstanz ins benachbarte Kreuzlingen auf die Schweizer Seite zu fliehen. Franziska nahm den nächsten Zug, um ihn in Empfang zu nehmen. Sie hatten ausgemacht, dass es für Rolf am leichtesten war, mit dem Ruderboot die Badeanstalt anzupeilen, die konnte man schon von weitem erkennen. Zuvor hatte Rolf täglich Kraftübungen für Brust und Arme gemacht, damit die Kraft ihn nicht vor Erreichen seines Ziels verließ.

Franziska steht lange am Wasser, Schuhe und Strümpfe hat sie ausgezogen, sie genießt es, die Füße im warmen, weichen Wasser zu bewegen. Es ist ein heißer Tag, am Strand, am Steg, im Wasser toben die Kinder. Sie blickt über den See, die Sonne blendet. Sie legt die rechte Hand über die Augenbrauen und lässt den Punkt, an dem die Spitze der schmalen Landzunge auf das Wasser trifft, nicht aus den Augen. Es flimmert und zittert, das Wasser schaukelt unruhig, glitzert silbern, der Horizont verfärbt sich lila. Sie dreht sich um und beruhigt die brennenden Augen in der sattgrünen Krone der großen Kastanie am Ufer. Da, plötzlich, ein winziger Punkt, er wird größer, ja, sie hat sich nicht getäuscht, der Punkt kommt näher! Franziskas Herz schlägt bis zum Hals. Jetzt ist sie ganz sicher, sieht es genau: Es ist ein Mann in einem Ruderboot. Dann plötzlich Schüsse, Gewehrsalven. Franziska zuckt zusammen, ihr Körper knickt ein, als sei sie selbst getroffen. Die Gestalt im Ruderboot bückt sich, taucht wieder auf, rudert hastig, schnurgerade. Franziska ringt nach Luft: Nein, nein, nicht schießen! Es ist mein Kind! Endlich hört die Schießerei auf, das Boot kommt schnell näher, jetzt muss es schon auf der Schweizer Seite sein.

»Hier! Hier! Hier!« Franziska winkt mit beiden Armen, merkt gar nicht, dass sie bis zu den Schenkeln im Wasser steht. Aber noch ist das Boot zu weit entfernt, noch kann er sie nicht hören.

»Rolf! Hörst du mich?«, ruft sie wieder. »Hier bin ich. Siehst du mich? Hier!« Da lässt er für einen Moment die Ruder sinken, sieht sie, winkt zurück. Er ergreift wieder die Ruder, korrigiert seinen Kurs und kommt mit kraftvollen Schlägen näher. Franziska geht rückwärts aus dem Wasser, lässt das Boot nicht aus den Augen, der Rock klebt ihr an den Beinen. Drei Männer in Badehosen stehen im Wasser, helfen mit, ziehen das Boot an Land.

Gerettet! Franziska und Rolf halten sich festumschlungen, lassen nicht los, stehen lange ohne ein Wort, die Wangen aneinander gepresst, stumm vor Glück. Die Badegäste um sie herum klatschen. Rolf der Deserteur, Rolf der Held.

Nun, da Rolf wieder bei ihr war, hätte Franziska eigentlich glücklich sein können. Einerseits war sie auch wirklich glücklich, zog mit ihm in eine größere Wohnung nach Muralto, einem kleinen Ort ganz nahe bei Locarno, wo sie sich ihren Arbeitstisch vors Fenster stellte und beim Schreiben auf den Lago Maggiore blickte. Ihr Leben war ruhig geworden. Gelegenheiten für Abenteuer suchte sie nicht mehr. Manchmal war sie zufrieden, aber richtig froh war sie nie. Abends kam Mario, der

251

um die Ecke wohnte, und erzählte ihr vom Gericht und vom Leben draußen, er hörte geduldig zu, wenn sie von der Quälerei am Schreibtisch sprach, wie ihr manchmal die faszinierendsten Bilder zu Staub zerfielen, sobald sie sie in Worte zu fassen versuchte, lauter Dinge, von denen er wenig verstand. Franziska schrieb jeden Tag, das Schreiben war Mittelpunkt ihres Lebens geworden, schreibend versuchte sie festzuhalten, was in ihrer Erinnerung fortlebte. Sie war oft bedrückt, die Nachrichten von den Grauen des Krieges, den mörderischen Kämpfen an der Front verstörten sie, die Vorstellung, dass Mütter ihre Söhne im Krieg verloren, machte sie stumm. Natürlich war sie froh, dass ihr Sohn Rolf, ihr Liebstes, ihr Bubi und Göttertier, dem Gemetzel an der Front heil entronnen war, und trotzdem lag ein düsterer Schatten auf ihrem Gesicht. Vielleicht waren es die Geldsorgen, die kein Ende nahmen, oder die Schmerzen im Unterleib, unter denen sie seit einiger Zeit wieder litt und die nichts Gutes verhießen. Vielleicht war es aber auch das Älterwerden. Mit ihren sechsundvierzig Jahren war sie zwar immer noch eine schöne und sehr lebendige, geistreiche Frau, aber das, was früher typisch war für ihren Lebensdurst, die Leichtigkeit, die egoistische Fröhlichkeit, die naive Verantwortungslosigkeit, all das war dahin. Manchmal ertappte sie sich jetzt dabei, dass sie sich selbst bemitleidete. In solchen Momenten fand sie sich unausstehlich und verbot sich die trüben Gedanken. Dann wieder glaubte sie, dass sie in ihrem Leben nie wirklich das bekommen hatte, was sie wollte, und fand das gemein und ungerecht. Wäre da nicht Rolf gewesen, den sie mit Liebe umhegte, und der sie mit seiner heiteren Zärtlichkeit immer wieder aufrichtete, wer weiß, wie weit sie sich in ihren düsteren Gedanken verirrt hätte.

Franziska kränkelte wieder. Sie war einige Male in München gewesen, hatte sich weiteren Operationen unterzogen, von denen sie sich oft nur sehr langsam erholte. Sie war noch dünner und zarter geworden, saß manchmal lange schweigend da, lachte nur noch selten so wie früher. Mario und der Bubi machten sich Sorgen. Ihren Ehemann Rechenberg sah sie jetzt so gut wie gar nicht mehr. In Ascona erzählte man sich, dass er nach der Pleite mit der Erbschaft noch verzweifelter trank als vorher. Seine Schwester hatte ihn zu sich genommen, kümmerte sich um ihn, so gut es ging.

Im Frühjahr 1918 kam ein langer Brief von Mühsam aus Traunstein, wohin er verbannt worden war, nachdem er sich geweigert hatte, der Einberufung zum »Vaterländischen Hilfsdienst« Folge zu leisten. Franziska war erstaunt, wie hoffnungsvoll der Ton in diesem Brief war. Fast schämte sie sich für ihren Missmut, bewunderte ihren alten Freund Mühsam, der seiner politischen Überzeugung wegen immer wieder ins Gefängnis gesperrt wurde oder sonst in unangenehme Berührung mit der Staatsmacht geriet und trotzdem so voller Optimismus war. Mühsams Hoffnung auf die Revolution war ungebrochen. Er habe Nachrichten von der Front, schrieb er, die ihn sehr zuversichtlich stimmten. Immer mehr Soldaten hätten genug vom Krieg und von den Herren in Berlin, die ihn angezettelt hatten. In all dem Grauen und dem Leid, das dieser entsetzliche Krieg über die Menschen bringe, wachse eine neue Kraft – die Revolution sei nicht mehr aufzuhalten. Franziska las den Brief immer wieder. Wie gern hätte sie zugestimmt, sich beteiligt an den hoffnungsvollen Voraussagen, aber sie konnte nicht. Auch Frick und Frieda Groß und die anderen anarchistischen Freunde redeten emphatisch über revolutionäre Gruppen, die sich überall bildeten und bald so stark sein würden, dass sie, wenn auch nicht die ganze Welt, so doch Europa verändern würden. Bei solchen Gesprächen saß Franziska immer schweigend dabei, sie zuckte ratlos mit den Schultern, wenn die Freunde versuchten sie aufzumuntern.

Am 25. Juli 1918 war es bereits am frühen Morgen sehr heiß. Franziska konnte nicht mehr schlafen. Wie häufig in letzter Zeit war sie schon um halb sechs Uhr aufgewacht; wegen der Hitze, wegen der lästigen Leibschmerzen oder weil sie Mario in der Küche hörte. Sie öffnete das Fenster und saß lange an ihrem Tisch, sie blickte hinunter auf den Lago Maggiore, der schwer und glatt in seinem Bett lag. Sie genoss die leichte, frische Morgenbrise und beschloss, ihre Schwermut, ihre Lethargie abzuschütteln und an diesem Tag das Leben zu genießen. Franziska wollte wieder sein wie früher, sich an dem schönen Tag freuen und etwas unternehmen, das ihr gut tat. Nach dem Frühstück packte sie ihren Rucksack – ein Apfel, ein Stück Weißbrot, ihr Notizbüchlein, das neue Buch von Thomas Mann, das grünweiß gemusterte Tuch – und stieg auf ihr Fahrrad. Sie wollte hinunter zum See, den ganzen Tag unter dem Baum in der kleinen Bucht liegen, die sie so liebte, und an nichts denken. Lesen, baden, das Alleinsein genießen.

Die Via Ticino geht steil bergab. Sie sitzt aufrecht im Sattel, der Rucksack ist schwer, trotzdem streckt sie den Rücken ganz gerade, will sich ganz der frischen Morgenluft aussetzen, Gesicht, Hals, Brust, Arme. Die Straße hat sie ganz für sich allein, kein Mensch ist zu sehen um diese frühe Stunde. Sie lässt das Rad rollen, die Beine baumeln neben den Pedalen. Kornblumenblau, denkt sie plötzlich, die Farbe Kornblumenblau ist so schön und so selten! Sie denkt an den Teppich im Salon der Madame X, der war kornblumenblau. Die Luft, der Wind, sie ist frei. Der kühle Duft glättet ihre Wangen, die Falten auf der Stirn, kurz schließt sie die Augen und lächelt. Die sanfte Biegung der Straße gibt jetzt den Blick auf den See frei. Am Ufer gegenüber ist es beinah noch Nacht. Die Sonne hängt noch hinter den Bergen auf der anderen Seite. Franziska rollt. Sie zieht die Knie ein wenig an. Nichts hält sie zurück. Schnell, immer schneller, der Fahrtwind streicht ihr durchs Haar, pfeift in den Ohren. Nein, nicht bremsen, schneller, noch schneller, die Windsbraut lacht. Plötzlich ein faustgroßer Stein. Sie kann nicht mehr ausweichen, der See, die Büsche, der Wald, der Graben, alles flitzt vorbei, bedrohlich schnell. Schon reißt es an der Lenkstange, ihre Hände umklammern die Griffe, die Füße suchen die Pedale, das Rad schlingert, rutscht, kippt. Ein dumpfer Schlag. Der Himmel ist schwarz.

Einen Moment bleibt sie liegen, Sand auf der Zunge, zwischen den Zähnen, es knirscht. Sie steht langsam auf, stützt die Hände auf die zitternden Knie, es kostet all ihre Kraft. Den Rucksack streift sie ab, lässt ihn liegen, geht gebückt, gekrümmt, bergauf. »Wo ist das Blut?«, denkt sie. »Wieso kein Blut?« Aber Stiche im Bauch, im Rücken. Im Unterleib drehen sich tausend Messer. Einen Moment lang lehnt sie sich gegen eine Wand: »Warum ist hier keiner, der mir hilft?« Sie schleppt sich die Via Ticino hinauf bis zur Nummer 6, schließt die Haustür auf, taumelt, dreht sich, fällt zu Boden.

In der Clinica Balli wurde Franziska sofort operiert. Mario hatte sie erst mittags gefunden, als er unangemeldet bei ihr vorbeischauen wollte. Sie lag auf dem Parkett im Flur hinter der Haustür. Er schloss auf, konnte aber die Tür nicht aufbekommen, musste schieben, drücken, sich durch den Spalt zwängen. Er rannte hinaus auf die Straße, rief nach Hilfe. Im Café an der Ecke bestellte man ein Taxi. Mario blieb den ganzen Tag in der Klinik. Er wartete auf einer Bank auf dem Flur. Abends sagte ihm der Arzt, er solle nach Hause gehen, die Baronin brauche jetzt Ruhe. Franziska starb in dieser Nacht. Ihr Sohn Rolf und ihr Geliebter Mario wurden erst am Morgen benachrichtigt. Sie war ganz allein, als sie starb.